U0946207

【盛世风华系列】

纲纪修明

说说永宣之治那些事儿

姜正成◎主编

中国财富出版社

图书在版编目（CIP）数据

纲纪修明：说说永宣之治那些事儿 / 姜正成主编. —北京：中国财富出版社，2014.6

（盛世风华系列）

ISBN 978-7-5047-5006-8

Ⅰ. ①纲… Ⅱ. ①姜… Ⅲ. ①中国历史-明代-通俗读物 Ⅳ. ①K248.09

中国版本图书馆 CIP 数据核字（2013）第281643号

策划编辑 王秋萍　　责任印制 方朋远

责任编辑 康书民 宋 宇　　责任校对 饶莉莉

出版发行 中国财富出版社

社　　址 北京市丰台区南四环西路188号5区20楼　　邮政编码 100070

电　　话 010-52227568（发行部）　010-52227588转307（总编室）

010-68589540（读者服务部）　010-52227588转305（质检部）

网　　址 http：// www. cfpress. com . cn

经　　销 新华书店

印　　刷 北京柯蓝博泰印务有限公司

书　　号 ISBN 978-7-5047-5006-8 / K · 0132

开　　本 710mm × 1000mm　1/16　　版　　次 2014 年 6 月第 1 版

印　　张 16.5　　印　　次 2014 年 6 月第 1 次印刷

字　　数 208千字　　定　　价 33.00元

前言

明朝是中国历史上最后一个由汉族人建立的封建王朝，也是中国历史发展进程的一个重要转折时期。明王朝统治中国长达276年。在近300年的历史中，有着金戈铁马、王朝霸业、令人热血沸腾的场面；有着永乐盛世、仁宣之治这样的盛世传奇；有着荒淫奢豪、阉宦横行的乱世萎靡……明王朝将中国封建帝制文化传统推到了极致，是中国2000多年帝王政治的集大成者。

每个朝代的出现，都必然要经历打天下，打下天下之后就是休养生息，等平稳过渡之后就会出现盛世，盛世繁华之后必然是衰败。这也是中国朝代不断更迭的基本规律，明王朝也不例外。明王朝对于中国政治传统、文化传统的影响既深且巨，下面就让我们一起来了解明王朝最灿烂的历史时段——永宣之治。

永宣之治指明朝前期的永乐盛世和仁宣之治。

明成祖朱棣创造了明王朝第一个盛世——永乐盛世。建文帝朱允炆即位之后，实行削藩政策以加强皇权。燕王朱棣深感自己与朱允炆不是你死就是我亡，于是，早有篡位心思的朱棣便趁机打出“靖难”的旗号，进攻南京。靖难之役后，建文帝失踪，朱棣称帝，并大肆血腥地捕杀建文遗臣。朱棣虽然残暴，但他对明王朝的发展，以及对中国历史的影响是不可否认的。他清除异己，慎变祖制；他编纂《永乐大典》，功泽后世；他招降女真，设立都司；他大兴土木，兴建王陵；他派郑和下西洋，迎来万国来朝的盛况……

明仁宗时期是明王朝的鼎盛时期。因为在这个时期，明王朝的国策已经由洪武、永乐时的严苛趋向平稳。虽然明仁宗朱高炽仅仅在位一年，但他在治国方面颇有建树。明仁宗在这个时期的作为，可谓是再创盛世谱序篇：他赈灾免税，利国利民；他重用贤臣，直言执政；他实施仁政，再创盛世……

明宣宗朱瞻基自幼备受祖父母的宠爱。他聪明机智、文武双全、多才多艺，作为承平之主、守成之君，明宣宗朱瞻基虽然在后期玩物丧志、贪图享乐，但在他的统治时期，政治是比较清明的，社会经济也获得了一定的发展。他南北取士、完善集权；他整肃民风，崇尚节俭；他派郑和第七次下西洋，扬名海外；他怒斩恩师，大义灭亲……

仁宗和宣宗共同创造了“仁宣之治”的盛世传奇。

本书讲述了从明成祖朱棣篡夺皇位到其孙明宣宗朱瞻基早逝的历史阶段，涵盖了政治、经济、军事、文化、科技、宗教、思想等各个领域的历史大事和兴亡嬗变，生动讲述了跨越三位皇帝、两个盛世的历史故事，将这段盛世风华如同电影般地展现在读者面前。

本书在尊重历史事实的基础上，以智慧的语言、通俗生动的文笔叙述了严肃的历史故事，讲述中国400多年前的历史，力图通过对明王朝永宣盛世时期的重要事件和重要人物的回顾和反思，帮助读者透过历史的迷雾，探寻明朝兴盛与衰败的缘由与契机。

愿本书为读者了解明史有所裨益。

编　者

2014年1月

目录

第二章 实力膨胀欲望涨 靖难之役定乾坤

从来不被父亲朱元璋重视的朱棣，凭借其卓越的军事才能，逐渐获得了朱元璋的关注与赏识，同时也在军中树立了威信。这为他后来发动的“靖难之役”打下了坚实的基础。皇太子朱标的死与朱元璋的死，更加助长了朱棣的野心。此时，崭露头角的朱棣，再也按捺不住欲望的膨胀，发动了“靖难之役”，并最终登临大位。

第三章 革旧鼎新修纲纪 永乐盛世美名扬

他，革旧鼎新，疏通京杭运河，编纂《永乐大典》；他，建立了世界第一大舰队，开通海上贸易、出访海外、与世界各国沟通。在大明的历史上，凡是影响后世的历史功绩，几乎都出自朱棣之手。从振兴大明朝廷的角度看，朱棣是一位英明神武、功勋卓著的皇帝。

仁宗朱高炽于永乐二十二年（1424年）八月十五登基，洪熙元年（1425年）五月十二病逝于钦安殿，享年48岁。明史说他“东宫监国，朝无废事”，“在位一载，用人行政，善不胜书。使天假之年，涵濡休养，德化之盛，岂不与文、景比隆哉。”由此可见，仁宗在位时间虽然很短，却承成祖之初治，启宣宗之大治，在明代史上享有重要地位，对朱明帝国也是有很多贡献的。

第五章　太孙自幼受恩宠　宣宗即位平叛乱

明宣宗朱瞻基自幼得祖父母的恩宠。他之所以能够受到恩宠，不仅是因为他长得与朱棣极为相似，还因为他聪明机智。宣宗即位之后，汉王朱高煦叛乱，被镇压下去，并没有引起大的震动。宣宗朝是明王朝的鼎盛时期，当时明朝的国策已由洪武、永乐时的严苛趋向平和。但是，宣宗到底是如何登上皇位的？却给历史留下了种种疑团。

第六章　强化皇权稳政局　宣德之治千古颂

宣宗在位时期，非常注意整顿吏治、重用贤臣、重视农业、实行仁政，对周边实行安抚政策，力主和平。重视农业，鼓励农民开垦土地。善于纳谏，改革了科举取士法。虽然宣宗时期的开明政治有一定的局限性，但这一时期的统治确实是比较清明的，社会经济也获得了一定的发展。这一时期被称为“宣德之治”。

伴随着明朝社会的繁荣发展，作为“守成之君”的朱瞻基也开始追求享乐、奢侈的生活：游猎玩耍、寻欢作乐，尤其是爱玩蟋蟀。朱瞻基喜欢斗蟋蟀，一度给百姓造成了很大的负担，因而朱瞻基也被百姓们称为“蟋蟀天子”。当然，瑕不掩瑜，朱瞻基可算是一位称职的皇帝，他对明王朝的贡献是不可磨灭的。只是朱瞻基寿命不长，在位10年就染上了不明之症，撒手人寰，终年38岁。他的死，标志着“永宣之治”的终结。

第一章 生不逢时不受宠　受封燕王立军功

朱棣是朱元璋的第四子，尽管他“相貌雄伟，目重瞳子，龙行虎步，声若洪钟”，也没能讨得朱元璋的喜欢。这是为什么呢？主要是他生不逢时。因为他出生时正是朱元璋打败仗的时候。于是，朱棣的童年就如同站在“跌停板”上，得不到父亲的宠爱。后来，朱棣就藩北平，他从一个年轻的藩王逐渐成熟起来，并屡次建立军功。最终，他逐渐在藩王中崭露头角，成为众藩之首。

生不逢时，跌停童年

一般来说，帝王家的继承人资格不是那么好得的，儿孙众多的，由嫡长子继承；身后无子嗣的，选择兄弟或子侄来继承。虽然很多皇帝都有过随心所欲选择继承人的想法，但是在传统面前，很少有人能够如愿以偿。特别是像明太祖朱元璋这样的帝王。明太祖朱元璋的儿女很多，他一生共有26个儿子和16个女儿。在朱明王朝建立和进一步发展的基础上，朱元璋开始考虑朱家如何可以世代统治天下的问题。他借鉴了元朝的历史经验，认定皇位继承制是维持皇朝安全的根本制度，必须要制定严密的法则确保家族内部不引发争端。这个法则就是封建宗法制度下的嫡长子继承制。

朱元璋的长子是朱标，生于元至正十五年（1355年）。朱元璋称吴王时就立朱标为世子。洪武元年（1368年），朱元璋在南京即帝位时便把朱标立做了皇太子，朱标当时才13岁。

由于皇太子朱标长期接受儒家思想的教育，成年后，已被教养成了一个“生性忠厚、温文儒雅”的人物。这个时期，朱元璋开始让太子学习怎样当皇帝，进行政事实习，处理国家大事。洪武六年（1373年）九月，皇太子朱标刚满20岁，朱元璋即命诸司：“以后日常政务启奏皇太子处理，事关重大的军机才可奏闻。”洪武十年（1377年）六月，又令“自今大小政事皆启太子处分，然后奏闻”，且当面告诫皇太子：“从古开基创业的君主，经历艰难，通达人情，明白世故，办事自然妥当。守成的君主，生长于富贵，锦衣肉食，要能顺利办事必须平时学习练达。我之所以要你每日和群臣见面，听断和批阅各衙门报告，学习办事，是要你记住几个原则：一是仁，能仁才不会妄施暴政；二是明，洞明才不会被奸佞迷惑；三是勤，勤勤恳恳就不会沉溺于安逸的生活中；四是断，勇于决断就不会被文法牵制。这四个字的运用，决定于心，我从做皇帝以来，从未偷过懒，一切事务，唯恐处理得有毫发不当，有负上天付托。早起晚宿地处理政务，这是你天天看见的。你能够学我，照着办，才能保得住天下。”朱元璋的谆谆教诲，无非是想让太子朱标成为一个优秀的接班人，使大明王朝的统治得以维持和巩固。

就在这种皇家环境的熏陶中，皇太子朱标越发优秀，所以朱元璋根本就不用为了国本而发愁。但是，太过优秀的嫡长子，引发的却是难以预料的皇位之争。

皇太子朱标闪闪发亮的光环，遮住了朱元璋其他儿子的光芒，这其中，就有朱棣。

朱棣是朱元璋的第四子，后来的明成祖——永乐大帝。

朱棣刚刚出生时，并没有人看出他的与众不同，也没有人会想得到这个孩子日后会有怎样的一番作为。因为，当时根本就没有人去看他。这主要是因为朱棣是在一个最不适合出世的时间降临于世。

朱棣相比起他的大哥朱标来，无论是出生时间还是出生地点都糟透了。朱标出生时，朱元璋刚好打了胜仗，朱元璋自然会认为朱标的出生是老天赏赐他的礼物，再加上这是他的第一个儿子，欣喜之情更是难以名状。

可朱棣呢，他出生于元至正二十年（1360年）的四月，这对于他的父亲朱元璋来说实在不是一个好时候。因为常遇春的莽撞，导致陈友谅不顾一切率领他的无敌舰队直奔应天而来。当时的朱元璋考虑，水军力量十分薄弱，本不想这么早就与陈友谅正面交锋。可没想到局势一下子变得如此紧张，出于无奈只得仓皇应战。而根据情报，陈友谅已经攻下采石，眼看就要拿下应天的最后一道屏障——太平了。这个消息一传来，所有人都慌了。有很多人跟着朱元璋的时间不长，这个时候就想着怎么跑路保命了。一时之间，应天城鸡飞狗跳、慌乱不已。

就在这个节骨眼上，也就是朱元璋焦头烂额之际，朱棣出生了。据说他“相貌雄伟，目重瞳子，龙行虎步，声若洪钟”。但具有如此“天子之表”的朱棣，也不能让朱元璋舒展眉头。

尽管最后朱元璋取得了龙湾之捷，解了应天的围，但这距离朱棣出生已经有将近一个月的时间，再怎么算，朱元璋也不会认为胜利是这个新生儿带来的。再加上当时的朱元璋对儿子的期盼早已没有当初炽烈，这个儿子在他的心目中，几乎不占什么位置。

根据史书所说，朱棣是马皇后所生，因此他也是嫡子，然而联系后来朱棣争夺皇位的行为，如果他不说自己是嫡子，那他就真的没有一丝资格来和侄子朱允炆抢龙椅，那这阴谋篡位的罪名就更加坐实了。因此，无论出于什么考虑，他的生母必须是马皇后。

那么，朱棣的生母到底是谁呢?

一个较普遍的观点是：明成祖并非马皇后本人所生，他只是马皇后收养的众多妃子所生的孩子之一。朱元璋的一生，嫔妃姬妾极多，除了马皇后之外，共有多少妃嫔至今也没有一个准确的数字。资料表明，在朱元璋的孝陵中陪葬的妃子有46人。这大约是指有封号的，总数则远不止于此。综合各种官私记载，留下一些痕迹的，在马皇后之下，还有如下一些人：孙贵妃、胡充妃、李淑妃、李贤妃、郭宁妃、葛丽妃、小李贤妃、郭惠妃、达定妃、碽妃、翁妃、胡顺妃、赵贵妃、崔惠妃、刘恩妃、郑安妃、张美人，以及郜妃、韩妃、余妃、杨妃、周妃，等等。

这些人中，谁最有可能是朱棣的生母呢？自明以来，有关明成祖生母的说法大体有五种：第一种说法，高皇后马氏生了五个儿子，第四子就是明成祖朱棣，这也是正史对此事的记载。第二种说法，懿文太子和秦、晋二王都不是高皇后所生，只有明成祖和周王为高皇后所生。第三种说法，高皇后生懿文太子和秦、晋、周王，明成祖是达妃所生。第四种说法影响比较大，说明成祖是元顺帝的妃子所生。第五种说法是明成祖乃是碽妃所生。

经过学者们长期多方考证，明成祖的生母不是高皇后，而是碽妃。这种说法最可信的证据是南京《太常寺志》对孝陵神位的记载：

“左一位，淑妃李氏，生懿文太子、秦愍王、晋恭王。右一位碽妃，生成祖文皇帝。”

太常寺是掌管皇家宗庙礼仪的官署，《太常寺志》对皇家血统的记载自然较为可信。孝陵是明太祖朱元璋的陵墓，太常寺对孝陵配享神位的记载是不敢胡来的。可惜的是，这本《太常寺志》现已失传，我们无法亲自验证。但明代学者有的看到了，并在自己的书中作了记载，因而是可信的。例如明代人何乔远也记道：“臣于南京见《太常寺志》，云帝（明成祖）为碽妃所生，而玉牒则高后第四子。玉牒出当日史臣所纂，既无可疑。南（京）太常职掌相沿，又未知其据。臣谨备载之，以俟后人博考。”

何乔远是万历时进士，曾官南京工部，博览多闻。他亲自看到南京《太常寺志》的这种记载，虽“未知其据”，但这种记录本身就是很有价值的，也是可信的。正因如此，所以谈迁在《国榷》中也采用这种说法：

文皇帝，御讳棣，太祖高皇帝第四子也，母碽妃。玉牒云高皇后第四子，盖史臣因帝自称嫡，沿之耳。今南京《太常寺志》，载孝陵附享，碽妃穆位第一，可据也。

据说，明末清初时，著名文人钱谦益和李清还为此专门打开明孝陵的神殿看了，果如所载。按照汉族皇室“左昭右穆”的传统，排在右边第一位的就应该是成祖的生母了。

但这种说法也有个问题，学者们作为主要依据的这本南京《太常寺志》，为明人汪宗元所撰。汪宗元是嘉靖己丑（1529年）进士、官至总理河道右副都御史。这本《太常寺志》是他任南京太常寺卿时所辑，与明成祖的生年，元至正二十年（1360年）相隔170多年，相隔如此之久，在叙述明成祖生母时，自然有可能是道听途说而非第一手资料，因此其是否真实可靠尚难说清。那么，以此为依据的所有其他推断，也都是可以怀疑的了。也有人认为，所谓《太常寺志》的说法出自守陵太监，经民间流传，难免以讹传讹，真实性大大降低，只能姑妄听之。

按野史说法，碽妃是高丽人，朱棣就有朝鲜血统。有人还以此推断，所以朱棣后来特别喜欢朝鲜美女，朝鲜进贡的淑女很多，大都受宠，“永乐时，朝鲜贡女充掖庭，妃与焉。”其中一位权氏最为受宠，“善吹玉箫，帝爱怜之。七年封贤妃，命其父永均为光禄卿”，并曾伴随朱棣北伐。

民间还有一种说法，认为朱棣生母为江妃，七月产子，受到冤屈，被

大报恩寺

关入冷宫而死。朱棣当上皇帝后，为追荐其蒙冤屈死的生母，在南京聚宝门（今中华门）外，建造大报恩寺琉璃塔。此塔从明永乐十年（1412年）起建造，花了近20年时间建成。全塔高102米，十分惊人，是可以与记载中的北魏洛阳永宁寺塔媲美的中国最高建筑，当时被外国人叹为世界奇迹。塔为八角九层楼阁式，内用青砖，外表面全贴琉璃，可惜此塔在19世纪中叶被毁，所有文物资料均无所存。

因此，明成祖朱棣的生母问题，至今仍是明史上的一大疑案。其实，制造朱棣身世之谜的人包括朱棣自己。永乐五年，朱棣下令编撰著名的《永乐大典》，名为收集古今文献，实为消除不利于己的观点言论，编书的另一个目的是焚书，为的是掩盖历史事实和制止独立思考。这样，凡是不利于他正统地位的记载、资料和传说一概删去，他的身世之谜也就成为千古疑案了。

这就是政治，没有一丝温情。无尽的背叛，哪怕那个人是你的血肉至亲。

出生在战火中的朱棣没有享受到他的哥哥朱标那样好的待遇。朱元璋称帝前，朱标是长子；称王后，朱标是世子，日后的太子。无论到哪儿，人们对朱标都是毕恭毕敬，不敢有一丝怠慢。这本是人之常情，谁不知道应该竭力巴结未来的天子？但是在朱棣幼小的心灵里，他只记住了不公平。同样是父亲的儿子，为什么待遇就差这么多？

朱标可以被保护在一个严密的壳里，读圣贤书，学治国术。而朱棣，就像是没人管的野孩子，随便在军营里乱跑，跟士兵操练，磕了碰了也不会有人关心。就这样，朱棣在那个风起云涌的年代，在那个名将四起的年代，学会了很多朱标一辈子也学不会的东西，比如作战，比如行军，比如杀戮。

或许朱棣小时候并没有亲手杀过人，但是，正如他的地位所决定的，少了些保护的他，反而能看到更多的现实和更多的真相。

跟随在徐达、常遇春这样的武将身边，朱棣能够接触到更多的鲜血、更多的死亡。谁也不知道，目睹过多的杀戮会给一个孩子留下什么样的阴影。朱棣的表现超出了所有人的意料，在经历过最开始的恐惧期后，小小年纪的他居然开始接受，开始兴奋。他看到了战争的无坚不摧、无所不能，交战双方一旦开战，就是在用无数士兵的性命赌博，盲目的赌博是疯子，而明智的赌博是艺术。

战争，在朱棣眼里不仅是获取需要的手段，还是一门学问，他要尽快掌握这门学问。他明白只要有大哥在一天，他就不可能过上如同太子一般的生活。父亲的儿子有那么多，他必须与众不同，才有可能获得更多的关注。

朱棣爱上了战争，他学习如何拼杀和如何指挥。既然做不成江山的拥有者，那就做江山的守护者，然后，一点一点地用强力争夺自己想要的东西，或许，也包括皇位。不过，在朱棣真的开始打算夺取皇位之前，他还是朱元璋听话的儿子，朱标友善的弟弟。他的脑海里可能没想过手足相残的事。他需要力量，只是为了得到他想要的，他不需要成为众人的目标。

朱标是被当作治理天下的仁君来教导的，而朱棣，则是在真实的战火中，无声无息地成长为了一名职业军人。这也决定了朱棣看问题和解决问题都会采取和朱标不一样的方式。军人解决问题的最有效手段就是战争，谁强谁就有决定权。

在这一点上，朱棣和朱元璋非常相像。他们都是信奉力量的人，都喜欢用实力说话。而且他们都很隐忍，在没能确定自己有十足的把握之前，绝不会率先出击。朱标或许更多地遗传了马皇后宽广博大的心胸和仁爱友善的性格，而朱棣，则把朱元璋那套行事风格完全接了过来，然后融会贯通。

朱棣就在这样一个生不逢时、不受宠爱的环境中逐渐成长起来了。或许正是由于他的这种经历，才引起了朱元璋的关注。

受封燕王，太祖关注

中国历来的史家通常把历朝皇室描写成非凡之人，那其实都是文人笔墨的渲染。出生在战火纷飞年代的成祖朱棣，幼时其父朱元璋很少有精力去管教他。

朱棣在8岁以前，是没有名字的。直到元至正二十七年（1367年）朱元璋才正式给儿子取了名字。

就在这一年的旧历十二月二十五，应天城内的太庙大殿里供品丰盛，香火缭绕，吴王朱元璋为爱子举行的命名仪式即将开始。曾经横笛牛背的朱元璋，经过几番争战消灭了所有对手，完全有条件做一个称孤道寡的皇帝了。所以，他要在登基之前光宗耀祖，给儿子取名字。朱元璋在太庙文中写道："维子之生，父命以名。典礼所重，古今皆然。仰承先德，自举兵以来，渡江生子七人。令长子命名曰标，次曰樉、曰棡、曰棣、曰橚、曰桢、曰榑，从孙一人曰炜（后更名守谦），敢告知之。"从此时开始，8岁的朱棣和他的兄弟们才有了正式的名字。

第二年（1368年），明朝在应天城辞旧迎新的爆竹声中诞生。

戊申年（1368年）正月初四，朱元璋即皇帝位，国号明，改元洪武。刘基领命奉册室，马氏被立为皇后，世子标立为皇太子。朱标同几个兄弟在登基和册封仪式完成之后一起去拜贺母后马氏，然后众兄弟再拜贺长兄太子朱标。在一片礼乐声中，由二哥朱樉代表大家致贺词："小弟极兹遇长兄皇太子荣膺宝册，不胜忻忭之至，谨率诸弟诣殿下称贺。"从这时起，朱标同他那些亲兄弟有了明确的身份之别，只是这种区别在当时还不明显。到了洪武三年（1370年），朱元璋分封诸王，朱标同其兄弟们的身份明显地有了不同。

洪武三年（1370年）四月初三，朱元璋在奉天殿和华盖殿宴请君臣，商议分封诸子为王的事宜。朱元璋对群臣说："我亲率师旅，以靖大难，靠皇天眷佑，才得平定海内。然而天下之大，必树藩屏，上卫国家，下安生民。现在诸子都已成年，应该封他们以爵号，镇守各地。这并非我私庇自己的儿子，而是遵循古代先哲王的榜样，为求国家长治久安。”“陛下封建诸王，以卫宗社，天下万世之公议。”群臣异口同声地响应。

但是，朱元璋感到，于功臣之前先封诸子还是多说一说道理为好，他接着说：“先王封建，所以庇民。周天子就是这样做的，所以行之久远。秦始皇很快便致亡国，就是因为废而不行。汉、晋以来，莫不皆然。其间有治有乱，那就要看他们各自做得如何了。”诸臣对这事仍然没有反对意见，便这么决定了封藩之事。

随后，封建诸王诏由当时的文章高手王棒拟制诏书曰：“朕荷天地百神之灵，祖宗之福，起自布衣，艰难创业。惟时将帅用命，遂致十有六年，混一四海。功成治定，以应正统。考诸古昔帝王，既有天下，子居嫡长者必正位储贰。若其众子，则皆分茅胙土，封以王爵，使长幼分明，固内外之势者。朕今有子十人，前岁已立长子为皇太子。爰以今岁四月初七日，封第二子为秦王、第三子为晋王、第四子为燕王、第五子为吴王、第六子为楚王、第七子为齐王、第八子为潭王、第九子为赵王、第十子为鲁王、侄孙为靖江王，皆授以册宝，设置相傅官属。凡诸礼典，已有定制。于戏！众建藩辅，所以广磐石之安；大封土疆，所以眷亲友之厚。古今通谊，朕何敢私？尚赖中外臣邻，相与维持，弼成政化。故兹诏示，成使闻知。”

诏书下，准备举行分封仪式。四月初七，奉天大殿内在晨钟响过三下之后全场一片庄严肃穆。仪式执事人各司其职，隆重的封藩仪式开始了。

身着九章冕服的朱棣，同即将受封的诸王一起，在引礼官带领下走进奉天门的东门，到奉天殿门前跪了下来。诸王在宣判官宣读完朱元璋封藩诏后，依次进入殿内接受金册和金宝。首先是朱樉，然后是朱㭎，第三个便是朱棣了。

奉天殿内按照固定程式举行着庄严的仪式。朱棣在一阵礼乐声中走到御座前——上面是父皇，父皇身旁是长兄太子。读册官跪下来宣读金册上的文字："昔君天下者，必建屏翰。然居位受福，国于一方，并简在帝心。第四子棣，今封你燕王，永镇北平，绝非易事。朕起农民，与群雄并驱，艰苦百端，志在奉天地、享神祇。张皇师旅，伐罪吊民，时刻弗怠，以成大业。如今你有封国，当恪守礼敬，仁政爱民。体朕训言，尚其慎之。"宣读完毕，左丞相李善长将金册、金宝一一捧到朱棣手中。他庄重地接过来，交给身旁的内侍，俯身下拜。

在一片礼乐声中朱棣在引礼官带领下走出奉天门，开始了燕王的生涯。这时朱棣还不到10岁。

朱棣被封燕王，封地是北平，也就是今天的北京。

就朱棣封地来看，朱元璋很可能已经开始注意到他的这个儿子了。北平离首都南京很远，但离北元残部很近。国家刚刚建立，需要一个稳定的环境，这时把朱棣封到北平，是否意味着朱元璋把镇守边关这样的重任交给了他？朱棣丝毫没觉得封地在北平有什么不好，相反，他仿佛找到了释放自己激情与热血的地方。

封地边上，就是蒙古人。朱棣就在跟这些蒙古骑兵的对抗中，实际检验了自己以往所学到的一切技能。慢慢地，他发现，实践永远要比教科书来的深刻。

在关外的平原上，他看见的是江南看不到的战场；在震天的嘶吼声中，他学会了怎样让自己保持一个将领应有的冷静；在堆积成山的尸体和血流成河的惨烈面前，他明白了生命的脆弱。千千万万的士兵，千千万万条生命，他们也许没有报国的壮志，也没有对敌人无边的仇恨，只是为了活命才加入了军队。但是，战争夺去了他们的生命，现实是多么的无情。

明成祖像

强大的人注定是会被赋予重任的，就像朱棣一直以来所期盼的那样，他的强大不会没人看见，而这一次，他需要用自己的力量，去完成他生命中最重要的一次亮相。

出征漠北，建立军功

洪武十三年（1380年），朱棣就藩北平，此后直到南京称帝，他在这里度过了23年的时光。这段时间对朱棣非常重要，他从一个年轻的藩王逐渐成熟起来，逐渐在众藩王中崭露头角，最终成为众藩之首。

洪武初年，朱元璋发动了一次又一次北征。故元势力在明军的打击下日趋衰落，镇守边塞的亲王却在战斗中成长起来。

江南固然有它的轻柔婉转，而沙漠却是无可取代的豪放悲壮。在江南，人会安定、平和，思考的问题缜密而深远。但在大漠，人会变得开阔，变得爽朗，同时，会被狂风走石打磨得坚硬，打磨得无情。

生于江南长于江南的，是太子朱标，所以他宽厚、含蓄。

生在江南长在边关的，是燕王朱棣，所以他严肃、直接。

朱棣明白，哥哥学的是治国之道，所以哥哥不能有太多的杀伐暴力，哥哥要掌握的，是如何治理朝政，如何为百姓撑起一片天。而朱棣自己，生来注定是要与战争相伴一生。鲜血固然可怕，死亡确实恐怖，但这些都是战争所不可避免的，好在朱棣喜欢。战争这门学问，朱棣学得很好。

现在，检验成绩的时刻到了。

北元，这个朱元璋的老对手，大明朝最不安分的邻居。他被赶出中原这么多年，依旧没有刀枪入库、马放南山，时不时地还要出个头、捣个乱。其实这也不能怪他，一个游牧民族靠的是放牧牛羊、逐草而居，好不容易力量壮大了，成为了整个国家的主人，总算不用再过风餐露宿的日子，还享受到了从未有过的舒适生活。可惜好景不长，没多久就被朱元璋从京城里赶了出去，一下子竟要过自己动手都未必能丰衣足食的日子。由俭入奢易，由奢入俭难。吃过美味的人，你让他再去吃糠咽菜，简直比杀了他还难受。况且，北元在元朝当统治者作威作福时，自己的本事一点儿都没长进。加上大漠又是一个物资极其贫乏的地方，这让他们根本无法生产出满足需要的生产和生活资料。怎么办，明朝的领土就在边上，那就抢吧。

朱元璋怎么能容忍北元的残兵游勇在自家地盘上撒野？可气的是这些人来了就抢，抢了就跑，跑不掉就打，打不过还跑，折腾的明朝军队哭笑不得。朱元璋一直想把这股力量肃清，怎奈建国之初，百废待兴，实在腾不出手来教训这些人。而现在，有一个人似乎可以替他去完成这个任务，并且绝无二心。这个人，就是他的儿子——朱棣。

洪武二十三年（1390年），朱元璋下令，命燕王朱棣和晋王朱棡分率部队出征漠北，目标为北元丞相咬住和太尉乃尔不花。

这一次，既是朱元璋考查儿子能力的测试，也是他检验自己眼光的测验。他比任何人都希望这两个儿子能带回好消息，不只因为国仇家恨。

当然，为了确保此次考试能够顺利进行，朱元璋还是派了几名得力干将跟随皇子，以便随时听用。“命傅友德为大将军，率列侯赵庸、曹兴、王弼、孙恪等赴北平，训练军马，听燕王节制，出征沙漠。”（《明史纪事本末》）这个傅友德就不用说了，完全是一个神奇的存在，当年令常胜将军徐达铩羽而归的那次征元，还是因为他的战绩才不至于显得那么难看。其他的几个大将，也都是身经百战、经验丰富的老部下了。有他们在，能给皇子们助助威。

洪武二十三年（1390年）三月，先头部队发回消息称，在迤都发现了乃尔不花的踪迹。找到了敌人，朱棣即刻带领着大部队，朝那个令他心驰神往的战场悄悄前进。

漠北的三月和中原完全是两个季节，江南是烟花三月下扬州，而此时的漠北，却还是雪花大如席。天公不作美，让第一次率大军远征的朱棣赶上了大雪迎门。

对于适应了关中气候的军队来说，此刻的大雪就好像是北元下达的逐客令。天寒地冻和长途行军的疲乏让每个士兵都不想再挪动一步。此时，有部下提出，天气太糟糕，我们别走了，就在此地驻扎下来，休整一下等天晴了再行军。

这个提议并不过分，如果贸然行军，极有可能还未开战就先损失掉不少战斗力量。最关键的是，倘若因为放弃休整而令将士对自己怨声载道，甚至失去了军队应有的凝聚力和对主将的忠心，岂不太可怕了，朱棣不想到时候自己指挥一盘散沙样的队伍和元军作战。

停下不走了？朱棣不甘心。他知道，大雪的确是元军最好的屏障。他相信他的敌人在看到漫天雪花时，一定会高兴得手舞足蹈。恶劣的天气，往往意味着安全。漠北的气候，蒙古人早已习惯，但他们知道中原人不会习惯，等中原人习惯了，他们自己早就撤离了，留给中原人一片废墟。

朱棣知道此刻的乃尔不花在想什么，如果真的等雪停了再走，且不说乃尔不花不会留在原地等他们来打，再想在茫茫大漠找到敌人的踪迹，谈何容易！一时的仁慈，带来的可能是满盘皆输。

不能让敌人如愿。朱棣召集所有的部下开会，向他们说明了自己的想法，“天雨雪，彼不虞我至，宜乘雪速进。”（《明史纪事本末》）天气是不好，所以敌人不会想到我们会雪中行军，也就不会有所提防，这正是我们前去攻击的最好时机。所以不要犹豫，下令大军，全速前进。

朱棣的理由很充分，也很有说服力，没有人再提出异议。因为，所有的人都知道这个决定是对的。

暴风雪中，明军逼近了乃尔不花的营地。果然，营地没有什么严密的守卫，乃尔不花压根没想到明军会在如此糟糕的情况下依然坚持前进。当所有人都认为应该趁着这天赐良机，一举将乃尔不花的军队剿灭时，朱棣又作了一个令他们不解的决定：

全军原地驻扎，不得擅自行动。

浩浩荡荡顶风冒雪地来了，却又不让行动，几乎所有的人都不能理解。朱棣也不向他们过多解释，而是派了一个人前去乃尔不花的军中，这个人叫观童。

史载，观童和乃尔不花有故交。朱棣派了一个敌人的老朋友前去，摆明了是去做劝降工作的。当观童走进大帐，乃尔不花都不敢相信自己的眼睛，大雪纷飞，这个人是从哪儿冒出来的？

观童见到乃尔不花后，两个人抱头痛哭。明军不适应大漠恶劣的天气，不代表元军就很享受天寒地冻。大雪封山，又没有什么军需储备，乃尔不花也被困得很难受，见到老朋友，管他来干什么的，先哭一通再说。哭完了，观童缓缓开口，我们燕王已经来了，大军就在你们旁边。

听到这话，乃尔不花慌了。一支部队驻扎在自己的眼皮子底下，自己居然一点儿感觉都没有，乃尔不花恨不得把哨兵抓起来砍了。大军压境，乃尔不花和部下个个惊慌失措，第一个反应就是上马逃跑。面对敌人，元军的主将立马想到的是逃跑，这似乎成了他们的传统。

观童赶紧拉住乃尔不花，对他说，不用怕，是燕王让我来的，他知道你不想打仗，所以派我来带你去见他。出于对老朋友的信任，再加上局势对自己没有一点儿好处，乃尔不花决定投降，他跟随观童来到明军的营地，面见朱棣。

乃尔不花来之前，就做好了充分的思想准备，大雪天让人家跑了这么远，不被打一顿就不错了，别妄想能讲什么条件。让乃尔不花吃惊的是，朱棣不但没有为难他，反而设宴款待他。“燕王降辞色待之，赐之酒，慰谕遣还。”（《明史纪事本末》）没有责骂，没有轻视，而是好酒好菜地招待，还和颜悦色地安慰他。乃尔不花很高兴，觉得投降是明智的，他马上返回营地，带领所有将士投降朱棣。

朱棣不费一兵一卒，就收服了乃尔不花，而且连他的所有粮草牛羊一并接收。这一仗，朱棣全胜。

捷报传到京师，朱元璋兴奋地说："肃清沙漠者，燕王也！"很好，看来，这次考试，朱棣得的是优秀。

兵不血刃而大获全胜，是战争的高级层次。年轻的朱棣第一次亮相就技惊四座，这实在让人惊叹。但最让人佩服，同时也畏惧的，是朱棣在这次出征中所表现出的对局势的把握和强大的忍耐力。

凯旋的朱棣受到了来自四面八方的赞扬，朱元璋很欣慰，他为江山找到了一个可靠的守护者；朱棣也很欣慰，总算在父亲朱元璋面前露了回脸，这下，他就不再是普通的王爷，而是可以担当大任的王爷。一切都是那么的和谐喜庆，直到一个人的离去，打破了所有的平静，把江山再一次推进了水深火热之中。

实力膨胀欲望涨　靖难之役定乾坤

从来不被父亲朱元璋重视的朱棣，凭借其卓越的军事才能，逐渐获得了朱元璋的关注与赏识，同时也在军中树立了威信。这为他后来发动的“靖难之役”打下了坚实的基础。皇太子朱标的死与朱元璋的死，更加助长了朱棣的野心。此时，崭露头角的朱棣，再也按捺不住欲望的膨胀，发动了“靖难之役”，并最终登临大位。

和尚送帽，助长野心

朱棣是从什么时候开始有篡权夺位的野心了呢？这还得从一个和尚说起。

北平燕王府内，燕王朱棣正坐在书房中看书，手下人来报，道衍来了。朱棣无奈地苦笑，吩咐下人让道衍进来。不一会儿，一个和尚推门而入，他就是姚广孝。简单行过礼后，姚广孝开门见山地直陈来意，问朱棣何时动手。朱棣没说话，只是挥挥手，让姚广孝回去。姚广孝撇撇嘴，退了出去。没关系，他有的是时间，可以慢慢劝说这个固执的王爷。

那么姚广孝究竟何许人也，他三番两次劝说朱棣究竟所为何事？

事情还要从姚广孝初见朱棣说起。洪武十八年（1385年），马皇后去世已经三年，但朱元璋依旧沉浸在悲痛中不能自拔。他从民间选拔出了十名僧人，让他们随各个藩王到驻地去讲经说法，祷念祈福。道衍也在其中，他在等候一个人，等这个人带自己走，然后，带这个人走向至尊。

姚广孝，法名道衍，出身医门，14岁时出家为僧。出家人，本当静心修佛，宣讲佛经，六根清净才对，但姚广孝似乎不是个甘心佛门清修的和尚，本为佛家中人的他，居然拜了个道士为师。他的道士师父叫席应真，也是个不务正业的人，道家那么多的经典他不去解读，反而对阴阳术数颇有心得。一个老道、一个和尚，两个人天天对着算筹，看着天象，研究得不亦乐乎。

阴阳术数，算起来是一门历史悠久、博大精深的学问，它包括的门类有很多：宗教、哲学、历法、中医、书法、建筑、占卜，几乎无所不包。能把这门学问研究透了，这个人也就算是个奇才了。

阴阳术数虽有大用处，可是科举不考这些，姚广孝把阴阳术数学了个精通，无奈派不上什么大用场，又不能靠这些学问去参加考试，也不能拿着辛苦的学习成果去给人看风水、选阴宅。因而，姚广孝很不得志。

姚广孝为了排解忧愁，决定出门走走，当他走到嵩山时，一个相者拦住了他，给他算了一卦。这个相者名叫袁珙，他拉住道衍，也没有说什么“你最近有血光之灾”或是“红光满面，将有好事临门”之类的套语，《明史》中他是上来就惊叹：“是何异僧！”——怎么是这么个奇异的和尚！就是这句话让姚广孝停下了脚步，等待着他的下文。

袁珙接着说：“目三角，形如病虎，性必嗜杀，刘秉忠流也。”（《明史》）你长了一双三角眼，好像生病的老虎，你这个人一定爱好杀戮，是个像刘秉忠那样的人。

刘秉忠是什么人？也是个不寻常的和尚，当年忽必烈建立元朝，就是这个刘秉忠在身旁出谋划策助他建立了不朽的功勋。而这个刘秉忠，同样精通天文地理和易经历律，也是个混合型人才。

这件事要是发生在平常人身上，平白无故被人拉住，然后劈头盖脸说你喜欢杀人，还和不安分的和尚属于同一种人，恐怕早就和算命的人拼命了。可道衍的反应很耐人寻味，史书记载，听了袁珙的话后，“道衍大喜”。

意思就是说，姚广孝很高兴，之前郁闷的心情一扫而空。这样看来，姚广孝真是个不安于现状的人，说他像刘秉忠，他不但高兴，还“大喜”。看来，他很欣赏这个和尚前辈，也许，还把他视为学习的榜样。可见，在姚广孝的心里，一定有另一番打算。

另外，还有一件事，也证明了姚广孝不是什么清心寡欲的出家人。朱元璋曾经举行过一次考试，命令天下学有所成的僧人都来参加，姚广孝也去了。可是结果却令姚广孝不满意，因为考试结束后，成绩优异的人并没有被授官，仅是赏了件衣服就被打发回家了。

回家的路上，姚广孝经过北固山，有感而发，写下了怀古的诗篇。北固山，三国故地。辛弃疾的一首《永遇乐》，道尽了多少怀才不遇人的苦衷。同行人听到了姚广孝的吟唱，惊讶地说：“此岂释子语耶？”（《明史》）这哪是你一个参佛的人应该说的话？姚广孝笑笑，没有说话。

实际上，不用道衍说，明眼人一看就知道这个和尚想干什么。他不甘心一生碌碌无为，只能和青灯古佛相伴终生，就算得道又怎样，不过是尘世之外那虚无缥缈的一缕青烟。他要的是实实在在的抱负得偿，是覆雨翻云的强大手腕。他并不贪财，也不好色，高官厚禄于他真的是过眼烟云。他唯一期盼的，就是证明自己，证明自己的力量，证明自己是这个世界不能缺少的力量。

所以，他放弃了诗词歌赋，放弃了《大学》《中庸》，选择了一条常人不加理睬的歧路。阴阳术数，经世致用，唯有蹚入尘世这潭浑水，才能彻底搅动一番，令天地变色。

姚广孝还在等待，他在等待一个可以给他这样机会的人。

终于，他等来了生命中给他机会的人。

官房中，和姚广孝一样在等待的和尚还有九位，他们都在担心，究竟会被哪个王爷挑中，今后又将去往何方。

姚广孝丝毫没有焦虑的神情，他好像已经成竹在胸，因为，他已知道自己会和谁一同离开。不一会儿，大殿外响起脚步声，所有人都伸长脖子朝外张望。姚广孝端坐在椅子上，感觉到心脏跳得异常猛烈。

当燕王朱棣和兄弟们一起走进来时，看到的是一群笑容可掬的出家人。父亲这次的安排让他很不理解，带个和尚回封地，能有多大用处？这时，一个面容沉静的和尚也不打招呼，冲着朱棣小声说："大王使臣得侍，奉一白帽与大王戴。"（《明史纪事本末》）王爷，请允许我跟随您，我会送一顶白帽子当见面礼。

朱棣听到这话，立刻震惊了。白帽子，朱棣当然不会理解为姚广孝真要给他一顶办丧事的孝帽，能让王爷戴孝帽的，只有皇上驾崩，道衍不可能笨到诅咒当今圣上。这白帽子，另有含义。

朱棣为燕王，这王字上面加个白，不就是皇上的皇吗？不得不佩服汉字的博大精深，简单的叠加，就是完全不同的含义。生为皇帝的儿子，有哪个是不想当皇帝的？那种天下唯我独尊、一言九鼎的快感，使所有人趋之若鹜。朱棣当然有征服天下的雄心，可此时，他温文尔雅、深得民心的太子哥哥还好端端地坐在寝宫里，他怎么可能有机会？

朱棣面前的这个和尚，貌不惊人，却说出了惊天动地的话，在朱棣同意姚广孝跟随自己之后，姚广孝淡淡地笑了，他知道，自己的命运已经和朱棣牢牢地拴在一起，从此以后，要么踏上那条不归路，走向最后的胜利；要么老死在燕王府，郁郁不得志。

姚广孝相信，燕王绝非池中之物，是不会让后一种情况发生的。而他，也相信自己不会看错人。当然，事实也证明了他是对的。

太子病死，太孙嗣位

朱棣的童年是缺乏父爱的，这与他并非朱元璋的长子也有很大关系。那么，他的人生与人生追求是从什么时候开始转变的呢？这还要从朱元璋和朱标父子俩的意见相左开始说起。

由于朱元璋和朱标父子俩，一个是在艰苦斗争的磨难中成长的，一个是在太平环境中成长的，所以两人的性格、思想、作风及所受的教育、生活实践的影响迥然不同。朱元璋主张以猛治国，刑用重典，运用法庭、监狱、特务和死刑来震慑官民，使人畏惧他却不知其端由。皇太子却主张周公、孔子之道，讲仁政，讲慈爱，务求治狱之平恕，杀人越少越好。为了加强皇权的统治，朱元璋绞尽脑汁杀戮功臣，诛除异己。皇太子却顾及将相先前的汗马功劳，照顾亲族兄弟、师生的情谊，宽大为怀。一个严酷，一个宽大，老皇帝命太子省决章奏，他更自作主张“于刑狱多所减省”。父子俩因此而分歧，有时甚至发生冲突。宋濂获罪时，皇太子朱标为他的老师哭救，向朱元璋求情：“臣愚憨，没有别的老师，请求陛下哀矜，免其一死。”朱元璋大怒说：“等你做了皇帝再赦他。”皇太子惶惶不知所措，想要自系，幸亏随从相劝才免于一死。朱元璋嗔怒道：“这个痴心儿子，我杀人关你什么事！”朱元璋一直都因马皇后的死而郁郁寡欢、闷闷不乐，动辄杀人。皇太子朱标心里很不是滋味，就劝谏道：“陛下杀人过滥，恐伤和气。”朱元璋听了没作声，第二天故意叫皇太子拿起一根放在地上的荆条。皇太子见荆条上都是刺，面有难色，不敢拿。朱元璋说：“你怕有刺不敢拿，我把这些刺都给去掉了，再交给你，岂不是更好？为了你能当好这个家，我才清除天下这些奸险之徒。”皇太子却说：“上有尧舜之君，下有尧舜之民。”意思是说：有什么样的皇帝，就有什么样的臣民。朱元璋一听更为生气，举起椅子就朝太子砸过来，皇太子只好逃走。还有这样一个传说，朱元璋看皇太子过于仁慈，有一次命人抬着一具尸骨在太子面前走过，以刺激刺激太子，皇太子不胜悲蹙，连声哀叹不已。

经过这些事情之后，朱元璋、朱标父子二人意见渐渐相左，朱元璋也渐渐地不喜欢朱标了。

朱元璋过了50岁以后，精力同以前相比差了很多，希望皇太子帮助处理政务，一来是分劳，二来可以使未来皇帝的办事能力得到训练，期望将来皇太子能成为像汉文帝之类的圣君。但是，在洪武二十五年（1392年）四月，年仅38岁的皇太子朱标病死了，一时之间，举国震惊。

朱标的死，对朱元璋来说，是彻骨的疼痛。虽然说父子之间已经产生嫌隙，但毕竟朱标是自己的长子、未来的储君，竟然白发人送黑发人，岂不痛哉？此时的朱元璋深陷极度的悲哀和痛苦之中，以致几乎丢了性命。当他身体复原之后，头发、胡须全都花白了。他老了，国家的重担已经将他的精力压榨得所剩无几，他不知道，自己百年之后，谁来掌管这个江山。

朱标的死，对于他的兄弟来说，却是个千载难逢的良机。长子去世，那皇位继承人就必须重新筛选，也就是说，这一次所有的藩王都站到了一条起跑线上，有了公平竞争的机会。虽然死去的这个人，是他们的哥哥，但在无上的权力面前，亲情是可以最先抛弃的东西。

此时的朱棣兴奋异常，他好像看到了祈求多年而不可得的金光大道就铺展在自己面前。太子哥哥在时，自己不敢有任何非分之想，只求能够表现得好点儿，多得些恩宠。而现在不同了，太子一死，自己就有了竞争皇位的资格，遍览所有藩王，只有自己是战功赫赫，深得父亲的赏识。再加上自己一直以来都表现得非常出色，看来，这个继承皇位的，最合适的人选就是他了。朱棣很开心，但现实却很残酷。

正当所有的藩王还在打算怎么好好表现自己，以取得父王的青睐时，朱元璋的决定再一次令所有人大吃一惊。不能从丧子之痛中走出来的他，竟把所有的对亡子的感情，全部转移到了朱标年幼的儿子朱允炆身上，当即决定立皇长孙朱允炆为皇太孙——大明朝的下一任接班人。

这一消息传出，举世震惊。朱元璋不按常理出牌的习性大家都了解，可关系到国本，怎可如此轻率？江山交到一个少年手里，可以放心吗？看来，一生冷酷决断的朱元璋，也有着不为人知的柔软情怀。

朱允炆生于洪武十年（1377年），其父为懿文太子朱标，母吕氏。“龙凤之资，天子之表”，“头骨方圆，燕领虎头”等是古人用来从相貌上描绘“真龙天子”的。然而，朱允炆一生下来额颅就有缺陷，他头盖骨又偏又歪。朱元璋一次摸着他的脑袋，叹气地说：“怎么像半边月亮呢？”但是，天资聪颖的朱允炆学习刻苦，又受到良好的教育，所以才识过人，因此皇祖父渐渐地开始喜欢上他，并立他为皇位继承人。

当时，朱元璋的儿子除皇太子以外，都被封了王，安排在全国各要害之地，目的是屏藩皇室。这些亲王既享有优厚的待遇，又握有重兵，特别是在北方边境地区的亲王，在与北元的军队作战时还可以节制诸军。这些手握兵权的亲王都是朱允炆的叔父，人人都做着皇帝梦。所以，他们根本看不上朱允炆，没把他当回事。洪武末年，问题的严重性已被朱元璋看在眼里。一天，朱元璋和朱允炆在一起聊天，朱元璋说："备边抵御外侮，我交给你的皇叔们管，只要边境上没有战争，你就可以放心地做你的太子了。"不料朱允炆却说："如果叔叔们有异心，谁来对付呢？"这出乎意料的一问竟让朱元璋沉默良久，最后才问："你的意思怎样呢？"朱允炆回答："以德争取他们的心，以礼约束他们的行，若无效就削弱他们的属地，再不行就只有更换他们的封地，兴兵讨伐是最后一条路。"朱元璋听后，默默地点了点头，觉得皇太孙更加成熟了。

朱元璋为了使皇太孙得到锻炼，常常让他学习法律、见习政务。朱允炆的才智在见习处理政事时得到了表现。当时朱元璋的统治十分严酷，而朱允炆处理政务则以宽大为本。他阅读《大明例律》，认为所订过于严苛，要求改订五条，这一建议受到了朱元璋的称赞。他说："辅助教化才是申明刑法的目的，为了顺乎人情，应该修改涉及五伦的律例。"于是他便考《礼经》，参以历朝刑法，又改订了73条。朱允炆在参与处理一些刑狱中，更是表现出他机敏过人的地方。常州有子杀父一案，朱允炆认为是继母诬陷儿子，朱元璋不信，便拘拿了犯人的邻居、婢仆进行审问，果然朱允炆所断正确。原来，案中抱病多年的父亲死于庸医的错诊，继母素恨儿子，便力证为其子所杀。朱元璋说："竟会是这样！刑法不可不慎呀。太孙不但仁德，而且明断。我可以无忧虑了。"还有一次，朱允炆怀疑被巡逻的士卒提到的7个强盗中一人与其他人不同，一审问，果然，这人是一家田主的儿子，6个佃客为盗，劫其同行。他本想去自首却先已被擒，朱元璋对此事很是惊奇，问道："你从何处看出他的不同？"朱允炆回答道："《周礼》中就谈道'色听'，《尚书》中也写道'惟貌有稽'，这个双目炯炯、视听端详的人当然不是强盗。”朱元璋感叹地说：“断狱者不可不读书呀！”

由此可见，把国家交给孙子朱允炆，并不是朱元璋完全没有考虑过的结果，他也明白，现在国家看似安定，但外患仍在，不可掉以轻心。他为这个孩子已经安排好了一切，让自己的儿子替他守卫国土，他只要安心地坐拥天下，好好善待臣民就好了。

可谁料想，正是这些叔叔们，成了朱允炆最大的噩梦……

叔侄争权，心理暗战

太子朱标死后，秦、晋、燕王无不窥伺皇位，但朱元璋接受了学士刘三吾的建议，立皇孙朱允炆为皇太孙，以杜绝诸王对皇位的觊觎。不久，洪武二十八年（1395年），秦王死。洪武三十一年（1398年），晋王死。至此，朱棣的两个强有力的对手消失了，他成为诸王中最年长者。这时的朱棣已经羽翼丰满。

晋王死后一个多月，朱元璋曾给朱棣一道敕谕：“朕诸子独汝才智，秦、晋已薨，系汝为长，攘外安内，非汝其谁？……”

可见，这时的朱元璋已经把朱棣看作维护朱家皇朝的一个支柱，对他寄予很大希望。然而，朱元璋毕竟精明过人，他也虑及燕王权势过大，对继任皇帝构成威胁，所以，朱元璋临死时告诫：“燕王不可不虑！”

洪武三十一年（1398年）闰五月十七，朱元璋和大臣们议政之后，自觉十分疲倦，便躺在后宫的床上休息。没想到，他这一睡就再也没有醒过来，时年71岁。

朱元璋虽然死得很突然，却早已立下了遗嘱。遗嘱是这样写的："我担当皇帝重任，乃上天意志。三十一年来，格外小心，不敢懈怠，希望能给老百姓带来好处。无奈我出身寒微，不具备圣人那博大的才智，虽然做了些事情，但还有许多没考虑周到。我担心精力日渐衰微，很怕一些事情没有办妥。现在我就要离开人世，想起经历过的，也没有什么感到遗憾的事了。皇太孙允炆，性情宽厚，处世聪敏，讲究孝道，众望所归，应当继承皇位，文武大臣要同心协力辅佐他。在封地的诸王，得到我去世的消息，不必来京城，应当管好各自的封地。各王所属的文臣武将，都要听朝廷安排。"

明朝中央很早就有人认识到了分封藩王的弊端。太祖治国严酷，威撼中外，太孙则以宽大仁慈得到人们的爱戴，唯独诸王仗着叔父的身份，常常不遵从太子命令。朱元璋在晚年对诸王势力膨胀、形成的尾大不掉之势已有所察觉，所以，朱元璋死时，因恐诸王争权，遂在遗诏中禁止诸王至京奉丧。

洪武三十一年（1398年）闰五月十八，21岁的朱允炆继承了皇位，改次年为建文元年，史称建文帝。同年六月，户部侍郎卓敬密奏裁抑宗藩，建文帝虽未批复奏疏，但消息已泄露出去，燕、周、齐、湘、代、岷等诸王即相互煽动，流言四起。在这种形势下，建文帝的亲信大臣齐泰、黄子澄建议先进攻几个势力较弱的藩王周、齐、湘、代、岷。朱棣是要对付的主要目标，因为周王是燕王的同母弟，削周是剪燕之手足。

于是，从洪武三十一年（1398年）七月至第二年六月不到一年的时间里，周、湘、齐、代、岷五王先后被夺去爵位，废为庶民。其中周王迁云南，齐王锢京师，代王幽大同，岷王徙漳州，湘王则合室俱焚。建文帝对北平的控制也在削贬诸王的同时加强。洪武三十一年（1398年）十二月，命工部侍郎张昺为北平布政使，指挥佥事谢贵、张信掌北平都指挥使司，他们还肩负着严密监视燕王行动的使命。建文元年春，又以防边为名，派都督宋忠、徐凯、耿瓛分别率兵屯驻开平、临清、山海关，而调北平原驻防军——永清左右二卫于彰德（河南安阳）、顺德（河北邢台）。刑部尚书暴昭、户部侍郎夏原吉等14人受命以采访使身份巡天下。

建文帝朱允炆心里明白，虽然自己的父亲是太子，当之无愧，可自己何德何能，只不过因为爷爷的宠爱，就轻易接过了国家，这太不能服人了。况且那些叔叔们一个个手握重兵，他们的力量保江山可以，推翻自己，再打一次江山，也不是不可能。而这些人中，最危险的就是燕王朱棣。

其实，早在朱元璋病故之时，朱棣便带领兵马，打算以祭奠父亲为名进入南京，乘机举事。但是建文帝命令只准燕王单骑入城。朱棣盛怒之下，返回北平。至建文帝次第削除诸藩的时候，朱棣起兵谋反的意图更加坚定了。

事情发展到这一步，燕王想安安静静地过好日子，没事上战场打个仗过个瘾，已经是他一厢情愿的想法了。他的侄子不允许他在王爷的位置上再干下去了。

这个时候，姚广孝又来了，他也已经知道了削藩的事情，燕王再不动手，下一个倒霉的就是他了。于是道衍又拿出自己的那套说辞，劝说朱棣起兵。

朱棣很犹豫，说：“民心向彼，奈何？”（《明史》）姚广孝笑了笑，说道："臣如天道，何论民心。"意思就是说，王爷您不用担心这个，您若是起兵，是符合天意的，不用担心民心所向的问题。

这个时候，道衍这类天文工作者的重要性就显出来了，古人往往将命运归结为天意，做什么事之前都要先问天，而星象就是天的语言。所以，像姚广孝这样能看懂天体运动的，就往往很有价值。朱棣心里明白，如果再不有所行动，恐怕自己真的要失去一切成为平民。多年的戎马，多年的富贵，让他的生存不能离开其中的任何一样。

打定主意的朱棣并没有盲目开始行动，他明白，和朝廷比起来，自己不仅没有丝毫道义上的优势，就连军事力量都不值一提。为了扩充军队，提高武装，姚广孝给朱棣出了不少主意，他要求朱棣马上召集人马，充实力量。什么流民、散兵游勇之类的，管他出身如何，先找过来再说。这样一来，朱棣的军队很快就人数充盈起来。

光有人还不行，打仗不能挥着木头棒子上阵，要有兵器。可是去哪找这么多兵器？只有自己锻造了，很快，朱棣发现问题来了。

现在人人皆知皇帝要削藩，这个时候在家里锻造兵器，谁会不知道你想要干什么？皇帝马上就会派人来采取行动。为了掩人耳目，赢得足够的准备时间，姚广孝这个时候又发挥了他绝佳的聪明才智。

朱棣住的府第是元宫旧址，非常深邃，姚广孝把练兵的地点安排在后苑，距离正门有相当的距离，这样就不会让练兵的声音传出去。然后，又挖了一个很大的地下室，"缭以厚垣，密甃翎甋瓶缶，日夜铸军器，畜鹅鸭乱其声"（《明史纪事本末》）。墙壁很厚，屋子四周还排列上很多的大缸，这似乎有很好的隔音效果。

不过，再隔音，敲打金属的声音也不会完全被过滤掉，姚广孝想了一个绝招，他在地下室的地面部分办起了副业，养了很多的鹅和鸭，这两种家禽叫起来简直对人的耳朵是种折磨，就这样，任凭地下室内的声音再大，混在叫声中也不会被人发现。

事情进行得很顺利，没多久，朱棣就拥有了一支足以和朝廷抗衡的军队，且这支军队，兵丁彪悍，装备优良。朱棣看着姚广孝一手打造出来的成果，心里五味杂陈。

也许朱棣并不想造反，虽然他可能会抱怨、可能会不满，但他可能真的不想走到今天这一步。王爷的日子挺好的，荣华富贵、地位显赫，就算不能一主天下，却可以占据一方，过着舒心的日子。如果国家有难，还能披甲上阵，纵横驰骋。这样的快乐生活才是朱棣想要的。

但就是这样简单的生活，朱允炆也不给他的叔叔。朱棣知道，这个孩子怕他的叔叔们有异心，怕他的江山坐不稳，怕自己终将死无葬身之地。那种“群狼环伺”的恐惧朱棣能理解，但这并不代表他会像那五个被废的藩王一样妥协。事实就是如此残酷，要么朱棣死，要么朱允炆死。

而朱棣，肯定不想死。

然而，在起兵之前还有很多工作要做。朱允炆也不是瞎子聋子，他当然能够知道朱棣在做些什么，这场叔侄之间的较量，才刚刚开始。

大殿之上，葛诚跪在地上，始终不敢抬起头来。他这次进京是带着任务来的，名义上是向皇帝报告一些藩王的消息，可实际上，燕王让他来，还有一个更重要的工作，那就是打探京城的消息传递回去，给王爷作参考。现在，他正等待着皇帝，能不能完成任务还是个未知数。

突然，葛诚眼前出现了一双黄色的龙靴，同时，有一双手托起自己的臂膀，将自己搀了起来。葛诚一看，不是别人，正是当今的万岁——

朱允炆。

葛诚慌忙又要再跪，不料朱允炆免了他的礼，笑眯眯地向他询问了一些有关燕王的问题。随后，朱允炆还不忘关心一下葛诚的生活，询问他俸禄多少、家里人的生活情况等问题。葛诚没想到，这样一个坐在九五之尊位置上的年轻人，居然能够如此平易近人，和燕王的严酷相比，朱允炆就像是和煦的春风，吹拂得葛诚热泪盈眶，也把葛诚此行的任务给吹走了。

葛诚再次跪倒，向皇帝和盘托出自己此行的目的，说自己是燕王派来打探消息的。没想到，皇帝听后一点儿都没有生气，反而安慰他，并询问他愿不愿意为皇帝做事，回到燕王身边替皇帝监视燕王。

葛诚此时早已被皇帝感动得一塌糊涂，哪还有拒绝之心。过了几天，带着皇帝任务的间谍葛诚便离开应天返回北平了。葛诚走后，朱允炆陷入了深深的思考，一个月前在这大殿上，他和黄子澄、齐泰的对话还言犹在耳。

他们的讨论源于一道奏折。有人上报，说燕王、齐王有异心。于是皇帝招来了黄子澄和齐泰两个人，问他们该怎么办。黄子澄说："燕王久称病，日事练兵，且多置异人术士左右，此其机事已露，不可不急图之。"（《明史纪事本末》）

听了这些话，皇帝拿不定主意，就又问齐泰："今欲图燕，燕王素善用兵，北卒又劲，奈何？"（《明史纪事本末》）齐泰听了，缓缓地将自己的想法说了出来："今北边有寇警，以防边为名，遣将戍开平，悉调燕藩护卫兵出塞，去其羽翼，乃可图也。"（《明史纪事本末》）我们可以用防边的名义，把燕王的兵调到塞外去，这样一来，就能削弱他的力量，谋取他也就不成问题了。

经过一番激烈的争论，朱允炆最终采取了齐泰的建议，他任命工部侍郎张爵为北平左布政使，谢贵为都指挥使，让这两个人在燕王身边，密切观察燕王的一举一动。

朱棣不是不知道自己身边新派来的这两个大臣是来干什么的，皇帝削藩之心已经昭然若揭，派两个人前来不过是明白地告诉自己，别轻举妄动，老实待着可能还能有好下场。对于这样两个堂而皇之来监视的细作，朱棣根本就没放在眼里，他做事一向滴水不漏，若能被两个外人看出蛛丝马迹，他这个王爷也不要做了。

朱棣一如既往地在外行事严密谨慎，回到家就马上操练军队、打造兵器。他以为这样就真的能掩人耳目，可是世上没有不透风的墙，千防万防家贼难防。

这个家贼就是朱棣的妻子，燕王妃徐氏。

说燕王妃是家贼，实在是有点儿冤枉她。因为她怎么也不会想到，和亲人们聊聊天，就会把自己的丈夫出卖了。聊天或许无关紧要，但要看和谁聊，聊什么。很不幸，燕王妃没什么倾诉对象，她唯一信任的人就是她的亲哥哥徐辉祖。

徐辉祖，魏国公徐达的儿子。一般来说，父亲太出色，儿子往往都没有什么出息，所谓虎父无犬子只不过是个美好的愿望而已。可徐辉祖的存在，却成了将门虎子的完美诠释。他不像别的开国功臣的后代那样，顶着父辈的荣耀作威作福，相反，徐辉祖为人十分谦逊，而且在行军作战方面很有徐达当年的风范，可以说，是一个不可多得的人才。更重要的是，徐辉祖对朱允炆忠心不二。

当皇帝下定了削藩的决心后，徐辉祖就开始和自己的妹妹交往密切起来。在燕王妃看来，自己的哥哥经常和自己聊天、拉家常是正常的事情。

燕王专心密谋造反的事，可能会有些冷落妻子，而这时哥哥的适时出现，让燕王妃有了倾诉的对象。也就是在这些苦水中，她不知不觉地将丈夫的一些日常活动都告诉了哥哥。燕王妃怎么也不会想到，哥哥会把这些统统告诉皇上，燕王的行动尽在皇帝的掌握之中。

看上去，朱允炆的地下工作做得非常好，可惜他没想到的是，他能安插钉子在朱棣身边，朱棣同样会把定时炸弹埋在他的左右。

跟朱允炆相比，朱棣别的优势没有，战功和名声有的是。在很多人眼里，燕王朱棣就是一个强者。强者如果手里拿着金钱，那他想知道什么就能知道什么。

朱棣没有选择别人，他把目光投射在了皇帝身边的人身上。皇帝身边的人，除了嫔妃就是太监，朱棣没那么幸运，他是王爷，但不是国舅。于是，太监就成了朱棣下手的对象。

宫里的太监，是专门负责皇帝饮食起居的，想要了解皇帝的情况，找他们最合适了。朱棣铆足了劲拉拢这些人，当在宫里受苦受难的公公们一下子被人如此重视，还三天两头送礼，马上就昏了头，燕王问什么，他们就说什么，有时说的比问的还多。

就这样，在地下工作这一块，朱允炆和朱棣打了个平手，这二人都知道了双方此刻在想什么，只不过这层窗户纸还没人捅破。

就在所有人都认为朱棣应该老老实实、别再惹事的时候，朱棣却做出了一件让人目瞪口呆的事来。

建文元年（1399年）二月，按照规矩，新帝即位藩王要入京觐见，朱棣自然也来了。史书记载，朱棣“行皇道入，登陛不拜”（《明史纪事本末》）。走皇帝才能走的路，见到皇帝还不跪拜。

朱棣的不敬行为引起了大臣的不满，监察御史曾凤韶上疏弹劾，没想到朱允炆说了一句“至亲勿问”就给打发了。随后，户部侍卓敬上密折，说道：“燕王智虑绝人，酷类先帝。夫北平者，强干之地，金、元所由兴也，宜徙封南昌以绝祸本。”（《明史纪事本末》）燕王是所有王爷中最像先帝的，如果现在不趁机解决他，恐怕后患无穷。

不知道此时的朱允炆脑子里想的是什么，面对大臣的这一正确提议，他居然说：“燕王骨肉至亲，何得及此。”（《明史纪事本末》）气得卓敬大叫：“隋文、杨广非父子耶！”（《明史纪事本末》）杨广都能谋害自己的父亲，亲叔叔又怎么样！朱允炆沉默良久，还是拒绝了，千载难逢的好机会就这样被他白白放走。

不但如此，这样“放虎归山”的事朱允炆居然在几个月后又干了一次。时逢朱元璋的忌日，按例王爷应该亲赴京城前去祭拜，可有了上一次的经验，朱棣知道自己如果再去，就不会像上次那么幸运了。于是他上疏称病，这本是一个挺好的主意，可朱棣也犯了次傻，自己不去竟然派自己的三个儿子替自己去，这不是摆明了要给人家送人质吗？

果然，当朱棣的三个儿子朱高炽、朱高煦和朱高燧到了京城后，齐泰立刻建议将这三个人扣留下来做人质。这个时候，黄子澄站了出来表示强烈地反对，他的理由是：“不可！疑而备之，殆也，不若遣还。”不能让燕王有所防备，还是应该让他们回去。朱棣犯傻，黄子澄也聪明不到哪儿去。削藩已经是人尽皆知的事了，那五个王爷一夜之间成为庶民，难道是做游戏？

魏国公徐辉祖看到了皇帝的犹豫，马上上密折说：“三甥中，独高煦勇悍无赖，非但不忠，且叛父，他日必为大患。”（《明史纪事本末》）

朱棣的三个儿子，都是徐辉祖的外甥，舅舅看外甥，一般都看得比较准，不过徐辉祖看得也太准了，他不但不同意把这三个人放回去，同时还警告皇帝，说朱高煦这个人是三子中最无赖勇猛的，他不但不会忠于陛下，就连他父亲他也不会忠心跟随。

历史终将证明徐辉祖的明智，以及黄子澄的无用。

皇帝最终同意了黄子澄的建议，将三子放回属地。当朱棣正后悔自己的行为时，看到三个儿子完好无损地回来了，他简直不敢相信，高兴地仰天长叹："吾父子复得相聚，天赞我也。"（《明史纪事本末》）

朱棣通过这件事，算是彻底看清了他的对手朱允炆。没错，朱允炆的确有想法。但他太看重亲情，以致优柔寡断，这个特点成为了他最大的缺点。此点放在谁身上都是良好的品质，但放在一个皇帝身上，就是自身的短处。

朱棣抓住了朱允炆的这个短处，从此更加成竹在胸。

韬光养晦，蓄势待发

朱棣深自韬晦，老谋深算。在僧道衍（姚广孝）等术士策划下，他在自己还未准备好时"佯狂称疾"，时而狂奔于市，时而僵卧于地。并且，他还在府中扶杖而行，以蒙蔽朝廷。

这时，建文帝朱允炆安排在朱棣身边监视其行动的北平左布政使张昺和都指挥使谢贵正行色匆匆地奔波在路上。因为他们得到了一个消息，燕王病了。

燕王一向身体不错，可是从京城觐见回来后就一直说身体不好，明眼人谁都看得出来，他这是为了不去京城参加先帝朱元璋的忌日找借口。皇帝放他一次，未必会有第二次。虽然他不能去，但也必须有人代替他前去祭拜，因此，朱棣的三个儿子就被派去应天参加典礼。本来朱棣后悔至极，想着这三个儿子一定是羊入虎口，再也回不来了。可没想到皇帝居然把三个儿子好端端地给送回来了。没有人质在皇帝手里，也不用再去京城，朱棣的身体按说应该好起来啊，怎么又病了？

朱棣装病确实是为了逃脱被扣留的命运，但这只是原因之一，更重要的是：朱棣需要时间，他要用装病来争取时间。几十万人的军队还要再多加调教，将士们的衣食粮草也要去四方筹措，包括作战计划、行军路线、情报的收集，这些都需要时间，需要大把的时间。他朱棣不是神仙，不能一鼓作气就把几十万人的事情一瞬间安置妥当。这些事情，都要一步一步慢慢来。

毕竟这是造反，不是狩猎，更不是肃清边疆。后面两件事都可以由朝廷支持，钱多的是，花起来也不心疼。可造反不一样，这是一条不归路，从走上这条路的那天开始，就注定了不能回头的命运。不成功，便成仁。如果不能仔细筹划，就会一步错、步步错，朱棣绝不能允许这样的事情发生。

时间从哪儿来，只能靠装病来欺上瞒下，装病朱棣还觉得不够真，索性装起疯来。一时之间，整个北平的人都知道，堂堂大明王爷朱棣疯了。

这个消息可不是朱棣府中人放出来的，传点儿假消息，未必能瞒过所有人的眼睛。这场戏，一定要朱棣亲自上场。最开始，疯子朱棣在大街上大呼小叫，专找人多的地方闹，扯扯这个的衣服、拉拉那个的头发，人们一看是王爷，也不敢跟他较真。接着，朱棣变本加厉，到了饭口就直接闯进人家家里，抓过桌上的饭菜就吃，根本不跟你客气。被闯人家也无可奈何，人家是王爷，平时见都难见到一面，能到你家吃饭是看得起你，虽然这个时候的王爷不太正常。

吃饱喝足了之后，朱棣还不消停，走到集市上随便找个地方一窝，一睡就是一整天。这样的行为，知道的，是王爷疯了；不知道的，还以为是哪来的要饭的。确实，朱棣疯病的所有表现，都和乞丐没什么区别。有些人看到朱棣这个样子，只能背地里叹息：生在皇室又怎么样，说疯就疯了，泼天的富贵又有什么用？

就这样闹了没几天，朱棣疯了的消息就传到了张昺、谢贵的耳朵里。这两个人开始还不信，为了一探虚实，这两个人决定亲自登门探病，人到底疯没疯，一试便知。

在两个人赶往朱棣住处商量怎么试探朱棣的时候，一进朱棣住处的大门，即被眼前的一幕惊呆了。

那时正值六月，盛夏时节，待着不动都能出汗，天热得让人觉得扒了皮都不够凉快，可朱棣居然裹着个棉被、拥着个火炉，在两人面前烤火！

就在两个大臣还没缓过劲来，朱棣又加了把劲儿，哆哆嗦嗦地说了一句：“寒甚！”（《明史纪事本末》）

疯了，绝对疯了！朱棣居然披着棉被、烤着火，还说冻死我了！张昺和谢贵当时就决定，不用试探了。如果这样还不叫疯，那就是他们俩疯了。

张昺和谢贵问了几句病情就马上离开了。再不走，屋里那个大火炉就

能把他们俩烤疯了。也正因为如此，他们也没来得及看清朱棣难挨的表情和脑门上颗颗的汗珠。

回去之后，两个人立刻上疏朝廷，表明朱棣的现状，特别声明朱棣确实是疯了。皇帝看了，稍微放下心来。看来这个叔叔，也不过是外强中干的人。

皇帝那儿刚放心没几天，张昺和谢贵就被葛诚当头棒喝了一下，这个间谍反水之后倒是对皇上忠心耿耿，由此可见建文帝的怀柔政策效果卓著。葛诚告诉这两位大臣，说“燕王本无恙，公等勿懈。”（《明史纪事本末》）。燕王根本就没疯，你们可千万别掉以轻心啊。

收到这个消息后，齐泰立刻作出反应。他做了详细的部署：“即发符遣使，往逮燕府官属，密令谢贵、张昺图燕，使约长史葛诚、指挥卢振为内应。以北平都指挥张信为燕王所信任，密敕之，使执燕王。”（《明史纪事本末》）。这个计划其实很详密，首先，派人持逮捕令，前往燕王府逮捕所有的官属。同时，命令谢贵、张昺继续监视燕王，让葛诚、卢振作为内应，一旦有所行动，可以里应外合。最后，把逮捕燕王的任务，交给了张信。

但这个决定，直接导致了整个行动的失败。因为张信，是燕王的旧部下，把这么重要的任务交给了一个并不可靠的人，齐泰这步棋，走得太臭。

张信接到任命后十分为难，毕竟自己是燕王的部下，按道理理应站在王爷这边。可是，如果真的把事情告诉朱棣，也就意味着自己抛弃了朝廷，走上了反贼的道路，这个选择不好做。好在有一个人替他作了决定，这个人就是张信的母亲。老人家听说儿子要去逮捕燕王，竟然大惊失色，教训他说：“不可。吾故闻燕王当有天下。王者不死，非汝所能擒也。”

（《明史纪事本末》）燕王哪是你能捉拿的，那是会得到江山的人，是真龙天子，你可不能糊涂啊。

这个老太太的言论很值得推敲，她怎么会知道朱棣能不能坐上江山？很简单，朱棣想要起兵，就必须做好舆论工作，要让百姓支持他，就只能说自己身负天命，是潜龙在渊，有朝一日一定会一飞冲天。一个老太太，对这些最信了，也多亏她信，才救了燕王一命。

张信很听话，被母亲教训后，立刻决定帮助燕王。他马上赶往燕王府，没想到燕王根本就不见他，不得已，只得“乘妇人车，径至门求见”（《明史纪事本末》），这才得到被接见。

进门后，张信跪在床前，许久都没听到王爷的问话，一抬头，看王爷还在那儿装疯。张信没办法，只好说：“殿下无尔也。有事，当以告臣。”（《明史纪事本末》）王爷您别装了，我有急事要禀报。

朱棣听了不为所动，依然坚持，“疾，非妄也”（《明史纪事本末》）。我真没装，我是病了。听到这话，张信都快笑了，他又说：“殿下不以情语臣，上擒王矣，当就执；如有意，勿讳臣。”（《明史纪事本末》）您再不说实话，我也没办法，我身上就带着逮捕您的命令，如果您真想起兵，就别再瞒着我了。

事实证明，张信的话就是灵丹妙药，专治朱棣的疯病。听了张信的话，朱棣马上从床上起身，下地跪拜，说：“生我一家者子也！”（《明史纪事本末》）然后，朱棣叫来姚广孝，一同商量造反的相关事宜。当时正好天降暴雨，房子上的瓦片掉了下来。朱棣看了，心里不高兴，没想到姚广孝却挺开心。朱棣骂道：“和尚妄，乌得祥！”（《明史纪事本末》）你也太狂妄了，这有什么值得高兴的。

姚广孝笑笑，说："殿下不闻乎？'飞龙在天，从以风雨'。瓦坠，天易黄屋耳！"您没听过么，龙行从云，这是大吉之兆啊。

朱棣听了，病好得更彻底了，从此恢复了健康，再一次生龙活虎起来。

朱棣为了起事，装疯卖傻，忍人所不能忍，朱棣的忍耐力，不是常人所能想象的。

本来对朱允炆有利的局势，这时彻底变了，开始朝着有利于朱棣的方向发展。

靖难之役，乾坤已定

建文元年（1399年）六月，朱允炆密令张昺、谢贵动手削燕。同时密敕北平都指挥张信逮捕朱棣。

然而，朱允炆派先锋张信前去捉拿朱棣后，这边等了许久，迟迟没见张信行动，甚至连人影也没了，如同泥牛入海。为了安全起见，齐泰又派曾经打探过燕王朱棣的张昺和谢贵前往北平。这次出使，张昺和谢贵的身份大是不同，因为他们带上了皇帝朱允炆的诏书，他们有权率兵包围燕王府，甚至逮捕燕王朱棣的下属官员。

弄了这么大的排场，可见朱允炆削藩的决心很大。但是，朱允炆心慈仁厚，再三告诫张、谢二人，不可为难朱棣。想削弱能征善战的朱棣，如果不用强力，不会有好结果。朱允炆姑息养奸，无论从他的性格，还是行动上分析，削藩都是矛盾的，因而不会有好结果。

与朱允炆不同，朱棣却是一个敢想敢干的人。张信告密后，朱棣当机立断，召集大军，命大将张玉和朱能为帅，严密保护燕王府。燕王府的保卫工作还没布置妥当，张昺和谢贵就捧着圣旨，优哉游哉地来了。府上的兵力太少，无法与中央大军抗衡，朱棣就摆空城计。经过细心安排，朱棣彬彬有礼，恭请张昺和谢贵进入燕王府。燕王府比地狱还可怕，张昺和谢贵死活都不去，坚持要求朱棣走出来，跪接圣旨。

在紧要关头，朱棣又使一计，他告诉张、谢二人，已经逮捕妄图造反的人，需要中央使者进府，验明造反者的身份。对方老奸巨猾，张昺和谢贵应付不过来，只得进入燕王府。他们是这么想的，圣旨没要求抓捕燕王。即使朱棣图谋不轨，也不会这么快就发难。

尽管燕王府很恐怖，作为朝廷的使者张昺和谢贵认为，他们的命还是勉强可以保住的。

在大堂中央，朱棣坐着，一副上气不接下气的样子，好像疯病还没好。

想到外面传说——朱棣是装疯的，张昺和谢贵不禁对望一眼，心扑通扑通地跳。刚想转身跑出去，大堂上突然冒出一帮凶神恶煞的武夫，将他俩团团围住。

见张昺和谢贵连胆都给吓破了，朱棣有气无力地咳了一声，众武夫纷纷散开。朱棣问他们对他装疯的看法。张昺和谢贵被吓傻了，说话结结巴巴，就像有口吃。

一小会儿后，侍仆端来瓜片。张昺和谢贵正想找个话题岔开这个关于装疯的痛苦的谈话，就伸手接瓜。

突然，朱棣直挺挺地跳起来，大嚷大闹。朱棣的意思是：虽然身为皇亲国戚，他每天都为生命担忧，简直生不如死。既然没有比生不如死更坏

的了，他就什么都敢干。

接下来的事就很简单了，张昺和谢贵被捆绑起来。他们是生是死，全在朱棣的一念之间。

按理说，张昺和谢贵是带着军士来的。他们被捆绑，带来的军士应该站出来干预。但是，这两个人不仅轻信，还很迂腐。进门时，燕王府上的人告诉他们，其他军士级别不够不能进入王府，张昺和谢贵竟然死守迂腐的规矩。

既然中央颁发了逮捕的诏书，自己已经被逼上梁山了，朱棣索性就痛快大干一场。在大堂正中央，当着府上诸人的面，张昺、谢贵和葛诚等几位中央使者统统被朱棣斩首示众。

中央的使者被杀了，不管朱棣当初的意愿如何，结果只有一个——他走上了造反的路。造反是一条不能回头的路，只可往前行，不成王，就成寇。

张昺和谢贵等领头羊被杀害后，中央派来的其他军士顿时成了乌合之众，纷纷沦为朱棣的刀下鬼。之后，燕王府就像喷发了火山一样，将整个北平城都给震惊了。因为，从燕王府冲出一支凶悍无比的军队，以闪电般的速度眨眼间就占领了北平的九道城门。

占领北平的九道城门，就意味着掌握了北平城的控制权。尽管朱允炆之前花费了无数心思，苦苦安插忠臣良将守卫，北平城最终还是落入朱棣手中。因为朱棣不仅老谋深算，还有几位厉害的大将。在占领北平城的战斗中，朱棣的大将张玉就立下了很大的功劳。

相比而言，朱允炆安插的将领，死的死、伤的伤、逃的逃，真的不堪一击。

那时，朱允炆安插大将宋忠驻扎在北平城外，然而还没等宋忠反应过来，不到三天，朱棣就控制了北平城。叛军虎视眈眈，就像一群发疯的恶狼。为了保全实力，宋忠只得退守怀来。

俗语言，名不正，则言不顺；言不顺，则事不成。对朱棣而言，起兵造反事小，找一个正当的理由最难。在道衍的帮助下，朱棣找到一个勉强可以说得出口的理由："朝无正臣，内有奸恶，则亲王训兵待命，天子密诏诸王统领镇兵讨平之。"（《明史》）

以这几句祖训为根据，打着"靖难"的旗号，朱棣的军队浩浩荡荡地向南方的都城进发。

更令朱允炆感到措手不及的是，朱棣竟然先修书一封，告诉皇帝说，他身边有奸谗小人，朱棣出兵只为清除这等小人。

历史是多么的相似，在大汉历史上，吴王刘濞觊觎皇位，也借削藩之机，以"清君侧"为幌子，起兵造反。朱棣此举，不过是想实现吴王刘濞没能实现的梦想。

尽管叛军笔直挺向宋忠驻扎的怀来，北平城附近的南方军队还是很忠义，纷纷涌向怀来，誓与叛军决一死战。为补救没能制止朱棣占领北平城的过失，宋忠表现得十分勇敢，以非凡的镇定收编前来投奔的军队，并以莫大的勇敢鼓励军士直面凶神恶煞的叛军。

两军相遇，朱棣果然老奸巨猾，特意安排与宋忠的士兵是亲属的军队打先锋。

原来，为了激发军士的斗志，宋忠告诉他们，他们在北平城的家属都被朱棣杀害了。军士们听了宋忠的话后个个义愤填膺，恨不能生吃朱棣的肉，活剥朱棣的皮。但是，当宋忠的士兵看到自己的亲人站在朱棣的部队中时，都很恨宋忠。随即有的逃亡，有的临阵倒戈。

军队发生哗变结果可想而知，宋忠只得披挂上阵，最终被活捉。

朱棣很爱惜宋忠的忠心，以卑辞厚礼招降，被宋忠一口拒绝。在朱棣眼里，不是朋友就是敌人。既然是敌人，朱棣就不会放过宋忠。

北平城被占领，居庸关被攻破，怀来被攻陷，大将宋忠被杀。朱允炆万万料想不到朱棣的速度如此之快，内心万分惊恐。

叛军首战告捷，气势大增，势如破竹，不到20天，就聚集了好几万人。

朱棣以“靖难”为旗号，为了证明自己的合法性，朱棣废除朱允炆建文的年号，改用洪武的年号，仍称洪武三十二年。以清君侧为名开始了一场历时四年之久的战争，史称“靖难之役”。

说到洪武年间，那是令功臣闻风丧胆的年代，因为有功之臣接连被诛杀。经过朱元璋大肆杀戮功臣之后，劲卒宿将已殆尽，致使满朝文武之中竟没有一人能为朱允炆领兵作战，朱允炆只好任幸存的老将耿炳文为大将军，率军13万伐燕王。

建文元年八月，军队到了真定，在滹沱河被燕军打败，只好退保真定，坚守不出。朱允炆听到耿炳文兵败，又临阵易将，用李文忠之子李景隆替下了耿炳文。李景隆来到穗州，召集兵马，又调来各路军马50万，在河间安营扎寨。燕王知朝廷易将，大喜，说道：“李景隆膏粱子弟，不习战阵，朝廷这是坑了自己啊！”

九月，李景隆至德州，收集耿炳文溃散士卒，并调各路军马共50万进抵河间驻扎。李景隆军中的一些措施布置被燕王侦知后，燕王笑着说：“兵法有五败，景隆都犯了。为将政令不修，上下异心，这是第一；北平早寒，南卒皆穿布衣，不能披冒霜雪，而且军无余粮，马无足草，这是第二；不量险易，深入趋利，这是第三；庸碌贪婪，气盛而刚愎，仁勇俱无，威令不行，三军易挠，这是第四；部曲喧哗，金鼓无节，喜欢阿谀奉承之辈，专任小人，这是第五。他五败全犯，还能胜我吗？”为了引诱李景隆深入，朱棣就叫姚广孝协助世子朱高炽防守北平。

大部分军队被带走援救永平，攻围永平的江阴侯吴高见燕王兵到，退保山海关，永平解围，燕王顺路兵趋大宁。宁王一直管辖着大宁，所属朵颜诸卫多为蒙古骑兵，骁勇善战。朱棣起兵后，就想把它合并过来，扩大自己的军事力量，而朱允炆下令削除宁府的三护卫以阻止宁王与朱棣合兵，这个情况被朱棣得知后，认为这是袭取大宁的好机会，遂由刘家口直奔大宁。十月，合并了大宁宁王部属及朵颜三卫的军队，收编宁王的精锐八万人，此时才班师回营。

李景隆听到朱棣去大宁，遂率兵进攻北平，燕王为了诱敌深入，故意撤走卢沟桥的守兵。十月，李景隆驱兵直抵北平城下。朱高炽布置严密，守卫严紧牢固。李景隆军队虽多，面对坚城，却无可奈何。南军中唯有都督瞿能勇敢善战，他与两个儿子率领精骑千余杀入张掖门，其势不可抵挡。但是因为援兵不到也只好勒兵等待，李景隆又怕瞿能得了头功便派人阻止，要他等大军全到后一起攻城。因此使燕军得到喘息的机会，连夜提水泼到城墙上，天寒结冰，南军第二天无法攀城攻击。几次攻城失利的李景隆只好屯兵于城下，在郑坝村布置军队。十一月，朱棣回师至北平郊外，进逼李景隆军营，城内燕军亦出击，内外夹攻，李景隆率败军连夜败逃。第二天，士兵听说主帅李景隆已逃，便丢弃兵粮南奔。李景隆兵败的消息传到南京，朱允炆问黄子澄，黄子澄却隐瞒实情，谎称：交战屡胜，因天寒，暂回德州，等来春进发。黄子澄还派人告诉李景隆隐瞒战败情况，不要上奏。朱允炆被这些臣僚蒙蔽，加李景隆太子太师，予以奖励。

建文二年（1400年）四月，李景隆会武定侯郭英及安陆侯吴杰等合军60万，号称百万进抵白沟河，都督平安率精兵万骑为前锋。燕军方面，朱棣令张玉领中军、朱能领左军、陈亨领右军为先锋，丘福领步骑继之，马步十余万，双方在白沟河交战。燕兵被前锋平安和都督瞿能父子率军击败，燕兵右军主将陈亨被平安所斩。但南军没有抓住大好形势，兵虽多于燕兵数倍，但将帅不专、政令不一，不能在有利时扩大战机，在遇到挫败时，又不能及时部署兵力阻遏燕军的攻势。所以，在南军主将瞿能父子战死、平安所部被燕军朱能打败之后，南军便溃散得不成军队，燕兵又乘风纵火烧其营垒，郭英、李景隆等溃逃，数十万将士或被斩或溺死，万里尸横。李景隆只单骑逃往德州。五月，李景隆又自德州逃到济南，燕军追到济南，将李景隆的十余万部队击败。朱允炆到这时才觉察出李景隆的无能，便以盛庸代李景隆为大将军，擢升铁铉为兵部尚书，暂理大将军军事。

十月，燕军破沧州，徐凯等人被俘。十二月，燕军进入山东，至临清、馆陶、大名、汶上、济宁。南军主将盛庸与铁铉于东昌誓师励众，检阅精锐，背城而战。这时，屡战轻敌的燕军在东昌大败，朱棣的亲信将领张玉死于战阵，全部也被围困，后来朱棣率援军赶到才得以突围。

建文三年（1401年）二月，朱棣又率军出击，先后于滹沱河、夹河、真定等地败盛庸、吴杰、平安的军队，随后又攻下了顺德、广平、大名等地，占领了河北大部分郡县。建文四年（1402年）正月，燕军进入山东。济南为铁铉驻守，城坚难破，燕军只好绕过济南连破东河、汶上、邹县，直至沛县、徐州。四月，燕军到了宿州，平安率军跟踪至肥河，袭击燕军。总兵何福以十余里的列阵，沿河向东挺进，徐辉祖又率军前来支援，与燕军在齐眉山大战一番。结果燕军损失惨重，骁将王真、陈文、李斌以及都督韩贵都战死了。燕军士兵不习惯连绵的暑雨和泥泞的道路，并且又有疾病流行，燕军处于极为不利的形势之中。当时两军对峙于肥河两岸，朱允炆错误地认为燕军就要北归，京城不可无良将，在双方决战的关键时刻，竟撤回了徐辉祖所统的军队，致使前线的军事力量大大削弱。燕军抓住战机，全力进攻何福军，破灵璧，南军大败。何福单骑逃走，平安及陈晖、马溥、徐真等37人都被抓获。

五月，燕兵收降泗水，南军进抵淮河岸边，南军盛庸列阵南岸，燕王设计突袭南军，主将何福弃众先逃，南军弃甲而走，燕军遂顺利渡淮直趋扬州，扬州不战而降，接着高邮也来阵伏。燕军破仪真，京师人心被燕军往来于长江之上的船只震慑，大臣多为自全之计，求出守城，城中空虚。六月，燕军誓师渡江，盛庸兵列阵沿江二里抵御，但是面对数百燕军，盛庸士兵都不作抵抗，燕军又乘势夺取镇江。京中听说后，乱作一团。方孝孺献计，言城中尚有兵20万，可据城死守，命城外百姓入城。在兵士的驱赶下，城外百姓不分昼夜，拆屋运木入城，劳苦饥渴死了很多人，老百姓怨声载道。又令诸王分守城门，以割地为条件向燕王讲和。诸臣声称在外募兵，静观战局，无人肯募兵勤王。谷王穗与李景隆开金川门降于兵至城下的燕王。宫中火起，建文帝朱允炆下落不明。

本来，朱允炆采取的“削藩政策”是有利于中央集权的统治的，但他所重用的齐泰、黄子澄、方孝孺等人，是一群既不懂军事，也不会打仗的文弱书生。他们虽高喊“削藩”，但没有相应的军事部署来与之响应，当耿炳文受挫折时，却用了李景隆去统率大军，以致几十万军队在不到一年的时间内被李景隆断送。而朱棣久经沙场、军事经验丰富，他所统率的军队越战越强，为以后的战争胜利打下了基础。

此次统治阶级内部争夺皇位的战争，经历了四年之久，它对明初刚刚恢复的社会经济带来了极大的破坏。

建文失踪，朱棣称帝

洪武二十五年（1392年）四月，年仅38岁的皇太子朱标英年早逝。九月，朱元璋立朱允炆为皇太孙。洪武三十一年（1398年），开国皇帝朱元璋病逝，遗诏命皇太孙朱允炆继位，为建文帝。建文帝在位仅4年，就被他的叔叔朱棣夺去了皇位。但人们认为，建文帝朱允炆虽丢失了皇位，但并未失去民心，这是什么原因呢?

洪武年间，经过太祖朱元璋的整治，当时国家统一，经济得到了恢复和发展。然而由于朱元璋生性多疑好杀，屡兴大狱，动辄杀戮，政治气氛非常紧张，文武大臣人人自危。

建文帝对局势有着深刻的认识，因此继位伊始，就着手改革，改变了太祖朱元璋的一些弊政，史称“建文新政”。

建文帝有意结束其祖父尚武的政风，大力加强文官在国家政事中的作用。初登大宝之时，他自己确定新年号为“建文”，与乃祖父“洪武”刚好形成鲜明的对照，从中可见建文帝治国方略的改变。他还立即将六部尚书升为正一品，大开科举考试，并下诏要求荐举优通文学之士，授之官职。

明太祖朱元璋以严刑峻法驾驭臣下，这在历史上是出了名的。建文帝早已意识到太祖用刑过猛，登基后力图改变这种情况，力求宽刑省狱。朱元璋当时乱用重典，屡兴大狱，杀的人很多；还使用了许多恐怖的刑罚，如抽筋、剥皮、阉剖、凌迟等。建文帝一改明太祖的严酷，崇尚礼教，认为“齐民以刑不若以礼”，用刑尽量宽大。

建文帝即位仅一个多月，下诏全国行宽政、平反冤狱。洪武时期的一些冤假错案得到了纠正，一批无辜的官吏得以恢复自由，被发配远方的人也得以回到家乡。据记载，建文朝监狱里的罪犯比洪武朝减少了三分之二。

建文元年（1399年）正月，建文帝令减轻江浙地区的田赋，力求减轻赋税。明初以来，江浙地区的田赋明显重于其他地方，这是因为朱元璋憎恨江浙地区的缙绅当年依附张士诚而采取的惩治措施。

由于建文帝大力改革，推行“建文新政”，改变了太祖时的一些弊政，使文人获得了比以前更高的政治地位。建文帝身边几个被委以重任的大臣也是饱读诗书的才子。兵部尚书齐泰，洪武十七年（1384年）应天府乡试第一，次年进士。太常寺卿兼翰林学士黄子澄，洪武十八年（1385年）会试第一，与齐泰同榜。翰林侍讲方孝孺是建文帝身边的主要谋士，幼时就以聪敏机警著称，后师从当代名儒宋濂，诗文为时人所推崇。正是因为建文帝所依赖的大臣多为这样的文人，所以人称新朝廷为“秀才朝廷”。

建文帝儒雅好文，“日与方孝孺辈论周官法度”，想恢复“二帝三王之治”。臣下有什么想法，都可以大胆向他提出来，用不着像洪武时那样战战兢兢，这使得士大夫们觉得遇上了开明的好皇帝。再加上中国封建社会的正统观念，觉得建文帝是明太祖的合法继承人，自己要忠于建文帝。直到明成祖夺得帝位，许多建文旧臣仍抗节不屈，就像方孝孺那样视死如归，其主要原因就在于此。

建文帝像

正因为如此，后来，建文帝失去了皇位，但没有失去民心。这不仅在方孝孺、铁铉等人身上得到了体现，其他的一些人，甚至一些普通士卒都认为，明成祖夺位属于“篡逆”。

明成祖即位时，刘基的次子刘璟在家为民。召他进京，他称疾不去。后来他被强行召到京师，见了明成祖不是称陛下，而是仍称殿下。尤其令明成祖恼火的是：刘琮居然当廷说：“殿下百世后，逃不得一‘篡’字。”明成祖大怒，将他下到狱中，后他于狱中自杀。

刘琮的话代表了相当一批人的态度，他们对建文帝抱着一片忠心，斥明成祖为“篡”。当然明成祖对此是最忌讳的。

曾风韶在建文帝时任监察御史，明成祖即位后，召他仍任原官，他拒不赴任。成祖又召他任侍郎，他知道不可免，遂自杀。他用血写在衣襟上的绝命词是：“予生庐陵忠节之邦，素负刚梗之肠。读书登进士第，仕宦至绣衣郎。慨一死之得宜，可以含笑于地下，而不愧吾文天祥。”

有些人死得颇具神话色彩，例如：建文帝时的礼部右侍郎黄观，被成祖列为文职奸臣第六，后于罗刹矶投河死，其妻翁氏亦投水死，死前呕血石上，成小影，一到阴雨天气就可以看到，人称“翁夫人血影石”。影呈人形，有愁惨状，后被僧人移入寺中，直至清前期此石尚在。

一些普通士卒也对建文帝忠心耿耿。无锡人储福原是燕山卫士卒，因不愿为明成祖效劳，在“靖难之役”结束前就逃跑了。明成祖即位后，下诏命逃卒入伍，储福被调往云南。储福“仰天哭曰：‘吾虽一介贱卒，亦不为叛逆之臣。’在舟中，日夜泣不止，竟不食而死”。

昆山人龚翊从18岁起就当金川门守卒。燕军由金川门进入南京，他放声大哭，遂外逃隐居。宣德年间，著名的清官周忱两次推荐他为学官，他推辞不就，说道：“（龚）翊仕无害于义，恐负往日城门一恸耳。”竟隐居终身，人们私谥他为安节先生。

这两个普通士卒大概都没有读过书。他们对建文帝居然也那么忠心，表现得那么大义凛然，足可看出建文帝并没有失去民心。

那么，让人如此忠心的建文帝，为什么会失败呢？失败的原因是什么呢？

建文元年（1399年）七月，燕王朱棣拉开了长达4年的叔侄战争，史称“靖难之役”。“靖难”，就是削平祸乱的意思。建文帝原本以为自己已经准备好了天罗地网，擒拿朱棣只是早晚的事，但他明显低估了燕王的能力。战争开始之前，建文帝以防边为名，调走了燕王的护卫士兵，宋忠统兵3万驻军开平，另在山海关、临清皆有军队协防，将燕王紧紧包围起来。只是建文帝没有想到，朱棣有统兵作战的经验，临危不乱，先后荡平了周围的军队。

建文三年（1401年）十二月，燕王朱棣反守为攻，率军直趋南京。六月十三日，李景隆和谷王打开金川门出降，朱棣取得了“靖难之役”的最终胜利。

应该说，建文帝在位4年所积极推行的政策基本上是正确的，那又为何以失败而告终呢？从建文帝方面来看，他的失败主要有以下三方面的原因：

第一，建文帝策略连连失误。

这与他削藩策略失误有直接关系。他一直视燕王朱棣为最大的威胁，然而他并没有果断地制止燕王而是先削了其他五藩，给了朱棣充分的准备时间。

在削藩问题上，朝臣本来有着不同的意见。以齐泰、黄子澄为首的大臣坚决主张削藩，但在具体削藩策略上有所不同。黄子澄认为燕王实力强大，应该先削弱小的周、齐、代诸王，去燕王的羽翼，待时机成熟再削燕王。齐泰则主张擒贼先擒王，只要先铲除燕王，其他诸王自然无力反抗了。可惜的是，建文帝听取了书生黄子澄的意见。建文帝并未意识到他的行动实际上已经打草惊蛇，使燕王早早地做了准备。有的大臣看出了问题的症结所在，建议把燕王徙封到南方，调虎离山，不但能削除他的王号，又可以削弱他的势力。这本应是个良策，但建文帝却迟疑不决，未能实行，结果是养虎遗患，坏了大事。

燕王起兵后，建文帝用耿炳文北伐，这个决定还是很对的。论资望和论打仗经验，耿炳文都是个合适的人选。在“真定之战”中，燕兵突然发动袭击，耿炳文只是受了点小挫，真定并没有失守。燕王也不敢恋战，很快就撤回北平。但建文帝却临阵换将，让李景隆这个公子哥儿取代了耿炳文，从而铸成了不可挽回的大错。

当燕军长驱南下时，南军连连失败，建文帝命徐辉祖率军往援，结果旗开得胜，大败燕军于齐眉山。燕军将领纷纷要求退往北平，只有朱能等少数几个人坚持继续南下。这对双方来说都是重要的十字路口，一步走错就可能全盘皆输。但建文帝这一步又走错了，刚打了个大胜仗，燕军还并没有北撤，他却先把徐辉祖撤了回去，而不是乘胜追击。燕军很快便打到南京城下。

建文帝的连连失误，注定了他失败的命运。

第二，建文帝过于仁柔，贻误时机。

建文帝在安定的生活中成长，接受的是儒家学说的熏陶，缺少对现实的了解，建文集团过重的文人气息，成为他最后失国的两个主要原因。作为一个统治者，是封建时代的一个帝王，过于仁柔也可以坏大事。例如李景隆率领50万大军北伐，加上别处会合的军队，共有60万之众，结果全军覆没。如果换个刚毅点的君主，早就杀掉他了。但建文帝不仅不忍心杀他，还让他继续在朝中用事。坏事如李景隆者尚不受惩治，那还能惩治谁呢？执法不严，则部下懈于用事，难收成功之效。

第三，建文帝用人不当，而且多疑。

建文帝用李景隆北伐，就是一个用人不当的典型。除此之外，这类用人不当的事还有很多：建文帝把削藩大事交给齐泰、黄子澄，这两人都不足担此大任。要削藩，又不敢先动燕王，只是对燕王采取了一些预防措施。方孝孺无疑是建文帝的左膀右臂之一，但他重气节不重才智。作为治国重臣，气节固然重要，但才智也很重要。方孝孺气节感人，但治国安邦的才智未免显得不足，这一点最突出地表现在他的所谓“改制”上。那边燕兵已起，全国兵马倥偬，而他却和建文帝在那里津津乐道于“周官法度”，按方孝孺的建议，甚至要恢复西周时期的井田制度。他还使用一些

《周礼》中的官名，依古制改革某些官职。中国的知识分子有着强烈的崇古情结，言必称三代，似乎那时的制度是完美的，认为那时的社会是理想的。不可否认，这也是治国才能不足的表现。在明代，连赞美他的人也认为他实在过于迂腐了！

建文帝还有用人多疑的弱点。例如，吴高和杨文驻守山海关，已经对北平形成了很大的威胁。杨文勇而无谋，吴高较有谋略，两人组合可谓优势互补，他人难敌。朱棣为此略施小计，给他两人各致一封信，盛赞吴高而贬低杨文。建文帝闻讯后，开始怀疑吴高有二心，遂对其解职，谪徙广西。这样一来，独留杨文守关，辽东兵就一直显得没什么作为了。

朱棣的势力由弱到强、由小到大，最终由一隅而统治全国，取建文帝而代之。这与朱棣的作风和正确运用策略是密切相关的。

朱棣的部下除少部分嫡系外，大部分是南军的降兵降将。他对投降者一律不咎既往、推诚任用，所以看不到有反戈的现象。打起仗来朱棣总是身先士卒，这种大无畏的气概自然激励了部下，故燕军将士打起仗来往往能以少胜多。

从策略的运用上看，朱棣非常高明。例如，在对付李景隆时，朱棣在内线打防御战，固守北平坚城，拖垮敌人。在外线打运动战，壮大自己由弱变强，最后内外夹击转危为安，使南军的北伐又遭失败。当他得知南京空虚时，则毅然改变战略，不再与南军进行一城一地的争夺，而是长驱南下直取金陵。以京师号令全国，各地传檄而定，取得了最后的胜利。显然，朱棣的胜利绝不是偶然的。

“靖难之役”后，建文帝到底去了哪里?

当燕王朱棣攻下南京后，建文帝的下落成为人们关注的焦点。燕王是以“清君侧”为名起兵的，谁都看得出他是要夺江山的。当李景隆和谷王打开金川门，朱棣却发现找不到建文帝的影子。建文帝的下落也就成为争论不休的一大历史疑案。

建文帝的结局到底怎样，众说纷纭，莫衷一是，成为明史第一谜案。因为建文帝在太祖严苛统治之后力行宽政，所以，他的遭遇引起了无数人的同情，在各种野史、戏剧里可以看到人们无尽的猜测和演绎。

近人孟森等学者持建文帝自焚说。《太宗实录》中记载，燕王进入金川门后，建文帝也想出来迎接燕王，然而又自叹道：“我何面目相见耶！”于是与皇后一起闭宫自焚。朱棣看到宫中火起，急忙命人前往抢救，可惜没有来得及。从灰烬中找到建文帝烧焦的尸体，燕王朱棣不胜悲戚，抚尸痛哭，说他只是前来帮助皇帝学善，你又何必自寻死路呢？事后，朱棣备礼以葬建文帝，遣官致祭，辍朝三日。以翰林侍讲王景建议，葬以王礼。各省募兵闻建文帝已死，各自解散。建文帝的第二个儿子朱文圭当时只有两岁，他和皇帝家中幸存人员一起被生擒，虽幸免于死，但和家人一起被长期监禁，直到1457年，他56岁时才重获自由。

燕王继位称帝后，以“天子礼”葬建文皇帝。但是，建文帝是不是真的被烧死，很多历史学家都不能肯定。他们认为，这种说法很可能是朱棣及其手下人编造出来的。因为，只有说皇帝及其长子已经死去，朱棣才能在名分上承继大统，坐上皇位。有学者指出，即使在《明史》中，各个篇章对建文帝死于火焚的记载也各有差异。

《成祖本纪》记载：“宫中火起，帝不知所终。燕王遣中使出帝后尸于火中。”《太宗实录》记载：“上望见宫中烟起，急遣中使往救，至已

不及，中使出其尸于火中，还白上，上哭曰，果然，若是痴呆耶！”《补本》中记载，“棣遣中使出后尸于火，诡云帝尸，越八日壬申，用学士王景言，备礼葬之”。

上述后一种记载指出，并无建文帝尸体，找到的只是皇后的尸体。朱棣曾指天为誓，说他要仿效“周公辅成王”，帮侄子建文帝治理天下。果真如此，就该先弄清建文帝下落，生见其人，死有其尸。可是，破城第二天，他就匆忙“即皇帝位”，给人的印象是：朱棣有意弄假成真，将皇后尸体冒充建文之尸尽快埋葬，使建文旧臣放弃反抗，树立自己的地位。

至于，朱允炆果真是与马皇后一起投火自焚而死了吗？明成祖朱棣心中也是将信将疑的，或者怀疑的成分居多，他之所以听从臣下建议，厚葬了那火中的尸骨，无非是想使建文帝的支持者绝望罢了。朱棣在位的20多年中，关于惠帝的下落民间虽然有很多传说，而文臣史家格于文禁，记载罕传。仁、宣以降，有关的记载渐渐多了起来。

还有一种说法，是关于建文帝出亡之说。

天顺、正德朝之后，严峻的政治环境有所好转，关于建文帝出亡说的史料开始多起来。万历二年（1574年）十月，12岁的神宗曾向张居正问及建文帝下落一事，张居正回答：“国史不载此事，但先朝故老相传，言建文皇帝当靖难师入城，即削发披缁，从间道走出，后云游四方，人无知者。”可见首辅张居正也倾向于建文帝出亡之说。值得注意的是，民间传闻已经入天子耳中，而且这时谈论建文帝出亡已经不再是禁忌话题。关于建文帝出亡一事，谷应泰《明史纪事本末》中的记载最具有代表性，他认为建文帝并未自焚，而是在大臣的保护下由密道逃出南京。

建文四年（1402年）夏六月乙丑，帝知金川门失守，长吁，东西走，欲自杀。翰林院编修程济曰："不如出亡。"少监王钺跪进曰："昔高帝升遐时，有遗箧，曰：'临大难，当发。'谨收藏奉先殿之左。"群臣齐言："急出之！"俄而舁一红箧至，四围俱固以铁，二锁亦灌铁。帝见而大恸，急命攀火焚大内，皇后马氏赴火死。程济碎箧，得度牒三张，一名应文、一名应能、一名应贤。袈裟、帽、鞋、剃刀俱备，白金十锭。朱书箧内："应文从鬼门出，余从水关御沟而行，薄暮，会于神乐观之西房。"帝曰："数也！"程济为帝祝发。吴王教授杨应能愿祝发随亡，监察御史叶希贤毅然曰："臣名贤，应贤无疑。"亦祝发。各易衣披牒。在殿凡五六十人，痛哭仆地，俱矢随亡，帝曰："多人不能无生得失，有等任事著名，势必穷诘；有等妻子在任，心必萦系，宜各从便。"御史曾凤韶曰："愿即以死报陛下！"帝麾诸臣，大恸，引去若干人。九人从帝至鬼门，而一舟舣岸，为神乐观道士王升，见帝，叩头称万岁，曰："臣固知陛下之来也。畴昔高皇帝见梦，令臣至此耳！"乃乘舟至太平门，升导至观，已薄暮矣。俄而杨应能、叶希贤等13人同至。

上面这段文字的真实性的确让人有所怀疑，可谷应泰讲得栩栩如生，令人真假难辨。建文帝到底是自焚而死呢？还是由密道逃离南京？史学家对此各持一说。既然建文帝有可能逊国出亡，他又去了哪里呢？综合各种资料，有如下几种说法：

一、逊国为僧，云游四方

正如《明史纪事本末》记载，建文帝从南京逃出后，带着杨应能、叶希贤、程济两比丘一道，隐名易服，云游天下。学者根据地方志、遗迹、遗址等资料考证，认为建文帝曾流亡于云南、贵州、四川、湖北、江浙、广东等地，《明史纪事本末》说他为逃脱追捕，“西游重庆，东到天台，转入祥符，侨居西粤，中间结庵于白龙，题诗于罗永，两入荆楚之乡，三幸史彬之第”。

西南数省，留有很多有关建文帝的遗址和传说。徐霞客在《徐霞客游记》中记载有建文帝曾在贵州白云山修行时遗留的遗迹：“有巨杉二株，爽立磴旁，大合三人抱；西一株为火伤其顶，乃建文君所手植也。再折而西半星，为白云寺，则建文君所开山也；前后架阁两重。有泉一坎，在后阁前槛下，是为‘跪勺泉’。下北通阁下石窍，不盈不涸，取者必伏而勺，故名曰‘跪’，乃神龙所供建文君者。中通龙潭，时有金鲤出没云。由阁西再北上半里，为流米洞。洞悬山顶危崖间，其门南向，深仅丈余，后有石龛，可旁为榻。其右有小穴，为米所从出流以供帝者，而今无矣。左有蛱高迸，而上透明窗，中架横板，犹云建文帝所遗者，皆神其迹者所托也。”

另传说湖北、湖南、四川、贵州、云南、广西等地都有建文帝的足迹，又曾在各地寺庙留驻，如湖北武当山、广西横州南门寺等。

二、北京西山老僧说

传说后来至明英宗正统年间，有一位老僧往见广西思恩州士官岑瑛，自称为建文帝，蹉跎岁月希望返回朝廷安享晚年。岑瑛急忙报告巡按御史，驿送赴京。途中，老僧赋诗云：

沦落江湖四十秋，归来白发已蒙头。
乾坤有主家何在，江汉无情水自流。
长乐宫中云气散，朝元阁上雨声愁。
新蒲细柳年年绿，野老吞声哭未休。

老僧至北京后，朝廷派当年侍候过惠帝的尚膳监太监吴亮前去辨认。老僧见到吴，说："你不是吴亮吗？"亮说不是。老僧道："有一次，我在便殿用膳，弃肉一片于地，你伏地舔食之，怎么说不是呢？听说老臣杨士奇尚在，能让他出来相认吗？"吴亮复命，明英宗确认老僧即惠帝，命迎入西苑居住，后来惠帝老死，葬于西山，不封不树。

这是历史上流传较广的关于建文帝出亡的故事。事实是：那和尚不是明惠帝，而是一个假冒者。据《明英宗实录》记载：正统五年（公元1440年）十一月，有个老僧，年90余岁，从云南来到广西思恩府，对人说：我就是建文帝，张天师说我有40年苦，现在为僧期满，应返回邦国，以享天年。思恩府士官岑瑛感到事关重大，将老僧及其徒抓了起来，送交总兵官柳溥，解送京师。英宗命大臣会审。开始时，老僧坚称自己即建文帝，并说自己年纪大了，希望归葬于祖父陵旁。审案的一位御史突然从旁边问他有多大年纪，老僧说有90多岁，廷臣诘问道：建文帝生于洪武十年，至今应为64岁，怎么会有90多岁？老僧无言以对。最后，老僧不得已交代了自己的来历。原来，老僧名杨行祥，河南钧州人，洪武17年度牒为僧，游历两京及云、贵、广西等地，听熟了惠帝出走的一些故事，在同伴怂恿下前来冒充。明英宗下令将其囚于锦衣卫，不久死于狱中，同谋僧12人全部谪戍辽东边卫。

三、漂洋出海，去了南洋

有传言建文帝泛舟出海，去了南洋，并在某个小岛上过着自食其力的恬然隐居生活。当时中国去往南洋的人很多，据说张士诚失败后，他的一些部下就逃往南洋，拓荒移民。近人有人考证建文帝避难泉州开元寺，并在开元寺扬帆出海，最终隐居印尼苏门答腊岛东海岸，然而没有更多的证据，仅仅是猜测而已。明成祖朱棣担心建文帝纠集当地的中国人，或者是以宗主的身份号召南洋诸国兴兵，因此很不放心，特意派遣郑和数下西洋，一为宣扬国威，一为追踪建文帝。据《明史》载："成祖疑惠帝亡海外，欲踪迹之，且欲耀兵异域，示中国富强。永乐三年六月，命和及其侪王景弘等通使西洋，将士卒二万七千八百余人，多赍金币。"在郑和的船队里，还有一部分人员是锦衣卫，专门负责侦缉。至于是否探知建文帝踪迹，就不得而知了。

由于多少年来，人们对明惠帝寄予深切的同情，而且惠帝逃亡之说也并非是全无踪影的空穴来风，所以这方面的传说和记载也越来越多。事实上，查阅有关建文帝流亡的历史记载，可以看到，时间越晚，记载越详，而杜撰伪造的成分也就越多。

近年来有报载：有一位林国恩先生经过9年研究，破译了贵州安顺的"红崖天书"。这是当地崖壁上一块长10米、高6米，用奇特的铁红色颜料写成的文字，似篆非篆，多年来无人能识。林国恩认为"天书"成书约在1406年（明永乐四年），是逊国的建文皇帝颁发的讨伐燕王朱棣篡位的

《伐燕诏檄》。全文直译为："燕反之心，迫朕逊国，叛逆残忍，金川门破，杀戮尸横，罄竹难书，大明日月无光，成囚杀之地。须降伏燕魔，作阶下囚。丙戌（公元1406年）甲天下之凤凰（御制）。"如果译文准确无误，就能证实建文帝朱允炆确已逃出，并图谋恢复。这又与《明史纪事本末·建文逊国》中所载建文帝的一首诗相印证："风尘一夕忽南侵，天命潜移四海心。凤返丹山红日远，龙归沧海碧云深。紫微有象星还拱，玉漏无声水自沉。遥想禁城今夜月，六宫犹望翠华临。"《伐燕诏檄》和这首诗，都是建文帝复辟心态的直白！

兰州大学历史系公维章博士从民国《创新渭源县志》中找到一条资料："靖难之役"后，建文帝逃亡到了青海瞿昙寺。《创新渭源县志卷9》"艺文志"中，《五竹寺记》载："建文于夏六月庚申十三日未时，由癸门出，比时愿扈驾车22人曾节（郭节）其一也。君臣奔窜崎岖，昼伏夜行。历滇南、巴蜀，建文至乐都瞿昙寺。"该文所载建文帝君臣出亡路线及出亡青海瞿昙寺的情形，与当时的历史背景十分相符。据史料记载，瞿昙寺建立初期就与明皇室建立密切关系。永乐以来，明朝历代帝王多次给瞿昙寺赐匾、修佛堂、封国师、赐印、派大臣等。

公维章认为，南朝刘宋时期，已开通从南京历巴蜀、河湟至于阗的所谓"丝绸南道""靖难之役"后，燕王率军南下，北方道路被封，建文帝只有向南方逃窜，辗转云贵、巴蜀，最后选择西北边荒的河湟地区作为落脚点，是极有可能的。

近人在考察建文帝下落方面取得了突破性成果。《文汇报》编辑徐作生原是学历史出身，他利用记者的方便条件，曾去南京寻访建文帝遗迹，后又赴北京多方考证。后来，徐作生数次去江苏吴县鼋山和穹窿山一带进行实地勘访，在此找到了建文帝出亡的遗迹、遗物，例如雕龙柱础、御池、御池桥、神道、方台等。他以文献材料结合自己实地勘访的结果，连续写成两篇论文，在学术界引起了普遍的重视和赞同。他经过7年的努力得出结论：当年建文帝出亡后，曾藏于江苏吴县鼋山普济寺内。不多久姚广拳归隐禅寺，在姚广孝的监护下，建文帝隐匿于穹窿山皇驾庵，直至1423年（永乐二十一年）病死于此，葬于皇驾庵后的小山坡上。作者的结论与胡濙向明成祖的回报恰相吻合。因此可以得出结论：建文帝没有死于火，而是逃亡在外了。

有人则认为建文帝在四川平昌佛罗寺躲藏过，并病逝于此，葬于寺后山坡上。建文帝之所以选择佛罗寺，是喜欢这里偏僻难寻，不容易被发现。因他常常面向京城的方向暗自哭泣，后人就把佛罗寺改称望京寺。

另外，近几年有人自称建文帝后人，献出《让氏家谱》，称建文帝通过地道逃离南京，假扮僧道，云游各地，后隐居于武昌，死后就葬在武昌洪山。当然，这一说法还有待于进一步的验证。

对建文帝出亡谜案的解释、传说、附会绝不是上面列出的几种，有许多凄美的故事通过书籍记载或是民间口口相传而流传开来，而且也必将流传下去。当然，建文帝的结局到底是怎样的，至今也没有一个人能拿出确凿的证据说明之，因此它一直成为中国历史上一个难以解开的谜团。

不过，也有一些历史学者认为，建文帝自焚身亡是事实，因为当时燕军兵临城下，把皇宫团团围住，建文帝想逃也来不及，更何况经考查也无鬼门、御沟逃路。建文帝深知他的四叔是个贪权无厌、残暴无情的武夫，落在他手里绝无好下场，不如一死了之。朱棣也绝不会让建文帝活下去，否则他就不能当皇帝。但朱棣为了不留下“杀侄夺位”

的名声，故意苦心寻找建文帝下落，留下了历史疑案，这可能是朱棣的计谋。

但不管建文帝的下落如何，都不影响乾坤既定的朱棣称帝。建文四年（1402年）六月己巳，朱棣在南京奉天殿登基，是为明成祖，年号“永乐”。从此，开始了他22年的统治。这就是明史上的“靖难之役”。

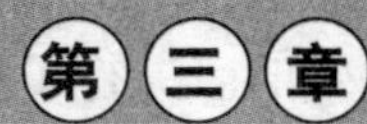

第三章 革旧鼎新修纲纪　永乐盛世美名扬

他，革旧鼎新，疏通京杭运河，编纂《永乐大典》；他，建立了世界第一大舰队，开通海上贸易、出访海外、与世界各国沟通。在大明的历史上，凡是影响后世的历史功绩，几乎都出自朱棣之手。从振兴大明朝廷的角度看，朱棣是一位英明神武、功勋卓著的皇帝。

清除异己，慎变祖制

明成祖称帝之后，对建文帝旧臣进行了疯狂的杀戮。尤其是他的所谓“诛十族”和“瓜蔓抄”，手段极为残忍，在历史上颇有影响。

建文四年（1402年）六月，朱棣攻陷京师，清宫三日，对齐泰、黄子澄、方孝孺等一大批忠于建文朝廷的文臣武将用尽极刑。兵部尚书齐泰和太常寺卿黄子澄都是洪武进士，共参朝政，他们由于建议削藩而招致亡族惨祸。当时，黄子澄被列为“首恶”中的第一人。明成祖亲自审问，黄子澄守节不屈。明成祖大怒，命将他宗族老少65人、妻族外亲380人全部带至，一时“哀号震天”。明成祖命他将自己的罪过写于纸上，他奋笔写道：

“本为先帝文臣，不职谏削藩权不早，以成此凶残。后嗣慎不足法。”

明成祖见此极为恼怒，立命将他的双手砍去，接着又说道：“汝虽未入岛夷，足迹已至海上。”遂命再将他的两足砍去，这时的黄子澄已手足全无，并当即被磔杀。他一家人不分老少，全被斩首，姻亲都被谪戍边疆。

因黄子澄曾躲藏在致仕的袁州知府杨任家中，杨任受到株连，亦被磔杀，杨任的两个儿子也被斩首，亲属谪戍边疆。建文遗臣中有许多人惨烈死去。尤其令人目不忍睹的是，他们的妻女也受到百般凌辱。例如：黄子澄的妹妹和齐泰的一个姐姐、两个外甥媳妇都被发往教坊司，在那里被任意凌辱，有的还生了孩子。这些女子都被刺了字，在教坊司被人任意糟蹋。

齐泰常骑白马，为了避免别人认出他来，就将马用墨涂黑。马走了稍远路程后出汗，墨迹便掉了，有认出他的马的人说："这是齐尚书的马"，齐泰因此被捕。

在明成祖屠戮建文遗臣的过程中，最惨烈、被明成祖"诛十族"的，就是方孝孺了。

方孝孺是建文帝最亲近的大臣之一，建文帝对他十分尊重，言听计从。方孝孺视建文帝为知遇之君，忠心不贰。"金川门之变"后，方孝孺拒不迎降，闭门不出，并为建文帝穿丧服、昼夜啼哭。

明成祖召用他，他不肯屈从。被强迫着来见明成祖时，他身着丧服当廷号哭。明成祖从殿上走下来问道："先生无自苦，予欲法周公辅成王耳。"方孝孺反问道："成王安在？"成祖道："彼自焚死。"方孝孺问："何不立成王之子？"成祖道："国赖长君。"方孝孺说："何不立成王之弟？"成祖道："此朕家事。"成祖一边说，一边示意左右，让他们把笔札交给方孝孺，并说："诏天下，非先生草不可。"方孝孺投笔于地，且哭且骂说："死即死耳，诏不可草！"成祖按捺着火气道："即死，独不顾九族乎？"方孝孺以更大的声音答道："便十族奈我何！"成祖顿时大怒，恨其嘴硬，立命左右将方孝孺的嘴割破，直割到两耳，复下狱中，大捕其宗族门生。每逮系一人，就让他到方孝孺跟前，让方孝孺看一看，但方孝孺却连头都不回。

明成祖这时也横下了一条心，除诛方孝孺"九族"外，将其朋友门生又列为一族，共称所谓"十族"。当差役奉诏逮系其妻郑氏时，郑氏和诸子已自缢而死。受此案株连被逮系的人甚多，仅被磔杀于市的即达873

人，谪戍荒徼者不可胜计。

方孝孺最后受戮，磔杀于聚宝门外。他就刑时气宇轩昂，并留下《绝命词》一首：

天降乱离兮孰知其由，
奸臣得计兮谋国用猷。
忠臣发愤兮血泪交流，
以此殉君兮抑又何求？
呜呼哀哉，庶不我尤！

方孝孺有两个女儿，都还年轻尚未婚嫁，被逮系至京时，二人联袂投秦淮河而死。

在方孝孺之前，中国没有所谓"诛十族"之说，最重的也只是"诛九族"，这种株连已是极为残暴了。明成祖之前历代从未有过把朋友门生作为一族株连之的。明成祖朱棣竟诛方孝孺"十族"，确是空前绝后的残暴！

朱棣割兵部尚书铁炫耳鼻，令其自食，还将他投进油锅中烫死；灭户部侍郎卓敬三族；令礼部尚书陈迪食子鼻舌，且族诛180余人；对刑部尚书韦暴昭，先弄断了他的牙齿，又将他的手足砍断，最后砍断了脖子；御史大夫练子宁不屈，族诛151人；此外，还有几百人被贬官或发配边疆。御史大夫景清，为报仇，次月，绯衣怀刃入，事泄，被磔于市，夷九族，先人的坟冢被挖开不说，又到他家乡去搜罗同他有关联的人，称之"瓜蔓抄"，村子被夷为平地。后又有邹谨之案，诛戮甚惨，其妻女或送教场司，或送兵营任士兵奸宿，手段极其残忍。朱棣在朝中以此清除异己，消除了隐患，为自己登基和国家稳定打下了坚实基础。但是，他杀戮了一批正直之士，对士风破坏很大。

朱棣屠戮建文遗臣凶狠残酷、株连面宽，不知有多少人含冤死去。这件事也是明成祖朱棣一生的一大心病，以致他后来时常为自己的残暴而忏悔。

建文四年（1402年）七月一日，朱棣在南郊隆重地行完祭祀天地的仪式后，回到奉天殿，诏令当年六月以后，仍旧使用洪武三十五年作为纪年，次年（1403年）为永乐元年。革除建文帝所更改的祖宗成法，一切恢复旧制。七月三日，又诏令用洪武制替代建文帝时更定的官制。

九月四日及第二年（1403年）五月，朱棣两次大封靖难功臣。建文四年（1402年）十一月十三日，朱棣将妃徐氏册立为皇后。在恢复诸王爵禄后明成祖朱棣暗中开始“削藩”，让在边塞要地称王的迁徙回内地，减少诸王的护卫，同时把诸王对将帅、卫所军的节制指挥权收了回来；重申不许诸王擅役军民吏士的禁令；对地方事务不可过问，对犯有过失的诸王，先书面警告，不改的话再加以惩罚，仍旧不改就废为庶人或加以惩治。这一策略的实施较建文帝更隐蔽，也更从容，收到了削藩效果又不致酿成祸乱。

永乐元年（1403年），北平被改名为北京，设北京行部诸衙门，将大宁都司迁到了保定。

“永宣盛世”出现于明王朝统治的初期，它不仅是洪武开国历史的继续，也是洪武时期体制改革的继续。明代的规制多创于太祖朝。朱元璋建国之后，总结历史经验教训，为了加强封建的君主专制，他对封建统治的政治体制进行了一系列改革：他撤销了行中书省这一地方权力机构，设置了承宣布政使司、提刑按察使司、都指挥使司，分属于中央，加强了中央对地方的控制；他废除了中书省和丞相制，把大都督府改设为五军都督府，改御史台为都察院，设置了大理寺、通政使司、锦衣卫等机构，使中央的行政、军事、司法、监察大权都牢牢地控制在皇帝手里；他又设置四辅官和殿阁大学士以加强君权。

朱元璋对他亲立的制度充满自信，命后世子孙不得稍有更改。洪武二十八年（1395年）九月，朱元璋颁布《皇明祖训》，他敕谕礼部臣下说："自古国家建立法制，皆在始受命之君，以后子孙不过遵守成法以安天下。盖创业之君，起自侧微，备历世故艰难，周知人情善恶。恐后世守成之君，生长深宫，未谙世故。山林初出之士，自矜己长。至有奸贼之臣，徇权利，作聪明。上不能察而信任之，变更祖法以败乱国家，贻害天下，故日夜精思，立法垂后，永为不刊之典。"接着他又说："朕少遭乱离，赖皇天眷命，剪除群雄，混一天下。即位以来，劳神焦思，订立法制。革胡元弊政。至于开导后世，复为祖训一编，立为家法，俾子孙世世守之。尔礼部其以朕训颁行天下诸司，使知朕立法垂后之意，永为遵守。后世敢有言改更祖法者，即以奸臣论，无赦。"

朱元璋对于他创立的制度，简直到了迷信的地步。他在《皇明祖训》序言中要求："凡我子孙，钦承朕命，勿作聪明，乱我已成之法，一字不可改易。"但是世移时迁，嗣位帝君在谨守祖制的基础上，也不失时机地变革家法，以适应新的形势发展的需要，如内阁制的设立与完善、督抚制的创建等。

建文帝朱允炆在位四年，谨守祖制，对朱元璋所定制度，并无大的改变，只是变了些名称罢了。郑晓说他"得方孝孺，专行周官法度，辄改高皇帝约束"。实际上也是因人而异，不为常制。《明史》记载说："惠帝即位，召（方孝孺）为翰林侍讲。明年，迁侍讲学士，国家大政事辄咨之。帝好读书，每有疑，即召使讲解。临朝奏事，臣僚面议可否，或命孝孺就扆（屏风）前批答。……更定官制，改文学博士。燕兵起，廷议讨之，诏檄皆出其手。”这一记载表明，方孝孺是皇帝的顾问、导师和重要文件的撰稿人，其官职仅是翰林院的文学博士，论品级是从五品官。而其能“参预机务”，是与皇帝对他的特殊信任有关，不为常制。同时，殿阁大学士设置上虽有变化，但其制仍存，并未违背朱元璋罢中书省后的严格规定，只是稍作调整而已。

永乐时期，辅政形式已大异从前，其主要标志是，内阁制度在这一时期基本形成。明成祖即帝位后，仍用翰林官辅政，并使之制度化、固定化。辅政地点在文渊阁。不设殿阁大学士，以后又把殿阁大学士作为阁臣进职、升职、兼职的官位。建文四年（1402年）八月，朱棣命侍读解缙、黄淮、胡广，修撰杨荣，编修杨士奇，检讨金幼孜、胡俨入直文渊阁，“并预机务”。文渊阁（指南京故宫文渊阁）在午门之内，文华殿南面，地处外廷，于是称内阁。

永乐时期的内阁有以下几个特点：

一是阁臣品秩不高，但已有上升的趋势。解缙等人入直文渊阁时尚不及正五品，品秩仍较低。但建文四年（1402年）九月二十二日，朱棣赐解缙等七人五品官服后，皇后召见了解缙等人的妻子，并“训劳备至，皆赐五品冠服。”表示了极大的恩宠。十二月，朱棣在奉天殿赐给六部尚书、侍郎等主要官员金织文绮衣各一套，并且封赐解缙等六人“衣与尚书同”。解缙等人对这次异乎寻常的恩典表示感谢。这时，朱棣解释说：“朕于卿等非偏厚；代言之司，机密所寓！况卿等六人旦夕在朕左右，勤劳助益，不在尚书下。故于赐赍必求称其事功，何拘品级！”他还从“祖制”中找到理由，说：“朕皇考初制，翰林长官品级与尚书同，卿等但尽心职任！”这里说明两个问题：第一是赏赐要与功益相称，因为解缙等人所起作用“不在尚书下”，所以赐赏是一样的。第二是有祖制依据，即使看做二品官，也是应该的。这两点说明其品秩有提高的趋势。

二是内阁事权有扩大，已渐接近尚书。永乐时内阁已有参决政事的职能，这比以前仅备顾问是一个质的飞跃。阁臣的职权主要是“参预机务，典纶綍”。参预机务主要是指：“日百官奏事退，内阁臣造前密勿谋划，率漏下数十刻始退，诸六部大政，咸共平章。”所谓纶綍是指皇帝的诏令，典纶綍就是掌内制，即代皇帝起草诏敕。

永乐五年（1407年）七月，“皇后徐氏崩”。皇后生前曾问朱棣：朝夕与陛下“共图政理者”是些什么人？朱棣回答说：“六卿治政务，翰林职论思，典词命，皆朝夕左右者也。”朱棣将解缙等人列入侍臣之内，而且明确说他们的职责是“论思，典词命”，这已大大超出“备顾问”的职权，而具有参与决策的职能。从政治的实际运转上看，也主要是六部尚书和学士们起关键作用。如辅导皇太孙、辅导监国等，都是这两部分人。永乐七年（1409年），皇太子监国，命吏部尚书兼詹事蹇义、兵部尚书兼詹事金忠，左春坊大学士兼翰林侍读黄淮，左谕德兼翰林侍讲杨士奇辅导监国。朱棣对他们说：“居守事重，今文臣中留汝四人辅寻监国，若唐太宗简辅监国必付房元龄等，汝宜识朕此意，敬恭无怠。”命学士胡广、侍讲杨荣、金幼孜及户部尚书夏原吉等扈从。此后朱棣多次出征、巡察，京师留守及扈从重臣也多由这些人充任。由此也可见阁臣事权之大，与尚书所差无几。

永乐时期，阁臣的设置成为常制，成为一个稳定的官僚机构，并且明确规定其职责是“参预机务”。所以从职责和名称来看，明朝的内阁制度这时已基本形成。经洪熙、宣德两朝，内阁制度才趋完备。

《永乐大典》，功泽后世

在大明历史上，凡是影响后世的重大事件几乎都出自朱棣之手，《永乐大典》的编纂就是杰出代表。

《永乐大典》初名叫《文献大成》，是一部中国百科全书式的文献集。凡是被收录进《永乐大典》的著作，都没有被删改一个字。到21世纪的今天，《永乐大典》已经成为中华民族宝贵的文化遗产。

提到《永乐大典》，就不能不说它的主要编撰者——大明的大才子解缙。如果说方孝孺是大明的第一才子，除了解缙，没人能居第二位。后人之所以非常尊崇方孝孺，与方孝孺很有节气，而且惨遭中国历史上最残忍的“灭十族”惨案不无关系。

尽管被污名化，解缙仍然活在人们的心中。因为，凡是知道《永乐大典》的人，就相当于知道解缙。卷帙浩繁的《永乐大典》能够成书，数解缙的功劳最大。

解缙（1369—1415年），明朝内阁首辅、著名学者。字大绅、缙绅，号春雨、喜易，谥文毅，汉族，江西吉水人，解纶之弟。洪武十二年进士。历官御史、翰林待诏，成祖即位，擢侍读，直文渊阁，参预机务，与编《永乐大典》，累进翰林学士兼右春坊大学士。有《解学士集》《天潢玉牒》。解缙以才高好直言为人所忌，屡遭贬黜，终以“无人臣礼”下狱被杀。

朱棣灭了方孝孺的十族后，为了证明天下读书的种子没死绝，于是重用解缙，命他主持编撰一部百科全书。凡是编书，就需要知识分子，编撰的规模越大，需要的知识分子就越多。为了广招天下有才之士，朱棣下令，编一部“包括宇宙之广大，统会古今之异同”的方便检索的百科全书。通过编书一事，大批知识分子被笼络到朱棣身边。这本书就是名流史册，令无数学者叹为观止的《永乐大典》。

永乐五年（1407年）十一月，《永乐大典》修成，明成祖朱棣亲自为之另作序。

永乐元年（1403年）七月，明成祖命翰林侍读学士解缙等，参考《韵府群玉》《回溪史韵》二书的例子，收纳各书记载的事物，按类编排，统一归纳整理在《回溪史韵》中。解缙等奉命而行，于次年十一月编成进呈，朱棣赐名《文献大成》。没多久朱棣又觉得仍有遗漏，又命姚广孝、刘季篪与解缙一起重新编辑，还特别要王景、王达等五人为总裁，邹辑、梁潜、曾柴等20人为副总裁，陈济等为都总裁，征调优秀的中外官及四方老宿文学之士为纂修，选善书的国子监及郡县生员为缮写，饮食由光禄寺提供，共计9169人，开馆于文渊阁。同时，又派官员分行天下，搜集各种书目作准备。《文献大成》历时五年，于永乐五年（1407年）十一月修成，终改名《永乐大典》。据统计，全书22937卷，仅是目录就有60卷，装成11095册，约3.7亿字。如此大规模地修书，在此之前都没有出现过。

《永乐大典》是中国历史上规模最大的一部类书，也是迄今为止世界所公认的一部大型百科全书。

《永乐大典》的包装设计十分有特色。全书用上等宣纸印制，上面印有朱丝栏，每半页8行，大字占一行，小字抄成双行，每行28个字。端正的楷书呈墨黑色，而且有淡淡的芳香味道。里面的名物器什和山川地形，用自描手法绘就，精丽工致，形态逼真，栩栩如生，实属古代书籍插图中的佳品。所征引之书名、圈点以及版心均用红笔，十分显眼。每册书高营造尺1尺5寸6分，宽9寸3分。书面硬裱，用粗黄布连脑包过，朴实庄重。

《永乐大典》的内容，采用按韵和分类两相结合的所谓“用韵以统字，用字以系事”的方法编纂。其韵目以《洪武正韵》为准，在每韵下分列单字，每单字音韵、训释和它的篆、楷、草各种书体详细的标注在每个单字下，然后再分类汇总和这一单字有关的天文、地理、人事、名物、诗文、词典等各项记载。

成祖朱棣迁都北京后，《永乐大典》收藏在北京文渊阁。《永乐大典》初无副本，因嘉靖三十六年（1557年）文渊阁附近的奉天、华盖、谨身三殿起火，《永乐大典》虽因抢救及时而没遭此大劫，但明世宗朱厚熜为了避免发生意外，决定重录一部。遂任命礼部侍郎高拱、左春坊左谕德兼侍读瞿景淳为总校官，负责组织重录工作，还召集了儒生程道南等109人，增设服务设施和人员、配备警卫人员、严格制定规章制度，于嘉靖四十一年（1562年）秋开始重录工作，至隆庆元年（1567年）完成。所录副本与永乐正本的格式装帧完全一致，并把副本收藏在皇史宬。

《永乐大典》所收典籍极为广泛，共8000多种，上自先秦，下至明初的经史子集、百家之言以及天文、地理、阴阳医术、僧道技艺等。同时还把这8000多种典籍分门别类全部抄录，不改一字，从而保存流传下来很多古代文献。

《永乐大典》修成后，终明一代为帝王御用之物。而到了清朝初，自全祖望就开始从《永乐大典》中辑佚。清高宗乾隆年间开始修《四库全书》时，从《永乐大典》中辑出385种典籍，共4946卷，其中有“二十四史”之一薛居正《旧五代史》、重要史籍《建炎以来系年要录》、陈振孙《直斋书录题解》、医学名著《苏沈良方》以及《续资治通鉴长编》和《水经注》等名著。还选编有宋元诗人文集和宋夏竦《文庄集》36卷，刘放《彭城集》40卷、宋庠《宋元宪集》40卷；元人陆文圭《墙东类稿》20卷。后徐松又从《永乐大典》中辑出《宋会要》500卷、《宋中兴礼书》《续史兴礼书》150卷。今天人们编辑的宋、金、元诗词不少采自大典中。《永乐大典》所征书籍，均据文渊阁所藏宋、金、元精本摹写，完全可以同现存通行本校勘。清代就曾依照这个大典勘校群书。现在已从大典中辑出佚书590种，附录44种，其中120种无传本。

《永乐大典》正本到明末就没了下落，副本于康熙年间被发现，已经残缺。到乾隆三十七年（1722年）缺1000多册，合2422卷。光绪元年（1875年）时已不到5000册，至光绪二十年（1894年）竟不足400册。以后越来越少，经多方收集，现在于世界各地散藏的仍有800余卷。

《永乐大典》的价值主要是内容丰富，其收录了古代许多文化典籍，不光给后人留下了丰富的资料，也保存了大量的文化古籍。再者，作为一部类书，它宏大的规模、丰富的内容、创新的体例等方面，都远远超越前代的类书。

招降女真，设立都司

永乐元年（1403年），明朝派人至奴儿干地区招抚，次年各部归附，朝廷任命各首领为指挥同知等职，其后数年，明朝即以此为基础，逐渐在黑龙江、乌苏里江流域成立了131个卫。

永乐七年（1409年）闰四月，明廷设立奴尔干都指挥使司，以宦官、海西女真人亦失哈主其事，以招降女真。

奴尔干，奴真语为图画的意思，表示这里山川景色美丽如画。元朝的时候，曾经在此地设征东招讨使，管理和征收骨嵬部（库页岛）的军赋。14世纪50年代又在敦敦河口的哈儿分之地，建立了“吾者野人，乞列迷等处诸军万户府”，都由黑龙江下游的兀者、乞列迷等部管辖。

朱元璋建立了明朝之后，多次派遣官员到这里进行“招抚”。明成祖朱棣时，元辽阴行中书省平章刘益捧着辽东地图来降靠明朝。后来在辽东地区设辽东都指挥使司，领有25卫，其范围东至鸭绿江、西至山海关、南至旅顺口、北至开原的三万卫，北部辖区还包括了辽河。明太祖降纳哈出生后，明军曾出开原，驻扎在松花江南北两岸。

明成祖朱棣即位后，在明太祖朱元璋经营东北的基础上，更加强了管理。永乐元年（1403年），明朝政府派官员往谕奴尔干，至吉（乞）列迷诸部招抚，进展很大。

十一月，女真部落首领阿哈出等入朝，明廷沿用金恤品路建州之名，在其地设建州卫（黑龙江东宁县境），任命阿哈出做指挥使。十二月，忽刺温（呼兰）女真部首领西阳哈、锁失哈等来朝，在其地设兀者卫（呼兰河中下游），西阳哈被任命为指挥使，锁失哈为同知。

第二年，各部首领相继入京归附明朝。明朝政府在此设立了奴尔干、建州等10个卫，任命把剌答哈等做奴尔干卫的指挥同知等官，另外各部的首领又被任命为指挥同知等职务，而且赐给他们诰印官带袭衣。明政府为了便于管理东北地区的各族人民，从永乐元年（1403年）到永乐七年（1409年）在斡难河、黑龙江流经的南北区域，以及松花江、乌苏里江、格林河、亨滚河等流域，设置了132个卫。于是海西女真、建州女真、野人女真诸首颁相继归附。至此，明政府基本上统一了东北地区。

永乐七年（1409年），奴儿干官员忽剌佟奴来朝，奏请在奴儿干设立元帅府，闰四月明廷定议在其地设置奴儿干都指挥使司（简称奴儿干都司），由东宁卫指挥康旺为都指挥同知，千户王肇舟等为都指挥佥事。六月，又设置了奴儿干都司经历司，设经历一员。永乐九年（1411年）明成祖朱棣专门派遣内官亦失哈等率千余军官和25艘巨船，护送康旺等顺黑龙江而下，就任到亨滚河口对岸特林的奴儿干地就任。

正式建立的奴尔干都司，是明政府管辖黑龙江、乌苏里江流域等地的最高地方行政机构。设立了奴尔干都司之后，为加强对这一地区的管辖，明朝政府又陆陆续续建了很多的卫所。至英宗正统十二年（1447年）共建卫所184个，千户所20个。到万历年间，所建卫所达到384个，千户所24个。政令所行西起斡难河（鄂嫩河），北至外兴安岭，东抵大海，东北达库页岛。仅黑龙江南北地区的卫所，其数量就有67个。斡难河卫、卜鲁丹河卫等14个卫所，设在斡难河以东，嫩江以西，包括呼伦贝尔地区和黑龙江上游南北地区。沿精奇里江设立的有脱木河卫、古里河卫等5个卫。精奇里江是黑龙江北岸支流，那里的垦荒历史有200多年，沿流域出现了专事农业的一些村屯，如博和哩屯、吴鲁苏屯、黄河屯（海兰泡）等，这便是历史上非常有名的“江东六十四屯”。在黑龙江城以东，到与松花江汇合处附近地区的卫所有可令河、木鲁罕山、哈喇察、兀喇卫等9个卫。以库鲁河为中心（伯力附近）设立了：乞勒尼、忽鲁木、喜申、古鲁、亦儿古里5个卫。撒儿忽，哈儿分等4个卫则沿敦敦河流而设。沿格林河设立了葛林、忽石门、卜鲁兀等5个卫。沿亨滚河（黑龙江北岸支流）设立了饮真河、满泾、朵儿必河等7个卫。奴尔干、兀的河、和囊哈儿、波罗河（两个卫在库页岛上）四个卫设立在由黑龙江到库页岛一带。在乌苏里江东部地区，还设了：克默而河、亦麻河、失里、恨克、双城（俄称乌苏坦克斯克）等14个卫。这67卫在鸦片战争前均为我国领土。

奴尔干都指挥使司由明中央政府直接控制，是军政合一的最高地方行政机构。设有都指挥使、都指挥同知和都指挥佥事等军政长官。明成祖朱棣时，由于没有都指挥使，以都指挥同知为最高长官。

奴尔干都司辖区的人民，要向明朝政府上缴赋税，这同内地民众是一样的。他们通常是上缴当地的土特产，如海青、大鹰、鼠雕、白兔、黑狐、貂鼠、阿胶、海豹皮、海獾皮、殳角（海象牙）、鲸须、好刺（各色鹿）、马、失刺孙（土豹）、金钱豹皮等。同内地的地方官吏一样，各卫所的官员，要对明朝中央政府的命令、调遣绝对地服从。

为了方便由内地到奴儿干地区的交通，从而便于送文件、运送官兵等，明政府在它所辖地区设立了东西两条驿站线路。一条是“海西东水陆城站”，自海西底卡失站（今黑龙江双城县西，拉林河畔花园屯古城），向东北沿松花江而下，直到黑龙江下游奴儿干都司治所附近的满泾站，有50余个城站分布在此条驿站线路上。另一条叫“海西西陆路”，从肇州起，经松花江、洮儿河往西直到兀良河（今满洲里附近），这两条驿站路线又连接了辽宁省东都司辖境内的驿路。这样一来使得处于边远地区的奴儿干都司与内地的联系进一步加强了。明朝政府还在驿站经过的地区征调劳役、畜力，设置站丁、站狗。为了运输的需要，明朝政府还在今吉林省吉林市附近松花江畔建立了船厂制造船只。

亦失哈、康旺等人对创建和经营奴儿干都司的贡献很大。亦失哈是钦差大臣，康旺、王肇舟属封疆大吏，自永乐七年（1409年）奴儿干都司筹建，直到建成并受命管理和经营，他们经历了全过程。在20多年中，亦失哈共巡视达十次之多。他们对边疆地区少数民族采取柔化抚恤政策，使奴尔干都司所辖地区的少数民族与明朝的关系极为密切。如永乐五年（1407年），到京师朝贡的纳木河等部落的首领就有300人；永乐十年（1412年），奴尔干等处部族头目到京师朝贡的有78人。可以说，亦失哈、康旺、王肇舟等人在从事东北边疆的经营方面，贡献巨大而卓越。

另外，他们还在当时奴尔干都司的治所特林建立了一座供奉观音的永宁寺，并在两旁立了两块石碑，一块是在永乐十一年（1413年）所立，碑上刻有《敕修永宁寺记》；另一块是在宣德八年（1433年）所立，碑上刻有《重建永宁寺记》。这两块碑记，记载了明朝政府经营和管理奴尔干都司的经过。两块碑文均用汉文、蒙古文、女真文、藏文四种文字书写。碑文中涉及的官员，有汉族人、蒙古族人、女真族人和其他少数民族，这证明奴尔干都司是明朝这个多民族国家的一级地方政权。虽然现在永宁寺早已不存在了，但这两块石碑曾经在原址巍然挺立500年，这是我国明朝政府管理奴尔干地区的历史见证。

兴建王陵，金碧辉煌

中国古代的皇帝，通常喜欢做的一个美梦就是：活在人世的时候，能够统治万民，死了同样能够在另一个世界里统治万民。他们认为实现这一美梦的唯一条件就是：兴建陵墓。明成祖朱棣也不例外。

朱棣称帝之后，便开始修建陵寝，到永乐十一年（1413年）竣工，是为长陵。其实，早在朱元璋之时，已有大兴土木兴建陵寝的风气。

明孝陵是朱元璋的陵墓，位于南京东郊紫金山南麓独龙阜玩珠峰下，动工于洪武十四年（1381年），建成于洪武十六年（1383年），朱元璋死后埋葬于此，称孝陵。

明朝建国后，倡导儒学的“厚葬以明孝”“视死如生”的封建伦理思想，尊礼治，重传统。朱元璋建国伊始，就派官员走访和审察了历代帝王陵墓规划布局，明孝陵整个陵区的规划和单体建筑的形式都由朱元璋亲自裁定。

明孝陵由前面的神道和后面的主体组成，神道部分全长1800米，自下马坊起至享殿门前的御河桥上，依地势而建，迂回曲折，布置独具匠心。在神道的前端增建了平面为方形的神功圣德碑楼，造型高大而不失端庄严谨，给人以庄重崇高之感，楼北神道转折，平冈广阔，道旁两侧均有石像，有狮、獬、豸、骆驼、象、麒麟等6种12对，1立1跪，逶迤一里多长，列于神道两侧，既渲染出陵墓神秘崇圣的气氛；又增加了陵墓建筑的空间层次感；同时也是区别陵墓等级的标志。

其主体部分，采用严格对称的纵轴形制，同前半部分依山势迂回之法相反。主体前后分为三进院落，孝陵的前院，正门原名“文武方门”，供祭祀时使用的神厨和神库安排在院内两侧，中院后部中央建有面阔9间、进深5间的恩殿。殿前两侧有布局严谨的东西廊庑，形若宫殿，用于举行祭祀活动。后院为方城明楼及宝顶一鼠殿和方城明楼相结合，如同宫殿和庙宇中的前朝后寝，构成了陵墓建筑的主体，突出了陵墓的主体部分，而且不再沿用宋陵方形陵台和土城的结构，提高了陵墓建筑的艺术性。

明孝陵的陵墓建筑和规划布局，既承袭了历代帝陵的传统，又进行了大胆的变革和创新。如陵墓用圆形取代方形，称宝顶；取消寝宫，将祭殿的规模增大，陵园围墙由方形改为纵深三进院落形制，开创以方城明楼为主体，祭殿为先导的宫殿式陵园结构；调整了石像的种类和数量。这些革新在结构上比历代陵园都先进得多，后来的明十三陵就是以孝陵作蓝本，成为帝陵建筑的高峰。可以说，明孝陵标志着建筑业的重大突破和发展。

尽管朱棣是明初具有卓越政治才能的一位皇帝，却也并没有因此而改变他封建帝王的性质，他也是一个封建剥削阶级的代表，他生前的生活淫逸奢华，死后还妄想同生前一样享乐。因此，在他登基七年之后，便大兴土木，修建陵寝。

皇帝作为一代天子，生前被尊于万人之上，死后也要葬身于“吉壤”之地。

永乐四年（1406年），明成祖朱棣下令征调工匠、民夫百万余人，开始修建陵寝。永乐五年（1407年），皇后徐氏在南京病逝，朱棣却打算在北京建陵，为什么要离开南京呢？这其中的奥秘恐怕难以解释清楚。或许是朱棣担忧如果在太祖身边下葬，在阴曹地府里会被父亲责骂；或许因为北京曾是自己长期镇守的地方；或许考虑到徐皇后曾孤守北京，实在不易；或许……我们不知究竟是什么理由促使朱棣把陵寝建在北京，只知道朱棣派去北平寻找“吉壤”的是礼部尚书赵羾及江西术士廖均卿等人。

秉承皇帝的旨意，赵羾和廖均卿等人用了足有两年时间，跑遍了北京地界内可供选择的地方，最终选出四处再由皇帝进行定夺。第一处是口外的屠家营，朱棣觉得皇帝姓朱，和“猪”同音，猪家如果进了屠家定要被宰杀，犯地讳不能用。第二处是昌平西南的羊山脚下，朱棣开始觉得位置不错，然而山后面有个村叫“狼儿峪”，若是“猪”旁边有狼，是很危险的，也用不得。第三处是京西的“燕家台”，可是“燕家”和“晏驾”是谐音，不吉利。第四处是京西的潭柘寺，尽管那里景色好，却由于地处山间，地方狭窄，不利于子孙发展，也没被选中。

永乐七年（1409年），朱棣决定自己亲自去选址，终于选中一片皇家陵区。其位于北平西北郊区，属于燕山余脉，自西向东，迤逦而来。在陵区的东、西、北三面，群峰耸立，好似屏障，气势磅礴，雄伟壮观，形成了一片小盆地。术士们看后，也夸张神化了一番，说皇帝眼力好，朱棣听了特别高兴，马上下旨圈下附近方圆八十里地作为陵区禁地，开始动工修建长陵。实际上，朱棣选择的陵区，不光是风景好、水土深厚，更主要的是这里地势如屏，易守难攻，一旦驻军把守，既可守卫陵寝，又利于保卫京师。同年，朱棣下令在昌平县北黄土山下建造长陵。

陵区虽然选好，朱棣却仍旧觉得有不如意的地方。原来，长陵所在地叫黄土山，朱棣觉得此名不雅。黄土是埋普通百姓的，堂堂皇帝葬于黄土山下，岂不太没面子？他想将此山易名。于是群臣与术士们纷纷献“名”，但却没有令朱棣十分满意的。

巧的是，朱棣过生日的时候，群臣前来祝寿。朱棣趁着酒兴同群臣来到陵地，百官齐呼“万岁”，朱棣感悟，便想出了“天寿”两个字来，就对群臣们说：“此山应名为‘天寿山’。”群臣又是一片称赞之声。就这样，在朱棣自己过生日的时候，为自己的葬身之处起了个“吉”名。

天寿山是一处天然形似宫殿的山区，东、西、北三面群峰环抱，像处于一个大庭院中，平坦豁亮。南面开敞无阻，直通北平平原，其南端又正好有两座小山相对，左边的叫蟒山，右边的叫虎山，如一龙一虎在守卫大门。

永乐七年（1409年）长陵开始动工，到永乐十一年（1413年）完工，用了四年时间。

按照孝陵规制建造的长陵，共有三进院落。第一进院落，包括陵门、神库、神厨和碑亭。陵门开了三个门洞，顶上铺有黄琉璃瓦，左右连接墙垣。

第二进院落，包括享殿、殿门、西庑配殿和神帛炉。享殿异常高大宏伟，是长陵的主要建筑。大殿共九间，总面积达1956平方米，与紫禁城内最大的奉天殿具有相同规制。大殿为双层屋顶，重檐四出，黄瓦红墙，威严壮丽。它坐落在3米高的三层石阶的台基上，石基、阶陛、杆场用汉白玉雕琢制成。尤其是排立在大殿里的32根巨柱，中间最大的四根直径是1.17米，两个人都抱不过来，是用世上罕见的整根金丝楠木制成的，不时会发出香气。这四根最粗的柱子上描绘着金莲花图案，金碧辉煌。

第三进院落，包括宝城和明楼。宝城和明楼连在一起，楼前设有五供，包括石刻的香炉一个，烛台两个，花瓶两个。陵宫内原有祠祭署、宰牲亭等建筑。楼下边的城墙突出，呈方形，所以叫方城。一个大坟头被包围在城墙里，叫宝顶，宝顶下面就是地宫了。长陵的坟头大得像座小山，它的直径是一百零一丈八尺（近340米）。

宝城下面设有甬道，从那里能登上明楼。明楼也是方形的，四面开门，当中竖立石碑。碑文是朱棣死后所刻的“大明太宗文皇帝之陵”。

朱棣修建长陵，动用了无数的人力、物力。朝廷令勋臣为总监工，礼部、工部、兵部负责造陵。兵部负责征调兵士参加建陵工程；工部负责征集民夫、工匠，调运建筑材料，管理设计施工等。有上万人被迫背井离乡，被赶到陵地从事繁重的劳动。享殿中32根巨大的金丝楠木，每一根从砍伐地运到陵园，在当时要耗时数年，其耗费之大可想而知。在四川当时就有蜀民“入山一千，出山五百”的民谣。此外，由于建陵时需要使用大量石料，就需有万余采石的夫役。因为所用石料常常是整块巨石，开采困难，运输更加艰难，工匠们只好在沿途凿许多口井，等到冬天来临，用水泼成冰道，再把巨石放在特制的木架上，由千百人用绳拖拉过来。据《冬宫纪事》中记载，从北京房山运送一块长三丈、宽一丈、厚五尺的白石，需调用民夫两万人，历时28天，才运到京城，花费白银11万两。

出访海外，万国来朝

永乐三年（1405年），明成祖朱棣派遣宦官郑和为正使，王景弘为副使，率水手、官兵27800余人，乘“宝船”62艘，远航西洋。那么，朱棣为什么让郑和下西洋呢？下西洋的动因是什么呢？

明朝永乐三年（1405年）的六月十五，历史铭记了这一天，同时也记住了这一天的第一主角——郑和。因为，他要率领着世界上第一支由200余艘舰船和27800多名官兵组成的庞大船队，向未知的海洋出发了，这是一次史无前例的远洋航行。这支船队将泛海南下到福建的长乐候风，等到冬天东北季风吹起，云帆交挂时，他们就起航。

众所周知，这次出航的领袖是一位太监。在世人的印象中，太监在明朝就是以祸国殃民为能事，没有其他作用。可是，郑和却做出了惊世之举。其实命运就是这样，它对每个人都很慷慨，它会给每个人机会，只要能抓住并加以利用，就有可能流芳百世；同时命运也爱开玩笑，说不准就会让人遗臭万年。郑和的运气出奇的好，他被命运眷顾了，且是可以流芳百世的眷顾。

但是仅有命运的眷顾是不够的，流芳百世的关键是，自己能够抓住这转瞬即逝的机会，并趁机改变自己的人生，甚至改变世界。历史选择了郑和，郑和也以自己的成绩回报了历史。柏杨先生说：“郑和是中国第一位海上英雄。他下西洋，跟公元二世纪张骞出使西域一样，都是为中国凿开了一个过去很少人知道的混沌而广大的天地。”

确实，所有的成功者都有类似的经验，而所有的失败者都有各自不同的借口。面对历史的选择，像张骞一样，郑和已经准备好了。

洪武四年（1371年），郑和出生于云南的一个回族家庭，当过僮仆的他，是马哈只的儿子，他只有一个小名“三宝”。现代学者根据《郑和家谱首序》《赛典赤家谱》考证，郑和为元朝政治家、中亚布哈拉贵族赛典赤的六世孙，如果情况属实，那么可以说他的先祖是异常显贵的。

洪武十四年（1381年），朱元璋派大将傅友德、蓝玉等率30万大军征讨云南。在战乱中，年仅11岁的郑和被明军掳获阉割，在军中做“秀童”。在那个还不知道屈辱为何物的年龄，郑和便遭受了如此屈辱，是坏事，亦是好事。云南平定之后，郑和随军调往北方，他因“丰躯伟貌，博辩机敏，有智略，习兵法”，被选送到北京燕王朱棣的府邸服役，深得燕王的喜爱。看来有可能出身于贵族的他，血液中真的遗传了贵族精神，要不然何以轻易便修得文武全才呢？这其中天赋的东西是不容忽视的。

后来，在“靖难之役”中，郑和跟随燕王朱棣南征北战，立下了不少战功。朱棣登上皇位后对郑和更加信任。永乐二年（1404年），朱棣为表彰郑和的功绩，亲笔写了一个“郑”字，赐他为姓，从此更名郑和，史称“三宝太监”。虽然在现在看来，自己的姓氏生生被别人给改了，这是让人不能容忍的事情，但是在古代，由皇帝赐姓，这可是莫大的荣耀，也许这使得郑和对朱棣的忠心比他的江山还要牢固。朱棣大概也认识到了这一点，所以对郑和委以重任，派他出使西洋，揭开了郑和七下西洋的序幕。

无论如何，郑和是像英雄一般地出发了，因为他有做英雄的资本，首先是政治资本，朱棣这天下之王站在他这一边，亲友团的身份够高；其次，他身后有一个世界最强大王朝的支持，经济上没有问题，不至于让自己在海上漂泊着，还要受饥饿之苦；最后，郑和天赋高，要文能文，要武能武，又在皇帝身边，大小事情都见过，经过千锤百炼之后，俨然是一位合格的政治家和军事家，统领几万人还是难不倒他的，因而后来在海上遇到的情况，他都能随机应变。

于是，待东风吹拂，他便号令将云帆张起，一个辉煌的中国航海时代拉开了帷幕。

明成祖朱棣对郑和颇为信任，准备派他出使西洋。为此，明成祖十分关心建造海船。永乐二年（1404年），明成祖即命福建建造5艘海船，以备下西洋之用。永乐五年（1407年），明成祖又命改造海运船249艘。据《明史·郑和传》记载，这些船只很大，长44丈、宽18丈，可乘千余人。当时，大概只有中国才能建造出这么大的船只。这些大船是郑和安全远航的可靠保证。

郑和于永乐三年（1405年）至宣德八年（1433年）的28年间，七下西洋（现南洋一带），遍访亚洲、非洲30余国和地区。明成祖派郑和屡下西洋，其目的到底是什么呢？对此颇有争议。

流传得比较普遍的说法是，郑和下西洋是为了寻找建文帝的踪迹。有的学者认为，“永乐皇帝派郑和航海的目的是寻找建文帝，因为永乐篡了建文帝的帝位后，建文帝失踪了，永乐怕他逃到国外，将来回来复辟，所以派人去找他。”其他一些学者也认为，郑和下西洋除了政治、经济方面因素以外，还带着皇上的秘密使命，就是寻找建文帝的下落。

但是，也有一些学者认为“寻找建文帝之说”难免牵强。建文帝忠厚羸弱，即使逃到国外还会有什么能耐？更何况真是为了寻找建文帝，一两次远航也就够了，为什么要一而再、再而三多达七次？

显然，寻找建文帝远不是明成祖朱棣的目的。从郑和远航的规模与形式看，他不仅负有外交目的，还有政治和军事的用意：必须让海外诸国相信，明帝国有足够对抗任何强大政权的能力。

首先，明成祖朱棣夺得皇位后，急需收拢民心。明成祖夺取皇位属于“篡逆”，有悖于封建正统观念，因而受到广泛的攻击和怀疑。以至于方孝孺宁被杀“十族”也不为他起草登基诏书。明成祖在大肆诛杀建文旧臣后，迫切需要提高个人声望。明成祖派郑和出使“颁正朔”，广施赏赉，以使“太宗文皇帝德泽洋溢天下，施及蛮夷。舟车所至，人力所通，莫不尊亲，执圭捧帛而来朝，梯山航海而进贡。”这种“万邦臣服”的盛况，可以大大地提高皇帝的声望。这对明成祖收取民心是大有益处的，也是十分必要的。

其次，在军事上，明代初期始终存在着所谓“北虏南倭”的压力。当时的主要威胁是北边的蒙元残余势力。蒙元势力虽北走沙漠，但仍保留有一支相当强的军事力量。明太祖朱元璋虽屡次遣将北征，但始终未能根本解决问题。明成祖朱棣当燕王时，即与蒙元势力进行过多次交锋，对这种威胁有着十分清楚的认识。北边的这种形势，使明成祖朱棣迫切需要一个安定的南方。通过郑和下西洋，发展和南边诸国的友好关系，正是为了贯彻他的这种战略意图。于是，永乐年间就呈现出这样的局面：在北边是进行一次次的大规模远征，在南边则是郑和的一次次的大规模远航。明成祖朱棣用兵于北疆，施德于南方，正是一种威德并举的战略。郑和果不辱使命，在“下西洋”的过程中“施恩布德”，使双方的友好关系建立和增强起来。终永乐一世，除安南外，南方基本没发生什么战争。

郑和船队有两三万名军士，除了可以“耀兵异域，示中国富强”以外，对南洋一带的海寇还可以就地剿捕。例如，剽掠商旅的旧港头目陈祖义即被郑和擒获杀掉。这就进一步保证了南方的安宁。

当时，帖木儿帝国的兴起，给明朝带来很大的威胁。中国准备攻击西方的帖木儿帝国，必须利用伊斯兰世界的海上经验。所以明成祖几乎在帖木儿东征的同时派遣与伊斯兰世界有渊源的郑和出洋，有着非常明显的联络印度洋周边国家以围堵或至少牵制帖木儿帝国攻势的用意。从时间上看，帖木儿帝国于永乐二年（1404年）举兵东进，准备来攻打明帝国，郑和于永乐三年（1405年）出使，时间相合。从出使的行程来看，郑和前三次下西洋都是以印度南端为终点站，而没有继续西使。当时帖木儿帝国一度攻占了印度北部，郑和到印度南部牵制它，也是合乎情理的。

郑和率领的庞大船队是由封建国家组织的兼有外交和贸易双重任务的船队。他出使的任务之一，就是招徕各国称臣纳贡，与这些国家建立起上邦大国与藩属之国的关系。为了完成这一任务，郑和每到一国的第一件事便是传达朱棣的皇帝诏书，向各国宣谕：明朝皇帝是奉天顺命的上邦大国之君，是奉“天命天君”的旨意来管理天下的，四方之藩夷都要遵照明朝皇帝说的去做，各国之间不可以众欺寡、以强凌弱，要共享天下太平之福。如果奉召前来朝贡，则礼尚往来一律从优赏赐。第二件事是赠送礼物。赐各国国王诰命银印，赐国王及各级官员冠服和其他礼物，表示愿意和那些国家建立和发展友好关系。第三件事是进行贸易活动，以中国的手工业品换取各国的土特产品，使各国为中国精美的手工业品所吸引，从而愿意来中国称臣纳贡，进行贸易活动。中国出口的丝织品和瓷器等，早就在亚非各国享有盛誉，很多国家早就想同中国发展贸易关系，只是由于朱元璋的“海禁政策”，才限制了这种贸易发展。朱棣取消“海禁政策”、派遣郑和出使，均表明中国恢复同海外各国的正常贸易，使他们认识到，同中国建立友好关系、纳贡称臣、进行贸易是有利可图的事。

近年来，关于郑和下西洋的研究又有新的观点，有的学者提出，频繁地派遣郑和下西洋，主要是出于经济的目的，是为了招徕海外诸国朝贡，用“派出去，招进来”的办法，迅速改变国内面临的财政危机。

他们指出：如果是为了“耀兵异域，示中国富强”，郑和第一次下西洋已遍历东南亚及印度洋各国，第二次下西洋也是统领舟师遍历东南亚及印度洋各国。这样足以显示中国的富强，扩大了明朝的政治影响，何必一而再，再而三地反复“显耀”达七次之多呢？

当时的形势是：持续三年之久的“靖难之役”，使社会经济残破不堪，财政耗费极其浩大。为了弥补财政上的亏损，明成祖除了加紧对人民的剥削以及派人到全国各地开采银矿外，就是对海外朝贡国家实行开放政策，鼓励他们来华朝贡，以求输入大量的海外物品。这些海外物品在当时的赢利是非常可观的。故明成祖才会采取各种积极措施，招徕海外诸国来华朝贡，甚至于不惜耗巨资，派遣郑和下西洋，携带敕书及精致手工业品，遍赐海外诸国，这才是明成祖派遣郑和下西洋的真正目的。

郑和每次下西洋时间较紧迫，几乎是首尾相衔，中间没有多少空当，可以看出明成祖急于赢利，力求弥补财政上重大亏损的迫切心情。而郑和每次下西洋返航时，海外诸国总是遣使随船朝贡，进行交易的宝物、香料数以千万计。如永乐五年（1407年）九月，郑和第二次下西洋回返时，遣使随行朝贡的有苏门答剌、古里等国；永乐二十年（1422年）六月，郑和

第六次下西洋回返时，有暹罗、苏门答剌、哈丹等国遣使随行来贡方物；翌年九月，又有西洋、古里、忽鲁谟斯、锡兰山、阿丹、祖法儿、剌撒、不剌哇、苏门答剌、满剌加等16国遣使1200人至京朝贡方物。明成祖朱棣在接待贡使时指出："其以土物来市者，官给钞酬其值。"意思是说，土物由官府给价收购。可见郑和下西洋不光是为了"耀兵异域"，还具有浓厚的经济目的。明成祖朱棣的这种做法，不仅解决了当时所面临的财政危机，而且使百姓从转贩土物中得以营生。

各国贡使大量载运进来的香料，对抑制明初的货币贬值和通货膨胀起到了一定的积极作用。明朝自洪武八年（1375年）开始发行大明宝钞，当时规定每钞1000贯折银1000两、折金250两。不久之后开始贬值，永乐时代，每钞1000贯仅值银12两、值金2.5两；至弘治时，每钞3000贯只相当于银4两多，宝钞已形同废纸。为了抑制宝钞的贬值，避免滥印宝钞造成通货膨胀，明朝政府尽量减少以宝钞支付官员的俸禄，而以郑和下西洋大量进口的香料取而代之。自永乐二十年（1422年）至二十二年（1424年），文武官员的俸禄，均以胡椒和苏木折支，规定春夏折钞，秋冬支苏木、胡椒，五品以上的官员折支占70%、五品以下折支占60%。到宣德九年（1434年）又具体规定，京师文武官员的俸禄以胡椒（每斤100贯）、苏木（每斤50贯）折钞，正统元年（1436年），扩大到包括北直隶卫所官军。这种现象到成化七年（1471年），因库存胡椒、苏木不足才宣告停止。

当时海外使者带来的贡物有方物、国王附进物和使臣自进、附进物三种。进贡方物的数量与进贡物品总数比较只占极小一部分。至于国王附进物和使臣自进、附进物的情况大不一样，它们在进贡物品中占绝大多数，据《明鉴》记载，往往超过进贡方物的数十倍。明朝政府对如此巨大数量的附进物是采取官府收购的办法，从中还征收50%的货物税，低价买进，高价卖出，可获得巨额利润。这些情况说明，海外国家朝贡的次数越多，朝贡使者带进来的货物也就越多，明朝政府则可从中获得更加高额的利润。因此，频繁地派遣郑和下西洋，招徕海外诸国朝贡，用“派出去，招进来”的办法，迅速改变国内面临的财政危机，这才是郑和下西洋的真正动因。

“文皇少长习兵，据幽燕形胜之地，乘建文孱弱，长驱内向，奄有四海。”（《明史》）这一句话，说出了朱棣的出身，有点贬低朱棣的意思；但是，朱棣“即位以后，躬行节俭，水旱朝告夕振，无有壅蔽”（《明史》）。由此可见，永乐盛世的出现，朱棣贡献不小。

可见，永乐朝之所以被后世推崇为永乐盛世，是因为朱棣在政治、经济、文化和外交方面都作出了杰出的贡献。其中，最令朱棣感到自豪的是，他实现了“万国来朝”的美梦。

当然，朱棣还是一位手腕极其灵活的政治家。为使周边的其他国家诚心归附，他施展了灵活的外交手段。郑和几次南下，耗费国家大量钱财，全因朱棣一人支持。郑和所到之处，无论是大国小国，都以大明朝的名誉赠送大量珍宝。作为交换，那些国家纷纷表示，承认朱棣、归附大明。

郑和率领的船队，绕过东南亚，一直航行到非洲。在这期间，东南亚和非洲国家的使臣，一共有300多人次来华朝拜，平均每年有十次左右。这些国家所派遣的使臣，不是三个两个，而是一大群，而且来的使臣一次比一次多。永乐年间，在大明首都的大街上，随处都可以见到外国使臣。

更令后世皇帝感到望尘莫及的是：在朱棣的慷慨关照下，满剌加、文莱、苏禄等国家的国王，亲自率领使团，前往中国拜见朱棣。大明太有吸引力了，好多使臣来了就不想走，甚至赶都赶不走。据统计，外国使臣来华，平均居留时间是两三个月。

浡泥王和苏禄王来到大明就不想走了，他们在中国居住了很长时间，最后在中国病故。他们留下的唯一遗嘱是：能够安葬在中国。朱棣也不介意为他们举办隆重的葬礼，将浡泥王葬在南京，苏禄王葬在德州。作为国君，浡泥王和苏禄王竟然渴望被安葬在中国，可见中国对他们的吸引力之大。

那个时候，琉球群岛上有三个小国家，分别是中山、山南和山北。为拉拢明朝，中山国派出大批使臣，风风光光地来朝拜。山南国和山北国听说后也不甘落后，派出更多的使臣，朝拜的规模比中山国还大。这些小国家在互相竞争，看哪国对中国的朝拜最热烈，以此得到政治和军事上的援助。

从永乐三年（1405年）至宣德八年（1433年），郑和率领着当时世界上最大、最先进的船队七下西洋，访问了印度洋、阿拉伯、东非各国，航程十万余里，最南到爪哇，最北到麦加，最西到非洲东海岸。航行中“云帆高张，昼夜星驰。涉彼狂澜，若履通衢”，场面十分壮观。

郑和带着他的百艘战舰以及万名官兵，航行在茫茫的太平洋和印度洋上，来往于马六甲海峡，此庞然大物，足可称霸沿海各国。但是，郑和下西洋的宗旨却是和平外交。有明成祖朱棣的昭示为证：“今遣郑和赉敕普谕朕意，尔等只顺天道，恪守朕言，顺理安分，勿得违越，不可欺寡，不可凌弱，庶几共享太平之福。若有虔诚来朝，咸锡皆赏。”皇上下旨，谁敢不从，更何况中国人天生爱好和平，怎可起恃强凌弱的坏心。因此，这七次航行被后人以和平的名义称颂着。北大前副校长、史学家何芳川曾经评价：“自从有人类文明以来，文明之间就有交流、交汇。在整个文明的交流与交汇史上，唯有以郑和为代表的中华民族对外交往最文明。因为它，最和平。”

确实，郑和的航行一直谨遵皇上的旨意，要和平，不要侵略，不要战争。但是，出门在外，人生地不熟，总有挨欺负的时候，郑和也遇到了这样的情况。第一次航行，到旧港（今苏门答腊巨港）时，遭到了陈祖义为首的一伙海盗的拦截，这一伙人也是不知天高地厚，结果被郑和率兵击溃，捉了他们的头目。第三次航行，路过小国锡兰，国王贪婪欲抢郑和的财物，边让王子缠住郑和，边派兵5万劫掠船队，情况十分危急，郑和艺高胆大，仅以2000人的力量攻占了王宫，活捉了锡兰国王，送回中国的锡兰国王并没有被杀，反而又被送回锡兰，从此这个小国成了明朝的忠实拥趸。第四次出海，郑和率队击败了苏门答剌数万人的袭击。

当然郑和下西洋不是只和这些冒犯天国之威的人争斗，船队所到之处，做的第一件事就是“开读赏赐”——宣读大明皇帝的敕谕，是为“宣教化”，包括“颁中华正朔，宣敷文教”。老实说，大航海对外传播了中华文明、输出先进的科学技术，的确为世界文明的进步作出了巨大贡献。同时，郑和远航用“宝船”带往各国的都是华夏文明的瑰宝，无论丝绸、瓷器、药材，还是工艺品、金属器物等，都十分精良，堪称极品。这些朝廷的赉赐品带给沿途的国家，就换来了朝贡的繁荣，当时各国来明使臣络绎不绝，以求得到明朝的庇护，同时还可以得到丰厚的赏赐。据统计，明成祖朱棣在位的22年中，与郑和下西洋有关的亚非国家使节来华共318次，最多的一次有十几个国家的朝贡使团同时来华，出现了“诸番臣充斥于廷”的盛况。

可以说，郑和下西洋施行“睦邻友好、互利双赢”的和平交往政策，不仅推动了当时中国海外贸易和经济发展，而且促成了马六甲及东南亚长达100年的兴盛和繁荣。

大败倭寇，镇压起义

明代倭寇的活动，以嘉靖朝为界可大体分为两个时期。前期是从元末、明初到正德年间。元末，日本进入南北朝分裂时期，其内战中的败将残兵、海盗商人及破产农民流入海中，乘明初用兵之机，屡寇滨海州县。洪武时，海防整饬，尚未酿成大患。日本幕府将军足利义满一直与明朝保持合作，不断擒杀倭寇献于明廷发落。足利义满死后，倭寇复萌，经永乐十七年（1419年）六月的望海埚之战，明辽东总兵刘江率师全歼数千来犯之倭后，倭寇不敢复犯辽东。

永乐十七年（1419年）六月十五日，辽东总兵十军左都督刘荣大败倭寇。很久以来中日两国便已开始交好，明朝建立后，朱元璋为了巩固两国间的友好关系，在洪武二年（1369年）派僧人杨载出使日本。次年又派莱州府同知赵秩赴日，详细阐述了明朝的睦邻政策。日本国王良怀在第二年遣使奉表进贡马匹，并送还在明州、台州掠去的70多名中国人，于洪武四年（1371年）十月到达南京。明太祖设宴接待使臣，并命僧人祖阐等八人送日本使者回国，回赐良怀文绮纱罗。

明朝和日本的关系在洪武后期有些疏远，胡惟庸案后，朱元璋疑胡惟庸"欲藉日本为助"，因此"怒日本特甚，决意绝之"。从那之后，日本再没派使臣到中国来。朱棣即位后，于永乐元年（1403年）即派左通政赵居任、行人张洪偕僧道成出使日本。就在他们打算启程时，日本的使臣却先来一步，大约十月份到达南京，明朝对他们很热情，招待很周到。对使臣所带货物，包括违禁的兵器之类，均按时价购买，并遣使随日本来使回访。两国此后又恢复了贡使往来。

明初，在宁波设市舶司，日本商人必须持有明朝发给的"勘合"（即凭证）才能进行贸易。永乐初，朱棣和大臣们商议后规定，日本须每10年一贡，来往的人数不得超过200人，船只限于两艘。但实际上日本来中国贸易的人和船舶，都超过规定的数目，而且带来非常多的走私物品，远远超过规定的10倍。宣德初年（1426年）改为人不到300，船不过三艘，即便如此，却仍满足不了日本的需要。

这个时候，又出现了倭寇。倭寇指的是14世纪至16世纪劫掠我国及朝鲜沿海地区的日本海盗集团。14世纪日本南北朝时，在混战中失败的武士做了海盗，靠走私抢劫谋生。为此明朝与朝鲜都加强了海防，但在永乐年间，沿海地区仍常常受到倭寇侵扰，成为沿海地区一大祸患。

明朝初年，从辽东经山东、浙江到广东的海岸线上，"岛寇倭夷出没"，甚至登岸剽掠。洪武二年（1369年），太仓卫指挥佥事翁德率领卫所士兵力剿倭寇，生擒数百人，但倭寇仍经常出来剽掠。从此以后，明朝便大大加强了海上防卫，建城墙列寨，增添了许多战船。洪武朝先后在辽东到广东沿海设置50余卫，计算起来有兵士20多万人。每百户设一战船，千户设10船。海卫五所共有船50艘，每船有50名旗军。

永乐时，明成祖一方面与日本交好，另一方面继续加强沿海地区的防御。永乐九年（1411年）正月，命丰城侯李彬、平江伯陈宣等率浙江、福建舟师剿捕海寇。永乐十四年（1416年）命令都督同知蔡福等带领100兵马，到山东沿海地区追拿倭寇。永乐十七年（1419年）总兵刘荣（刘江），领导农民在辽东望海埚进行了一次规模很大的抗倭斗争。

刘荣一开始顶替父亲从军，以后又改作了中府右都督，阿鲁台归顺明朝时，在军中他改任左都督，作为总兵官镇守辽东。刘荣去各岛查看巡视备战情况，在他巡视到金州卫金线岛西北的望海埚时，见地势极为宽广，而且处于滨海咽喉要道，便筑城堡、设烽堠，严阵以待倭寇。当月，哨兵报告倭寇来犯，刘荣迅速带领军队赶往望海埚，犒劳军卒、厉兵秣马，准备迎战。倭寇当时正乘30余艘船停泊在马雄岛，登岸后直奔望海埚。刘荣依山势设下埋伏，派都指挥徐刚在山下伏击，百户江隆率壮士暗中烧毁敌船，断掉他们的退路。十五日，刘荣亲自率步军与敌交战，假装败退，诱敌进入伏击地，紧接着四面响起炮声，围歼倭寇，自辰至酉，将他们大部歼灭，残寇退到樱桃园。刘荣再分兵夹击，把敌人全部消灭。此次战斗共砍首级千余，生擒130人。倭寇连年骚扰劫掠，这次备受打击，很长一段时期内不敢骚扰辽东。九月，刘荣因功被封为广宁伯，俸禄1200石，予世券，更名荣。次年四月刘荣去世，赐广宁侯，追封为“忠武”。

明朝永乐末年，山东地区经常发生水旱灾害，连年歉收，许多老百姓无衣无食，只好剥树皮、掘草根来充饥。灾民纷纷离家出走，流落他乡，甚至有人为求生路卖妻鬻子。而明朝政府仍然征收繁重的赋税，不顾人民死活，老百姓生活在水深火热之中。

永乐十八年（1420年）三月，山东益都人唐赛儿忍无可忍，首先发动人民揭竿而起。

在元朝末年山东蒲台曾经被红巾军控制，早在至正十七年（1357年）刘福通便派毛贵攻破胶州、莱州、益都、滨州等地，红巾军从此便控制了这些地区，故而明教也深入民间，在民间流传了下来，直到明朝初年，作为民间传播的一种秘密宗教，在当地产生了很大的影响。

唐赛儿从小在这样一个民间宗教传播的环境中成长起来，自幼便开始诵读佛经，并以“佛母”自称。她的丈夫林三也加入了明教，而且很可能是当地明教的领导者，只是去世较早，于是，后来就由唐赛儿负责在当地秘密传播明教。

在唐赛儿自称“佛母”传教之初，她并没有其他想法，只是想增加门徒，其活动范围在山东的益都、诸州、安州、莒州、即墨、寿光诸县。她的徒众后来增加到好几万人，方引起官府的注意。唐赛儿在传教过程中，自称能知道过去、通晓未来，还能用纸剪成人马，使用法术叫它们征战沙场，因此她深受老百姓拥护。

但这显然只是唐赛儿的一种宣传策略，而实际上她得到民众支持的原因，是她能够真正帮助那些生活困苦的贫民。甚至于那些为明朝统治者歌功颂德的史家们谈起这件事，都说唐赛儿“以其教施里间间悉验，细民翕然从之。欲衣食财物，随所须以求运至”。因此，在百姓们的心目中，唐赛儿是唯一能够救民于水火的“佛母”，也就没什么奇怪的了。

官府在永乐十八年（1420年）这一年年初，开始缉捕唐赛儿义军。群众四处掩护唐赛儿，而且她还趁天灾之际组织饥民，让他们加入明教。

三月，唐赛儿率五万余众占据益都卸石棚寨，作为据点，带领徒众在此出没。明政府青州卫指挥高凤率兵捕之。唐赛儿夜间率众乘官军懈怠之际发动袭击，官兵溃败，高凤战死。此后，唐赛儿走上公开反明的道路，乘胜攻占莒州、即墨，并进围安丘，震惊了山东全省。山东都、布、按三司惊慌失措，立即，上报朝廷。

卸石棚之捷后，起义军的队伍更加壮大了。明政府因用兵困难，对唐赛儿改为招抚，并派人前往青州，直隶沂卫亦派人至莒州招抚董彦杲，结果均告失败。董彦杲等率众2000余人占据莒州，并以红白旗为号，大肆进行劫杀。莒州千户孙恭等前往招抚，董彦杲杀其从者，誓死不服从朝廷的招安。

明朝当政者永乐皇帝开始重视起日益壮大的唐赛儿起义。朱棣特令安远侯柳升分兵围剿。

柳升率领大军，浩浩荡荡地开向唐赛儿起义军的总据点卸石棚寨，并将其层层包围。义军诈称寨中弹尽粮绝，且无水源。柳升认为水为义军极需之物，万不可叫义军得着。水源断绝了，不愁义军不投降。于是柳升派大军进据有水道的东门。到这一夜的二更时分，义军偷袭官军，杀死都指挥刘忠。直到天亮，柳升才发现义军突围而去，于是分兵追捕义军，俘获了义军首领刘俊等男女共计100余人，但唐赛儿却不在其中。

义军首领宾鸿等率兵在莒州攻打安丘。知县张玛、县丞马捌招集军队民夫800余人，负隅顽抗。宾鸿等多次攻打未果，又招集莒州、即墨一万余义军，日夜攻城。明军都指挥卫青正在海上驻防，闻讯日夜兼程，率千骑袭击义军，与城内明军里应外合，大败义军。义军战死2000余人，40余人被俘。起义军在诸城也遭到鳌山卫指挥王贵所率明军的大举进攻，全部英勇就义。唐赛儿起义从此便宣告失败。

虽然唐赛儿起义失败了，但在群众掩护下起义军的主要首领唐赛儿、董彦杲、宾鸿等得以逃脱。

朱棣听说没有抓住起义的首领唐赛儿，十分恼火，将安远侯柳升下狱，同时命令官兵加紧搜捕，还特命山东左参政段民专门负责此事。朱棣想到唐赛儿削发为尼，或许会潜逃藏入尼姑庵或道士观中，因而命令将北京、山东境内尼姑和道姑都捉拿到北京审讯。结果又一无所获。继而又在全国庵观中搜捕可疑者共计数万人，结果仍然没发现唐赛儿。

这场由民间宗教传播多年而组织的起义，不足一个月就被镇压下去了。在义军占据山寨以至其后与官军作战的过程中，唐赛儿虽始终未露面，却一直被认为是起义的领导者。这很可能因为她始终保持着民间宗教领袖的身份，而董彦杲等人在山寨集合，则只是当时明教势力发展到一定程度后，部分人的行为，而并非全体教众在唐赛儿领导下的行为，所以占据山寨的起义军只有2000人。待到义军攻打安丘时，这场起义的影响已经达到了高潮，参加起义的人突然增加了许多。但是，不管是占据山寨，还是攻打安丘，作为当时宗教领袖的唐赛儿，都很可能没有直接参加，正因为这样，起义的整个行动显得缺乏统一领导，更没有组织严密的特点。

起义被镇压的同月，朝廷下了诏令要追捕唐赛儿，两个月后，朱棣仍一无所获，便将追捕的范围扩大到了全国。因这两道命令而遭逮捕的妇女有好几万人，成为当时事佛妇女的一大灾难。但即便如此也始终未能捕获唐赛儿，而关于唐赛儿的传闻却越来越神奇。

有一种传说：这时，山东参政段民报告唐赛儿已在山东自首。朱棣马上下令将其验明正身后处死。但是，唐赛儿在刑场上虽“裸而缚之”，却

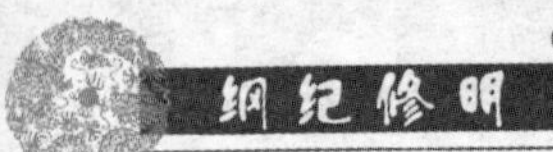

“临刑刃不能入”。段民只好禀报朱棣，朱棣便下密令烧死唐赛儿，烧不死就放到油锅里炸死。岂料唐赛儿在行刑前神秘失踪，狱中的地上只剩下打开的铁镣和沉重的大枷。段民见了这般情形，吓得魂不附体，匆匆上疏朱棣：“唐赛儿在狱中监禁，枷锁自行脱落，门窗未开，人竟遁去，妖法实在厉害，非人力所能制服。”朱棣看了段民的奏折，好生失望，只好说自己是肉眼凡胎，也没有办法对付唐赛儿这般的神人。此事就这样不了了之。

唐赛儿从此在民间神秘失踪，其下落至今仍是一个谜。

特务系统，日臻完备

朱棣在位期间进一步强化君主专制。永乐初，曾先后复周、齐、代、岷诸王旧封，但当其皇位较巩固时，又继续实行削藩。

建文帝的三个弟弟吴王朱允熥、衡王朱允熞、徐王朱允熙尚未就藩，朱棣将他们降为郡王并让朱允熥、朱允熞就藩，但当年就将二人召到燕京废为庶人，禁锢于凤阳，只留朱允熙给朱标奉祀。削齐王护卫及官属，不久废为庶人；迁宁王于南昌；徙谷王于长沙，旋废为庶人；削周、岷、代、辽诸王护卫。他还继续实行朱元璋的富民政策，以加强对豪强地主的控制。永乐初，开始设置内阁，选资历较浅的官僚入阁参与机务，解决了废罢中书省后行政机构的空缺。朱棣重视监察机构的作用，设立分遣御史巡行天下的制度，鼓励官吏互相告讦。他利用宦官出使、专征、监军、分镇、刺臣民隐事，设置镇守内臣和东厂衙门，恢复洪武时废罢的锦衣卫，厂卫合势发展和强化了专制统治。

朱元璋为了避免后世的效法，已有削弱锦衣卫权力的行为。谁知到朱棣时，锦衣卫又呈反弹之势。特别是在永乐十八年（1420年）八月，朱棣又在北京东安门设置东厂。其与锦衣卫合称“厂卫”，形成了较为完备的特务系统。

鉴于历代宦官专权危害朝政的教训，明初的宦官不允许参政，宦官职位不允许超过四品，月俸一石，衣食于内庭。朱元璋曾对侍臣讲：“此曹善者千百中不一二，恶者常千百。若用为耳目，即耳目蔽；用为心腹，即心腹病；驭之之道，在使之畏法，不可使有功。畏法则检束，有功则骄恣”。并于洪武十七年（1384年）将这一禁令刻在宫门的铁牌上，上写：“不得干预政事，预者斩！”又敕诸司均不得与宦官机构进行文件往来，定制宦官“不许读书识字”。措施实在是十分的严厉。

矛盾的是，出于对官僚集团的监督和加强中央集权的考虑，朱元璋又有意识地加强宦官机构，并赋予了其广泛的权力。从至正二十七年（1367年）始置内使监增设都知临和银作局，花费了31年建成了包括十二监、四司、八局即所谓二十四衙门的庞大宦官机构。十二监指司礼监、内官监、御用监、司设监、御司监、神官监、尚膳监、尚宝监、印绶监、直殿监、尚衣监、都知监。四司指惜薪司、钟鼓司、宝钞司、混堂司。八局则为兵仗局、银作局、浣衣局、巾帽局、针士局、内织染局、酒醋面局、司苑局。同时，宦官又被赋予种种超越其职权的特权。如洪武八年（1375年）五月，朱元璋派宦官赵成往河州市马。洪武十一年（1378年）正月，派宦官陈能至安南国吊祭国王陈惴之丧。宦官陈景及校尉于洪武十二年（1379

年）三月被派向靖江王朱守谦宣读谕旨，命令他们严格守法而正身，还当场逮捕了朱守谦身边一些为非作歹之人。蓝玉案发生于洪武二十六年（1393年）三月，当时派宦官与驸马去山西，传旨晋王朱棡："说与王，把那三个侯碎砍了，家人、火者、成丁男子都砍了。家财头口交与王府。妇女、王府差内使起解。钦此。"

建文帝在位期间的宦官没有什么权力。在他刚即位的时候，就曾晓谕各地方官吏严密监督外出内侍，有不法之处可将其解送治罪。在宫中对内监管束也非常紧，稍有违忤，立即严惩不贷。这种严厉政策，令很多宦官不安，因而在"靖难之役"期间，不少宦官都投奔了燕王或者为其提供军事情况。

朱棣起兵，"刺探宫中事，多以建文帝左右为耳"。而他自己的宦官如狗儿等，在"靖难之役"中，更是出生入死，功不可没。所以，朱棣即位后也很器重宦官，宦官的权势遂与日俱增。

永乐元年（1403年），"命内臣齐喜提督干布市舶"。永乐八年（1410年），内官王安被派往都督谭青营，又命马靖镇守甘肃。永乐十八年（1420年），置东厂，宦官先后拥有了市舶、监军、分镇、刺探臣民隐私等大权，宦官的权势又一次急速膨胀。至于宦官出使外国、安抚军民、查勘仓库、检免税收等，较洪武时期越发广泛和频繁。宦官手中权力越来越大，横行不法的事件也频频发生。如永乐五年（1407年），内使李进在山西以采天花为名，诈传圣旨，"伪作勘合……假公营私，大为军民害"。内官马骐于永乐二十二年（1424年）十月传旨谕翰林院，往交趾采办金银珠宝，这些违法事件最后虽被查处，但此时宦官集团的势力已充分表现出来了。

明初的特务机构有两个系统：一是东厂，一是锦衣卫，合称“厂卫”。

永乐十八年（1420年），“厂卫”的职责为“缉访谋逆妖言大奸恶”，由司礼监实行具体管理。东厂提督一般均由司礼监秉笔太监第二人或第三人充任，他的下属把他称作督主，有关防一颗，篆文是“钦差总督东厂官校办事太监关防”。一般宦官外出，不得持有“钦差”二字的印信，仅称内官、内臣，而东厂关防特称钦差太监，用以表现其威信与重要。下属有掌刑千户一，理刑百户一，均为卫官。又有掌班、领班、司房40余名及12管事。役长也叫挡头，戴尖帽、穿青色素旋褶、系小绦、白皮靴，有100多名，专门负责伺察。役长手下有番子1000余人为干事。

虽然东厂与锦衣卫是两个系统，但关系极密切。东厂办事人员悉取给于卫，“最轻黠猥巧者乃拨充之”，他们亦因此经常相互勾结，反过来，通常又是东厂的司礼太监亲信出任锦衣卫官。“然厂卫未有不相结者，狱情轻重，厂能得于内。而外廷有捍格者，卫则东西两司房缉之，北司拷问之，锻炼周内，始送法司”。即东厂所获，亦必移镇抚再鞫，而后刑部得拟其罪。因而东厂如果势强则锦衣卫就依附它，如果东厂的势力被削弱，锦衣卫就会凌驾其上。

除皇帝以外，上至官府下到民间的任何人都属东厂的侦缉范围。“每月旦，厂役数百人，掣签庭中，分瞰官府，其视中府诸外会审大狱、北镇抚司考讯重犯者日听记。城门得苛奸，胥吏疏白坐记者上之厂日打事件。至中华门，虽夤夜，投隙中以入，即黡人达至尊。以故事无大小，天子皆得闻之。家人米盐猥事，宫中或传为笑谑，上下惴惴无不畏打事件者。卫之法亦如厂，然须具疏，乃得上闻，以此其势不及厂远甚”。

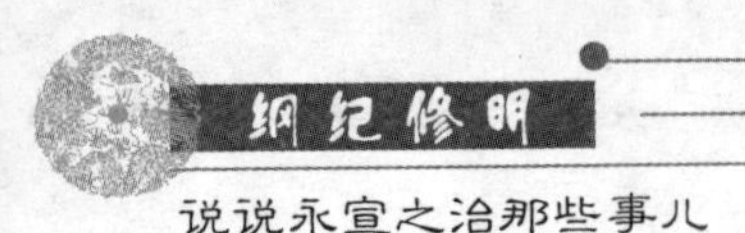

虽说朱棣圆了自己的皇帝梦，可这皇帝的“梦乡”并不是十分甘甜，总是心生狐疑，猜忌着朝中的文武百官和京城百姓。因为他认为无处不有“篡弑”之嫌，所以，朱棣特别重视亲卫军。在他身边有纪纲、刘江、袁刚三个亲卫军指挥，可说是朱棣的绝对亲信，经常侍奉在身边。由于名字发音相近，朱棣每说起他们，就称“三纲”，并且说：“朕之生死，有赖三纲。”

在这样的背景下，永乐年间，朝野无人不怕“三纲”。特别是对“三纲”之首的纪纲，更是惧怕到了极点。这是什么原因呢？因为纪纲是锦衣卫的指挥使。

锦衣卫在明朝永乐年间，是朱棣专以大批校尉四处探听消息、逮捕“有罪”官吏的一个机构，既不同于都察院也不同于法司等机构。

纪纲原是济阳的一名儒生，由于品行不好而遭罢黜。纪纲在燕军起兵攻打南京路过济阳时叩马投效，得到朱棣信用。纪纲虽然品行不好，但善骑射、很聪明，被朱棣视作人才，授他忠义卫千户。纪纲在朱棣登基后升至锦衣卫指挥使，典亲军、司诏狱。朱棣密旨纪纲：“广布校尉，日摘臣民阴事”奏告，把纪纲视作心腹，纪纲更是权为效忠皇帝，将大批校尉派出，监视官吏的一举一动，并及时禀报。

在重用锦衣卫的同时，朱棣还设置东厂宦官衙门。从此，一个能侦缉密察朝野动静的耳目网络，从制度上建立起来。通过锦衣卫和宦官的刺探与告密，皇帝得以了解朝野上下的一切活动。

实际上这是一个庞大的特务体系，不论是做事的命官、皇亲国戚，还是京城土地上的百姓，朱棣都可以迅速得知他们的一举一动。

有一次，广东布政司官徐奇来京时带了些岭南土产分赠廷臣，还列了份详单。这单子立马被交到了朱棣手上。因为名单上没有杨士奇的名字，朱棣便把他单独招来相问，并准备以私交廷臣罪处置徐奇和名单上的人。杨士奇解释说，当徐奇要去广东做都给事时，很多廷臣作了诗文赠予他，故有此赠答。只因当时自己有病，没去送他，否则也肯定会被列入名单之上。徐奇这次所赠无非是些土产，而且不知廷臣是否都会接受他的礼物，经他这番解释，才免去一场官司。

甚至，朱棣还能知道有人在文渊阁席地酣睡。一天，讲读文渊阁的庶吉士刘子钦借中午休息的时候，与几位朋友品酒，可能是多喝了点，回到文渊阁后席地而睡。哪知，睡得稀里糊涂的时候，模模糊糊听到有脚步声由外而来，高声喊道："皇帝召见刘子钦！"惊得他一骨碌爬起来，酒意吓得全没有了，随着太监去拜见皇帝。

朱棣见到刘子钦，斥责道："吾书堂为汝卧榻耶？罚去其官，可就往为工部办事吏。"刘子钦不敢申辩，急忙谢恩，挽上胥吏巾服，去了工部。刘子钦刚刚在工部与群吏开始做事，皇帝又叫太监传见他。刘子钦哪敢耽误，身上穿着吏服，匆匆去皇宫拜见朱棣。朱棣对他嘲讽道："你好没廉耻。"说完，让左右还他冠带，令归内阁读书去了。

朱棣除了控制官员的一举一动，甚至于京城百姓的活动也在朱棣安排的秘密监视之中。据史书记载，京城街巷中发生了一起幼孙殴打祖母的家庭纠纷，朱棣立马知道了，那个幼孙差点被定成死罪。

明初东厂，是朱棣维护统治的得力武器。究竟为什么设了这个机构，史学界目前说法不一，因为在《明太宗实录》中没有详细记录。可能早在朱棣登基后就开始派官吏刺探消息了。后来，直到永乐十八年（1420年）迁都北京城，并在东安门外以北建立东厂衙门时，人们才略知一二。

明代政治生活中的一个显著特点是，宦官专权与特务统治的紧密结合，厂卫的横行，造成了“士大夫不安其职，商贾不安于途，庶民不安于业”的人人自危的恐怖气氛，使社会风气和政治风气急转直下，所谓“自厂卫司讥访而告奸之风炽，自诏狱及士绅而堂廉之等夷，自人人救过不给而欺罔之习转盛，自事事仰承独断而谄谀风长，自三尺法不伸于司寇而犯者日众”，正是对这种现象的形象描述。

营建皇宫，艺术非凡

经过十年多时间，筹工、备料等准备工作基本完成。朱棣又让大臣讨论建造北京宫殿事宜。

据《明实录》记载，朱棣于永乐十四年（1416年）十一月，从北京到达南京，工部奏请择日兴工。朱棣因此事关系重大，便命在京群臣集议。大臣们都清楚朱棣的心意，于是各衙门纷纷上疏，请求立即动工。有的奏疏说：“营建北京为子孙帝王万世之业。……揆之天时，察乏人事，诚所当为，而不可缓。”有的奏疏极称北京为形胜之地，“足以控四夷，制天下，诚帝王万世之都也。”当时，大臣们都异口同声地请求立即动工，几乎听不到任何不同的声音。这令朱棣十分高兴，遂决定马上开工营建。

永乐五年（1407年）至十八年（1420年）北京皇宫建成，历时14年。

明皇宫是在元大都宫殿基础上，以明南京宫殿的格局规划为蓝本建造的，当时全国的优秀匠师都集中于此，还动用了30多万名士兵和民工。

明皇宫东西宽750米，南北长960米，周长3420米，在其周围筑的城墙高十几米，墙外环绕有宽52米的护城河。皇宫有四门，正南名午门，正北名玄武门（清改名神武门），东名东华门，西名西华门。构造精巧、制作华美的四座角楼，分别矗立在城墙四角。皇宫的面积有72万平方米，房屋9000余间，建筑面积15万平方米，多层砖木结构。整个建筑群层次分明，主体突出，按中轴线对称布局。全部建筑可分外朝、内廷两大部分。以奉天（后改称持极殿，清代改称太和殿）、华盖（后改称中极殿，清改称中和殿）、谨身（后改称建极殿，清改称保和殿）三大殿构成了外朝的中心，两翼是文华、武英两殿，是皇帝举行各种典礼和从事政治活动的场所。内廷由乾清宫、交泰殿、坤宁宫构成其主体部分，以及养心殿、宫后园、外东路、外西路等，皇帝处理日常政务和居住都在这些地方。

午门系明皇宫的正门，上有崇楼5座，高35.6米，和游廊连接，伸向前方的双翼仿佛大雁的翅膀，俗称五凤楼。有宝座安设在楼里，而且还有钟楼设立在东西两侧，每逢朝会庆典或战争凯旋，皇帝亲临午门，举行盛大的仪式。午门以外是一条石板御路，称天街，能通到承天门（清改称天安门）和端门。御路两侧廊庑十分对称。进入午门，庭院宽阔，在弓形的内金水河上，横跨5座雕栏白石桥，庭院正北即皇极门（太和门），为明代皇帝御门听政处。由午门至皇极门，是外朝建筑的另一部分。

在皇极门内有三大殿，即奉天殿、华盖殿、谨身殿。奉天殿，是中国封建社会最高等级的建筑，建于高8米的3层白石合基上，面宽63.96米，进深37.17米，高27米，殿内面积2377平方米，上盖重檐庑殿顶。正中间悬挂着蟠龙衔珠藻井，左右共有6根缠龙贴金柱，在正中央一座雕镂精美的高台上放置着皇帝的宝座。座后掩映着的是九龙屏风。奉天殿象征皇权，御路、栏杆和殿内彩画图案，都以龙凤为主体。皇帝的即位、大婚、册立皇后、拜将出征，以及每年元旦、冬至、万寿三大节等重大典礼，都在奉天殿举行，皇帝在这里接受文武官员的朝贺。华盖殿是皇帝举行典礼前稍作休息的地方，平面呈正方形，屋顶系四角攒尖顶，上盖黄琉璃瓦，正中鎏金宝顶。皇帝赐案和科举殿试在谨身殿进行。每年除夕和元宵节，皇帝在此大宴王公大臣。香炉、日晷、嘉量、铜龟、祥鹤等都陈设在各大殿前，以此来衬托皇权的尊贵和至高无上。

乾清宫、交泰殿、坤宁宫构成后三宫。在谨身殿后的乾清宫，是内廷的最前殿，即内廷正殿。正门为乾清门，两侧有八字形琉璃影壁，与外朝的高大宫殿相比，内廷宫殿显得精巧别致。皇帝会在这些地方居住和处理日常政务。每逢元旦、元宵节、端午、中秋、重阳、冬至、除夕和万寿等节日，皇帝都在这里举行内朝礼并赐宴群臣。在乾清宫和坤宁宫之间的交泰殿，平面呈方形，屋顶是黄琉璃瓦四角攒尖顶。

居于从属地位的东西六宫和东西五所，在内廷两侧作为陪衬，其布局和空间形象没有中轴线上的宫殿那么起伏跌宕，而是构建相同形成对称格局。每宫平面略成方形，前后两殿大多为五开间单檐歇山顶建筑，与两侧配殿将宫室分成两个院落，仿佛是扩大的四合院住宅，前后三宫重复，左右两宫并列。东西五所位在东西六宫之后，其布局类似于六宫但规模逊色一些。

在坤宁宫北是宫后园（清改称御花园），处在最末端的中轴线上。占地11700平方米，有建筑20余处。正中的钦安殿，为祭祀玄天上帝之所，园林建筑以钦安殿为中心采用主次相辅、左右对称的格局，其特点是布局紧凑，古典富丽。殿东北的堆秀山，为太湖石叠砌而成，上筑御景亭，每年的重阳节，皇帝后妃及东宫来此登高眺望。园内花木锦簇，古树交柯，清幽宁静，园路用五彩石子拼成各种图案。

为了满足帝后们奢侈生活的需要，还建有戏楼，供神拜佛的佛殿等各类建筑，建在内廷宫殿之间。

皇宫宫殿建筑沿袭古制，师承必有来历的设计思想极其突出。例如宫殿在都城中的位置，附会匠人营国的规定，城楼建于宫门之上，城隅有角楼，基本是附会古代传说的三城门隅制度，城内重要的建筑也多是以古代礼仪传说为依据而设置的。皇宫不仅模仿古制之形式，而且同使用功能相结合，再经过艺术加工，三者紧密而又有机结合在一起。古制外朝有天子五门三朝，还有天子九门之说。明皇宫共有八个广庭，五座南向的宫门在宫殿的中轴线上。这五门不完全对应于古代传说的皐、库、雉、应、陆，只是其中的午门和乾清门与传说中雉门、陆门的形制和地位有些类似。明皇宫内的金水河，是按照“帝王阙内置金水河，表天河银汉之义也，自周有之”的古代传说而设置的。河水从金方（西方）来，由巽方（东南方）出，流经半个紫禁城。这条按古制设置而且对流向还作了规定的河，其功能并不单一，它不仅是宫城内最大的水源，救火及工程施工都要用金水河的水；而且还是宫城内最大的排水渠，河帮上设置着全部南北及东西方向的下水道口，同时它又给宫城景观增添了风采。金水河要流过外朝三座宫殿，横穿皇极门广庭部分是其重点。它不用直线而采用曲线从而显示了河的特点，不用自然变化的曲线，而使用几条对称的弧线，这是为与规整的环境相谐调。河正中设五座桥，桥的前端依河的曲折而曲折，中间突出在前的桥面为皇帝巡行专用，两侧依次退后是为文武官员设置的。皇帝通行桥的石栏杆望柱头雕龙云纹，官员通行桥的栏杆望柱头雕24气。由于两端要穿过东西朝房的地下，这样施工，也显得有变化。河中部宽，两端渐窄。武英殿门前处理金水河的形式不同于皇极门前，因为武英殿比奉天殿等级低，故仅建三座桥。金水河流近文华殿时，转向北流经文华殿西侧，从文渊阁前地下穿过，然后又出现在东三座门前。它一路曲直兼有，往复循环，地上地下不时变幻，河面上架设多座桥梁，起到了很好的艺术效果。

明皇宫的设计思想就是要突出表现帝王至高无上的绝对权威，从而达到巩固王权统治的目的。从宫殿建筑的总体布局到个体建筑设计，运用各种手段创造出的艺术形象，都是为了体现这个目的。为了表现壮观威严的气势，其主要建筑都严格地分布在中轴线上，而整座宫殿又是以三大殿为中心来结构建筑，因此宫殿最主要的空间都由三大殿所占据，庭院占地也最为广阔，而且它前面还建有一系列大小形状各异的庭院和门阙作为前导，步步深化，将奉天殿的主导地位进行了有力渲染。而在具体处理建筑时，依据诸宫殿建筑的不同功能和地位，采取的规模、屋顶的形式都有不同，以不同的装饰手法来表现建筑的等级差别，建筑亦因而被打上了明显的等级烙印。

明皇宫宫殿建筑的总体布局，是对历代积累下来的经验的继承与发展。从中岳庙碑、后土祠碑以及山西岩山寺壁画中展示的金代宫殿和《辍耕录》中记载的元代宫殿来看，它们之间在布局上有很多类似之处，由此反映出它们间具有承袭关系。如奉天殿周围采用廊庑环绕，大殿两侧原来还连接斜廊，形制与以上所提的几处宫殿相同。这种利用低矮的廊庑映衬高大的主体建筑，使得主次分明的手法，在中国古代建筑中经常运用。明皇宫在空间组织上，自大明门起至坤宁宫，在中轴线上安排了8个庭院。各个庭院分别采用不同的艺术处理形式，形成了纵横交错、高低起伏、有前序有主体的空间排列顺序，引领人们走向高潮。大明门和承天门之间以千步廊围成纵深庭院，至承天门前向两侧延伸为横向广场。运用空间的变化及门前的石桥、华表和石狮等将承天门威严庄重的艺术形象突出出来，承天门至午门间以端门前的横向庭院与午门前的纵深空间形成对比，从而突出了宫城的主体地位。皇权门前的庭院仿佛是前三殿的前奏曲，至乾清门前，横向庭院在空间上不断变化，并表明自外朝进到内廷的另一性质的空间。前三殿与后三宫两组建筑群所在庭院的长宽恰好是2：1，规模上也存在差别，这种处理既加强了二者之间的统一，还表现出外朝与内廷的主从地位，在空间环境上构成了完整的艺术体系。

从明皇宫建筑群的完美统一的艺术形象看，建筑装修、装饰及建筑小品的位置作用不小。为了表现主体建筑的雄伟壮观，门殿建筑都建在台基上，依坡设置的台基的前后正中台阶，有显示帝后尊严的御路石雕。这些台基的用料和做法由于等级的差别也不相同，一般宫殿的台基仅用砖砌，其上再铺就条石，多不设栏杆，中轴线上的皇极门、乾清门等建筑以汉白玉石须弥座台基组成，有栏杆围绕周围，望柱雕有龙凤纹。而三大殿的台基最为特殊，由三层须弥座重叠组成，每层栏杆望柱均采用白色汉白玉石，天气晴朗时，光影效果突出，产生出强烈的艺术感染力。檐下彩画也是等级严格，主体宫殿均用和玺彩画，枋心绘有龙凤图案，施贴金用得非常多，使殿堂富丽堂皇。次要门殿及庑房多绘以不同等级的旋子彩画，而花园中的亭廊楼阁则用苏式彩画，檐下的斗拱、额枋、柃被大片的青绿色调成一体，更显得琉璃出檐深远飘逸。主要宫殿门窗格心基本上是彩菱花图案，在裙板、槛框多使用鎏金团龙等。而一般宫殿多用风门及支摘窗，窗格多彩多姿，制作精巧。除了将大量绚丽的彩画装饰应用在宫殿内部外，还以大量雕镂精巧的内檐装修来分隔室内空间，一些主要殿堂内天花中部多做藻井，采用浑金殿龙图案，奉天殿内金漆蟠龙叼珠藻井是其中最华丽的。殿内在七层台阶的高台中央安放宝座，雕龙金屏风用在宝座后面，左右陈设的有香、香炉等，宝座周围六根巨柱均饰有粉贴金缠龙，组成神圣庄严的空间环境。内廷各宫室，根据不同使用要求，室内用隔扇门、炕罩、板壁等隔成较封闭的空间，或用各种花罩、落地罩等隔成彼此通透的空间，互相因借，隔而不断，还用匾联、陈设来增强建筑的华贵气氛和室内环境的幽雅。

明皇宫是我国现存最大、最完整的帝王宫阙，在世界上也是最著名的古代建筑群。其建筑的风格与都城规划相结合，在总体布局和空间组织方面，统一中求变化，体现了中国明代建筑艺术的非凡成就。明皇宫在清代又得到扩建重修。

朱棣营建北京，使城内建筑的布局更加匀称整齐，设计更加科学合理，许多建筑巍峨壮观，显示了中国古代独特的建筑艺术和风格。有些建筑，例如天坛的“回音壁”，就利用了声学原理，充分显示了我国劳动人民的聪明才智，至今为世界人民所称道。

永乐十八年（1420年）十一月初四，因北京的宫殿已成，朱棣遂颁迁都诏：

开基创业，兴王之本为先；继体守成，经国之宜尤重。昔朕皇考太祖高皇帝，受天明命，君主华夷，建都江左，以肇邦基。朕缵成大统，恢弘鸿业，惟怀永图。眷兹北京，实为都会，惟天意之所属，实卜筮之攸同。

乃仿古制，徇舆情，立两京，置郊社、宗庙，创建宫室，上以绍皇考太祖高皇帝之先志，下以贻子孙万世之弘规。爰自营建以来，天下军民乐于趋事，天人协赞，景贶骈臻，今已告成。选永乐十九年正月朔旦，御奉天殿，朝百官，诞新治理，用致雍熙。于戏！天地清宁，衍宗社万年之福，华夷绥靖，隆古今全盛之基。故兹昭示，成使闻知。

这就是向全国宣告，自永乐十九年（1421年）正月初一起，北京就是明朝的新都。

颁布迁都诏几天以后，朱棣即遣官召皇太子和皇太孙，要他们父子在年底以前赶赴北京，以参加明年元旦御新殿的大典。

永乐十九年（1421年）正旦节，朱棣在御新殿时，举行了各种祭祀，仪式十分隆重。接着，他又下诏，宣布大赦天下，以图吉祥。第二年正旦节的盛典，是在北京的奉天殿举行的，祭祀天地的典礼，是在北京的南郊举行的。仅过三个月，永乐十九年（1421年）四月初八，奉天、华盖、谨身三大殿发生火灾，皇宫三大殿起火，被烧成一片灰烬。

在迷信盛行的古代，火灾被认为是重大灾异。明成祖也不免为此忧心忡忡，遂马上敕谕群臣道："朕心惶惧，莫知所措。"还自责说："朕之冥昧，未究所由。……朕所行果有不当，宜条陈无隐，庶图悛改，以回天意。"有些话大臣们平时不敢说，借此机会说了出来，其中说得最激切的就是侍读李时勉和侍讲邹缉。他们在奏疏中也说到营建北京之事，极言"工大费繁""冗官蚕食"之弊。明成祖接着下诏，实行惠政，"凡有不便于民及诸不急之务者，悉皆停止，用苏困弊，仰答天心"。

朱棣命群臣直陈朝政得失，引发一场关于迁都的辩论。许多官员提出迁都不便，有的人言辞还很激烈。朱棣发怒，杀了言辞最激烈的吏部主事萧仪，说：迁都之际，朕与大臣密议，斟酌了好几个月，才确定下来，绝非轻举妄动。大家本来对事不对人，皇帝决定的迁都，就批评皇帝，大臣决定的迁都，就批评大臣。见皇帝发怒，言官便将矛头对准大臣，指责他们前时赞成迁都，现在又说迁都不便。朱棣在午门楼上，命大臣和言官跪在午门外辩论。大臣纷纷责骂言官书生无知，只有户部尚书夏原吉比较冷静。他说："言官应诏陈言，没有过错；臣等身为大臣，不能协赞大计，罪在臣等。"朱棣这才消了火气，对大臣、言官都不加罪。有人责备夏原吉没有原则，违背初意。夏原吉说：我等在皇上身边久了，即便失言，皇上或会原谅，言官得罪，便是大祸了。

大臣中有谁坚决支持迁都，有谁从开始就反对迁都，有谁开始支持迁都后来又说迁都不便，难以一一查明。不过，因为朱棣的坚持，迁都才最终成为定局，是没有疑问的。

其实，明清时期宫中起火的事时有发生，谈不上什么天意。有时起火是宦官所为，他们偷宫中物件，弄得无法交代了，怕事情败露，便放一把火了事。皇帝不知其中底细，便误以为是天意示警。

迁都北京，促进统一

京师是国之根本，是一个国家的根本重地，建都或迁都都是重大事情。明太祖朱元璋犹豫再三，后终于决定以南京为京师。明成祖朱棣即位后，对北京进行了大规模营建，然后正式迁都到北京。朱棣既然在南京登上了皇位，为什么非要迁都到北京呢？

朱棣营建和迁都北京有深刻的历史背景，这就是明初的建都问题。朱元璋的势力是以南京为基地发展起来的，他也是在南京即的皇帝位。但是否就建都南京，朱元璋却长期犹豫未决。论地理条件，南京背靠钟山，面临长江，虎踞龙盘，形势险要。论经济条件，江南已成为全国的经济重心，农业和手工业都很发达，从这两方面来看，南京的条件很优越。但从军事的角度考虑，当时的主要威胁是北边的蒙元残余势力，而南京距北方前线太远，不宜调度。

朱棣即位后，仍以南京为京师。礼部尚书李至刚善于揣度人意，知道朱棣对北平感情深，遂于永乐元年（1403年）向朱棣建议说北平“为皇上承运兴王之地，宜遵太祖中都之制，立为北京。”朱棣很高兴，于永乐元年改北平为北京，作为与南京并列的都城，称行在（陪都），自己也长期住在那里，而很少住在作为京师的南京。因天下初定，朱棣没有正式迁都北京，但他迁都的打算却一直存在。

北京是元朝的首都。元四年至元二十二年（1267—1285年），元世祖忽必烈在金中都（故址在今北京城西南广安门一带）东北郊外，建造了一座举世闻名的都城，它就是大都城。在大都城中心太液池（即今中海、北海）东西两岸，忽必烈建造了宏伟壮观的皇城。元灭亡后，明太祖朱元璋以南京为首都，大都更名北平。洪武三年（1370年），朱元璋分封诸王，以四子朱棣为燕王，驻北平。次年，下令将元西宫改作燕王府，洪武七年（1374年），朱元璋派朱棣的姑舅表兄李文忠到北平，对燕王府大加修建，洪武十二年（1379年）完工，次年朱棣住进此府。

永乐四年（1406年）七月，朱棣下诏让群臣议迁都北京，闰七月

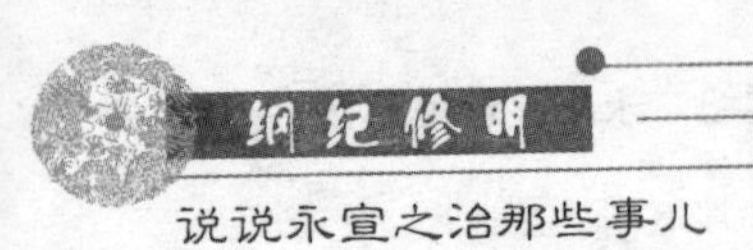

十一，文武群臣请建北京宫殿，以备皇帝巡幸北京时居住。朱棣接受这个意见于永乐四年闰七月颁诏："以明年五月建北京宫殿，分遣大臣采木于四川、湖广、江西、浙江、山西"。当时，除派大员到各地督采木料外，还遣人烧造砖瓦、征发工匠、调遣民丁等，但大规模营建北京宫殿的工作并未真正进行。

永乐五年（1407年），徐皇后死去。朱棣没有把她安葬在作为京师的南京，而是在北京附近的昌平为她建造寿陵，这就是今天北京十三陵中的长陵。永乐十一年（1413年）朱棣将徐皇后安葬在这里后，长陵的营建仍在继续，终在永乐十四年（1416年）才告竣工。此事清楚表明朱棣迁都北京的打算。

永乐七年（1409年）和永乐八年（1410年），朱棣又两次对蒙古大规模用兵，营建北京宫殿的事实际上停了下来。正式营建是在永乐十五年（1417年），于永乐十八年（1420年）完工，这在《明实录》中有明确记载。但永乐四年（1406年）营建北京的诏令告诉人们，朱棣一直有迁都的打算。

朱棣不惜耗费巨大的人力和物力，一定要把首都迁移到北京，这是由多方面的因素决定的。

有人认为，朱棣之所以不把南京作为都城是因为他心中有一种"负罪感"。南京是他的侄子建文帝坐皇位的地方，为了夺取皇位，朱棣大肆杀戮，残害前朝忠臣，不少人死得非常壮烈。据《罪惟录》记载，他即位后曾"微语尚书茹常：'朕毋得罪于天地祖宗乎？'"心中不免内疚，担心自己"得罪于天地祖宗"。尽管他坐稳了皇位，但在心理上仍十分不安，他甚至害怕建文帝可能回来。也许是出于难言之隐，才考虑把都城移到自己的根据地——北京。

不少历史学者不同意这种看法，认为朱棣是一位头脑清醒的政治家，不可能因为这些心理因素而迁都，他迁都是具有远大战略目光的。

学者认为，加强北边防务，抵御蒙古的军事需要是迁都的一个最直接的原因。当时北元残存政权又开始蠢动。元朝灭亡后，逃窜漠北的蒙古贵族，因内部争斗势力已经相当衰微了，取而代之的是鞑靼和瓦剌两个新部族的出现，造成北方威胁不断。从1409年起，为了对付蒙古贵族的南犯，朱棣先后五次北征，使明代社会经济在比较安定的环境下得到了恢复与发展，但是蒙元势力对明王朝的威胁一直没有解除。这也正是朱元璋建都南京后无法解决的一块心病，将首都移至北京，有利于皇帝对北方军事的领导。

朱棣即位后，成功地招抚了黑龙江流域的女真诸部，使黑龙江下游一带尽入中国版图。朱棣又积极经营西北，陆续在嘉峪关外设立哈密等7卫。为了有效地控制和管理东北和西北的大片疆土，建都北京比建都南京显然更为有利。学者认为，朱棣迁都是具有远大战略目光的，完全是为了占据战略要冲，是为了扼守“燕赵锁钥”。这正如明末人孙承泽所说：“幽燕自昔称雄，左环沧海，右拥太行，南襟河济，北枕居庸。……真定以北至于永平，关口不下百十，而居庸、紫荆、山海、喜峰、古北、黄花镇险扼尤著。会通漕运便利，天津又通海运，诚万古帝王之都。”北京地理位置适中，又有险可守，这也是建都的重要条件。在中国大陆东部，自大兴安岭向西南，太行山、伏牛山、巫山一线以东，地势陡降，形成这种山岳与平原高低悬殊的形势。北京即处在分界面边缘部位，低平地带在平面上形如海湾，贴近山麓地带地势稍高，成为比较适合人类居住的场所和行走的通道，村落和城市在此逐渐形成，并成为从中原地区通向东北、塞外的门户和保护中原农耕文化不受侵扰的关隘。

由此可见，朱棣迁都北京是经过深思熟虑后的长远打算。

朱棣是在北平起兵篡位的，在他登基后立即宣布以北平为北京，并在北京设立六部。永乐四年（1406年），他下诏营建北京宫殿。永乐七年（1409年）后，朱棣多次北巡，长期在北京居住，并叫太子在南方处理政务，上奏的奏章都要送到北京来审阅。北京这时已成为实际的政治中心。

永乐十九年（1421年）正月，朱棣下诏大赦天下，还下令把宫廷和百官都迁到北京。然而，就在四月初八那天，北京新宫中的奉天、华盖、谨身三大殿，被雷击而燃起大火，顷刻间成了残垣断壁。阁臣杨荣指挥卫士冒火进行抢救，除了一些重要图籍被抢救出之外，三大殿落得个片纸未留。这场灾难事发突然而且损失很大，引起一场很大的风波。最后主事萧仪被杀，此事才算了结。

这场沸沸扬扬的风波，不仅由于三座宫殿被焚烧，也因为一场由来已久的迁都之争。

为什么打下江山，却难以定都呢？主要原因在于，随着全国的统一，朱元璋感到对北边之地鞭长莫及。当时虽有人提出可在汴梁定都，还有人主张建都元大都，朱元璋却不愿走宋元的老路。

洪武二十四年（1391年），太子朱标受命前往西北巡视，回京后献陕西地图，向皇帝叙述自己的迁都计划。不料，次年四月，朱标病故，迁都计划未能实施，迁都之事也被暂时搁置起来。

直至永乐元年（1403年）朱棣夺得皇位，又重提迁都之事。但是如何保证迁都成功呢？朱棣非常谨慎，因为迁都对社稷的安危影响甚大。后来决定先建都城后搬迁。朱棣这样做，目的很明确，修建北京城是太祖朱元璋留下的旧制，人们必须接受。即便不同意也不敢说出来，但若明确说要迁都，会遭到许多人的反对。

永乐元年（1403年），朱棣先改北平为北京，随之在北京设置留守行后军都督府、北京行部、北京国子监，又改北平府为顺天府。

从历史上看，朱棣迁都确确实实体现了他政治上的远见卓识，也就是他的“英雄方略”。

当时，朱棣已将镇守边塞的宁王、谷王内迁，并将处于北京东北的大宁都指挥使司南迁至保定，山西行都司的一些卫所也迁到北京以南，因而北部边防面临着空缺，使北京直接面临前线，多数人根据这一点认为，抵御蒙古人的南下是朱棣迁都北京的真正目的。其实，朱棣另有所图，永乐十四年（1416年）六部都察院给朱棣上的一道奏疏中，将朱棣迁都的本意清清楚楚地表述出来：第一，朱棣的“龙兴之地”是北京；第二，北京“山川形胜，足以控四夷，制天下”。永乐十八年（1420年）朱棣颁布的迁都诏更明确提出要“君主华夷”，而北京“实为都会”。因此，“君主华夷”“控四夷，制天下”便是朱棣迁都北京（即元大都）的主要目的。

朱棣成功进入帝都应天，是一项伟大的成就，但也暴露了大明朝廷的缺陷——没有燕王朱棣和宁王朱权，北平就没有安宁的日子。趁“靖难之役”，大明朝廷周边的藩属国，纷纷发动叛乱，打独立战争。最为突出的是，趁北平空虚蒙古军队屡次南下。

在明太祖朱元璋的安排中，燕王朱棣和宁王朱权负责保卫北方。“靖难之役”爆发后，不仅朱棣的军队全部投入南方战争，甚至连宁王都被收

编。没有专门对付蒙古骑兵的朵颜三卫，蒙古军队一路南下，势如破竹。

更糟的是，北平守将沈永是个无能之辈，一味听任蒙古骑兵烧杀抢掠，还隐瞒不报。直到大批难民如潮水般涌向南方，中央才知情。朱棣听说后，勃然大怒，拖出沈永，一刀砍了。

蒙古大军南下侵犯一事，促使朱棣作了一个惊天动地的决定。因为朱棣的这个决定，大明朝政治格局从此改变，并且影响后来的清朝，甚至影响今天的中国。

永乐六年（1408年），朱棣向群臣宣布，迁都北平。

这项诏令刚刚颁布，朝廷内部即刻分裂为两派，北方一派举双手赞同迁都，南方一派不同意迁都。北方一派以朱棣为首，附和者多是参加“靖难之役”的武将。理由很简单，他们的家在北平。到了南方后，吃得不习惯、住得不习惯，连天气都适应不了。

朱棣虽然生在应天，可是他的大半生都在战乱中度过。朱元璋打天下时，非常繁忙，连给朱棣取个名字的时间都没有。还有，不满21岁朱棣就被派往风沙肆虐的北平。那时的北平，除了一座破城，一无所有。

经过若干年的努力，朱棣在北平建立了自己的家庭，养了自己的军队。北平不仅是朱棣的根基，还是他的家，拿北平与应天相比，朱棣觉得，应天只是皇权的象征。再说，朱棣的皇权是抢来的。如果将帝都迁到老家北平，不仅可以证明他的合法性，也好开展他的千古帝业。

反对迁都的南派，大多是从小就生长在南方的儒学之士。他们也是习惯了应天懒散的生活，爱好优美的山清水秀的风景。如果到北平，不仅风沙大，连水源供给都不充分，叫人怎么活。在这批儒学之士心里，北平只适合当兵的人驻守。

尽管反对派的呼声很高，意见很大，朱棣还是力排众议，坚决迁都。朱棣的意思是：迁都北平是死命令，只可以实行，没有商量的余地。遇见这么一位英明神武的铁腕皇帝，南方的反对派不敢再坚持自己的意见。但是，反对派问朱棣，如果迁都北方，粮食问题怎么处理。

那时的北方还没开发，一大片接一大片的不毛之地，不适宜种植庄稼。如果全国的重心向北平移动，必定会牵连很多的人。倘若粮食供给不足，必然发生叛乱。再说，如果不安排好相关配套设施，肯定有一大部分人违背诏令，死拖活赖，不肯搬离应天。如此一来，明朝就可能出现两个政治中心。朱棣远在北平，就不能控制应天。倘若前朝余孽在应天发动叛乱，朱棣的皇位就危险了。

面对这个大难题，朱棣从三个方向开始工作。首先，派遣军队开凿从应天到北平的漕运，保持河流通畅。其次，大力修建北平城，无论如何，一定要建得比应天大，比应天富丽。最后，迁移百姓，让他们去开垦北平周边的土地。

首先修好的是水利工程，在奏章里，工部尚书宋礼写道，“南极江口，北尽大通桥，运道三千余里”。在中国历史上，开凿运河的朝代很多，数明朝最成功，因为没有引发大的叛乱。公元1421年，北平城修建工程竣工。朱棣一声令下，全国迁都。为了修建北平城，前前后后仔细算起来，一共修了15年，共征调军工、民工累计二三十万人。在这期间，整个大明的重心都向修建北平城这个浩大的工程倾斜。无论是工匠、粮食，还是建筑材料，朝廷第一个先满足修建北平城。

现在的紫禁城，就是朱棣留给后世的杰作。不算护城河与城墙之间的绿化带，紫禁城占地面积72万多平方米，宫殿占地面积16万多平方米。紫

禁城内的建筑严格按照“井”字形布局，规划得非常整齐。更令人意想不到的是，北平城不仅建造得金碧辉煌，体现了皇家的气派，甚至还建设了下水道系统。

坐在北平城，看着整个大明的版图，朱棣开始了他梦想的千古帝业。但是，迁都北京后，发生了无数令人心惊肉跳的天灾，全国的很多大城市都发生火灾。联系起朱允炆是自焚而死的，很多反对迁都的南方大臣就借题发挥，指责迁都的过错。

听了这帮腐儒的言论后，朱棣勃然大怒，将呼声最强烈的萧仪给杀了。杀了萧仪后，朱棣放出话来，迁都是一项死命令，无论如何，必须执行。如果有谁胆敢违背，萧仪的下场就是他们的榜样。

如果没有朱棣的坚持，北平就不会成为大明的国都。朱棣依据北平起家，北平城仿佛被上天注定了，要见证朱棣的永乐盛世。

费正清认为，朱棣迁都北平，是“出于政治和军事的原因，北京优于其他一切地方；它既可以充当对付北方入侵中国的堡垒，又可以作为支持皇帝在北方执行扩张性政策的一切活动的中心”。（费正清《剑桥中国史·明史》）

从当时的具体情况而论，北平拥有很大的发展潜力。首先，非常广袤且平坦的肥沃土地，为大批驻扎的军队和迁移到北平的百姓提供生活供给。其次，北平一带处在南方汉族和北方少数民族的交融地带，非常敏感。控制住了北平一带，向内可以守卫大明疆土，向外可以进一步扩展。

诚如费正清所说，“迁都北京之举在军事和经济组织方面产生了意义深远的变化，这些变化与新的行政要求以及边境各地区的防务有关”。（费正清《剑桥中国史·明史》）

作为见证永乐盛世的帝都，北平静静地等待着，等待朱棣发展他的千古帝业。

是的，朱棣迁都北京，在明朝是一件大事，在中国历史上也是一件大事，我国是一个多民族的国家，国家的发展和统一是历史的必然趋势。蒙古族统治的元朝定都北京，是推动我国多民族国家的发展和统一的一个重大步骤。而朱棣的北迁国都，在元朝统治的基础上，更加强了国家的统一和发展，对于促进生产力的发展和保障国家的安定，都起到了重要的作用。这一举措，表现了朱棣的远见卓识和博大胸怀。从中国历史发展的历程来看，朱棣迁都北京无疑是一个正确举动。它适应了我国多民族国家政治经济发展的客观需要，有利于巩固和加强祖国的统一。

著名历史学家吴晗对朱棣迁都北京这一重大的历史事件，给予高度的评价："以北京作为一个政治军事中心，就近指挥长城一线的军事防御，抵抗蒙古族的军事进攻，保证国家的统一，从这点来说，明成祖迁都北京是正确的。"吴晗把建都北京同"保证国家的统一"联系在一起，就充分说明了把北京作为全国政治中心的重要性。

北京作为元朝的首都将近100年，元朝建立的是一个真正的四海合一的国家。元朝定都于大都，是中国封建的多民族统一国家发展中的极其重要的方略。作为全国政治中心的大都，可使大漠南北、长城内外的联系更加紧密。因此，朱棣迁都北京，将北京作为全国统治中心，是将民族统一的进程向前推进了一步。

五出漠北，病死军中

朱棣是一个具有雄才大略的皇帝，他有一个最大的心愿就是当上大明朝的皇帝，创造千古一帝的辉煌霸业。于是，永乐二十二年（1424年）四月，明成祖第五次亲征蒙古，六月班师。

元朝灭亡后，随元顺帝退出中原的大批蒙古贵族，在蒙古草原及东北地区活动；永乐初年，蒙古族已分裂为三大部，即鞑靼、瓦剌和兀良哈，元朝国号已不再用了。鞑靼部在鄂嫩河、克鲁伦河和贝加尔湖一带活动；瓦剌部在科布多河、额尔齐斯河及以南的准噶尔盆地活动。兀良哈部在辽河、西辽河、老哈河流域一带活动。

燕王朱棣起兵占领大宁后，利用兀良哈骑兵从征，夺取皇位。朱棣登基后，将原设于大宁地区的北平行都司撤除，将大宁地区交给兀良哈部，由其酋长任卫所官员，赐诰印、冠带，在保定设北平行都司。原设于这里的营州五屯卫内迁到顺义、平谷、蓟州等地。失去北边大宁这一重镇，致使辽东与宣府、大同间的接应也不复存在。

永乐初，蒙古三部相互混战，尤以鞑靼部最为强盛。

蒙古族的两大部鞑靼与瓦剌两大势力相互斗争，朱棣处置失宜，偏袒鞑靼阿鲁台，远征瓦剌。瓦剌战败之后，阿鲁台得势，便骚扰明朝边境，进行抢劫、掠夺。

明太祖朱元璋设北平行都司于大宁地区，将十七子朱权封为宁王，驻守此地。蓝玉平纳哈出后，当地蒙古诸部都投降了。洪武二十二年（1389年）设置三卫：自大宁前抵喜峰、近宣府，为朵颜卫；自锦、义历广宁，渡辽河至白云山，为泰宁卫；自黄泥窪逾沈阳、铁岭至开原，为福余卫。朱棣起兵，合并宁王军众，挟宁王南下（后徙封南昌），封三卫蒙古首领脱儿火察为都督佥事，哈儿兀歹为都指挥同知，掌朵颜卫事；安出及土不申俱为都指挥佥事，掌福余卫事；忽剌班胡为都指挥佥事，掌泰宁卫事。三卫的357个头领，各被授予指挥、千户、百户等官职。朱元璋准许三卫自为藩部而脱离宁王，每年发给耕牛、农具、种子等进行农业耕作，在广宁等地互市。朱棣弃大宁，旨在使三卫成为北边屏障，解除南下夺位的忧患。从此三卫成为藩部而处于半独立状态，有明一代，处于明朝与鞑靼之间。三卫当中，朵颜卫的势力最强，原来，元代朵颜山兀良哈千户所蒙古兀良哈部人住在这里，而明朝人对各部的情况并不了解，因此兀良哈是对三卫各部的泛称。

蒙古阿里不哥后裔也速迭儿杀死元帝脱古思帖木儿后，取消忽必烈所建立的元朝国号，在和林自立为蒙古卓里克图汗。他死后，子恩克汗继位。之后，额勒伯克继汗位，被瓦剌杀害，另立坤帖木儿汗，他大约也是阿里不哥一系。朱棣即位时，鬼力赤已篡夺蒙古汗位，他曾经出兵辽东，永乐元年（1403年）和永乐四年（1406年），朱棣曾先后两次遣使持玺书招谕。明人记载鬼力赤不是元朝后代。蒙古史籍也没有他的名字。波斯史籍中与他相当的汗，名乌鲁特穆尔，说是窝阔台系的后裔。明人沿用汉人的旧称，称和林蒙古为鞑靼。永乐元年（1403年）明成祖朱棣派人与鞑靼可汗鬼力赤联络，赠送金银绮罗等财物，鬼力赤没回应。时候不长，就出兵征伐辽东及永平。永乐四年鬼力赤被瓦剌部马哈木、阿鲁台杀死。阿鲁台等迎立忽必烈系的本雅失里为汗。元朝灭亡后，本雅失里曾经逃入中亚的帖木儿帝国，之后到别失八里，被迎入和林。永乐六年（1408年）春，成祖得报，致书招谕。说明明朝廷也将本雅失里确认为元朝宗室的后代。

永乐七年（1409年），朱棣遣都指挥金塔卜歹、给事中郭骥持书通好，郭骥被杀害，成祖大发雷霆，决定出兵。

永乐七年（1409年）七月，淇国公丘福被朱棣任命为大将军，武城侯王聪被委任为左副将军，同安侯火真为右副将军，靖安侯王忠、安平侯李远为左右参将，五大将军亲率10万精兵北征。八月，丘福率先锋军至胪朐河（克鲁伦河），蒙古诱敌深入。一些鞑靼游兵被打败，并抓获一名尚书。丘福问他本雅失里目前在哪里，尚书撒谎说在前方三十里的地方。丘福听了后，就轻易相信了，于是命令进军，各将领劝他不要贸然进军，等大军会合后再进军。然而，丘福不听劝告，指挥全军兵骑进军，结果进了蒙古兵的包围圈，以致全军覆灭。

丘福等五将军皆战死。朱棣得到消息，便开始择兵选将、准备粮饷，打算第二年春天亲自出征，大举进攻。

十月，兵部尚书夏原吉用武刚车30000辆，运粮20万石，每走十日的路程，便修筑一段城墙用于储备粮食，等到粮草齐备，遂于永乐八年（1410年）三月出塞。五月到达胪朐河（克鲁伦河），朱棣将其名字改为饮马河，并在此地修筑城堡。入塞以来，明军还没有遇到敌兵，到饮马河后才抓获了几个敌人，从敌俘那里得知本雅失里在兀古儿札河一带（克鲁伦河北），于是提兵追赶。本雅失里又逃到了斡难河（鄂嫩河），明军继续追赶，本雅失里率众迎战，朱棣命前锋吴成出战，大败本雅失里军。本雅失里率七骑逃走，朱棣军队亦退回到饮马河。六月，朱棣班师至飞云壑。阿鲁台来战，朱棣率精骑迎战，阿鲁台大败，朱棣率兵追杀100多里，杀死敌军名王以下的官兵几百人。之后，由于夏天天气炎热，衣粮不足，明军班师返回北京。

永乐十年（1412年）瓦剌马哈木杀死本雅失里。马哈木将家世不明的答里巴另立为汗。永乐十一年（1413年）七月，阿鲁台奉表纳贡，请为故主复仇，阿鲁台被封为和宁王。

瓦剌部断绝与明廷朝贡往来，并要求朱棣遣返以前归服的甘肃、宁夏的瓦剌民众，朱棣遣使责备。瓦剌即元代蒙古外剌部，又译翰亦剌。元朝末年，民众已增加至四方户，住地扩展到谦河流域，南至金山（阿勒泰山），与阿里不哥后王的封地为邻。在元朝初期的皇位争斗中，他曾经反对忽必烈，支持阿里不哥。明初期，又支持阿里不哥后裔也速迭儿翦灭元帝，夺取汗位。

瓦剌马哈木于永乐十二年（1414年）二月，带兵到饮马河，准备南下出征，于是，朱棣决定第二次亲自出征。这次亲征的兵力部署是以安远侯柳升、武安侯郑亨为中军，宁阳侯陈懋、丰城侯李彬为左右哨，成山侯王通、都督谭清为左右掖，都督刘江、朱荣为前锋。三月，命令皇太孙随从，从北京大举出征。

安远侯柳升先炮击敌骑，杀伤几百人，陈懋等攻其右掖，但进攻失败，李彬攻其左掖，敌殊死奋战，朱棣率骑兵冲击，马哈木不支溃去，追至土剌河，生擒数十人。此次激战中，内侍李谦恃勇，擅自引皇太孙在九龙日出战，险遭不测。朱棣闻知，立即派兵追回，李谦畏罪自杀。瓦剌在此次战役中虽然大败而去，但明军也有伤亡，朱棣遂下令班师，退军到饮马河。

此后，阿鲁台击败马哈木，向明遣使献俘。

永乐二十年（1422年），阿鲁台进攻兴和城，将明都指挥使王焕杀死。于是，又使朱棣下定再次出征的决心。

永乐十九年（1421年）十二月，朱棣召集群臣商议北征之事，朝中主要官员表示反对。兵部尚书方宾、户部尚书夏原吉、刑部尚书吴中反对的原因是粮食不足。夏原吉说："频年师出无功，戎马资储，十丧八九，内外俱疲。"（《明史纪事本末》卷二十《亲征漠北》）成祖非常生气，命夏原吉到开平清查粮储，旋即逮回，方宾吓得自杀，吴中下狱。此次北征的粮饷被英国公张辅议分为前后两批，前批与大军同行，后批运输随之赶上，共用车17.7万余辆、民夫23万余人、运粮37万石。

永乐二十年（1422年）三月，以太子监国，明成祖率领10万大兵亲自出征。

明军出发后，阿鲁台得到消息逃跑。明军进退两难，沿途阅兵演武，缓行待命。

四月，明军至龙门，将阿鲁台逃跑时弃的2000匹马收回。五月，至独石，驻开平。

六月中旬，明军来到达答兰纳木儿河附近。陈懋、金忠报告，前锋军已到河畔，仍不见阿鲁台的骑兵影子。于是，英国公张辅等受明成祖朱棣之命带兵四下搜查。张辅回报，此处山谷已搜查了方圆300余里，也没见到阿鲁台的一兵一骑。张辅请给一月粮食继续搜查。明成祖朱棣看此地如此广大，难以搜查，遂于六月二十一，下诏班师。

此时，军中粮食缺乏，以至朱棣不得不将御膳赐给士兵。有人献计命军中有余粮者可借贷给缺粮者，入塞后由官府加倍偿还。

明大军分东西两路回师，预期在开平会合。明成祖亲率东路军由近路返回，七月初七沿途经过清水源，命令大学士杨荣、金幼孜等撰写文书纪行，刻在高达几十丈的悬崖石壁上，说是“使后世知朕曾亲征过此”。十七，到达距开平尚有十一日路程的榆木川。自定都北京以来的三年间，朱棣亲自率兵三次出征，徒劳往返于途中，因积劳成疾体力日益衰弱。此时，他对没有听夏原吉的忠告感到后悔。他于九月初八返回北京，并对此次出征所谓的胜利进行庆祝。同时留下武安侯郑亨、阳武侯薛禄守升平，预防敌兵南侵。

永乐二十年（1422年）夏天，朱棣从边将的奏报中得知阿鲁台有再次南侵的可能，而边将的消息又是从鞑靼投降的将兵中获得。朱棣不甘于前次的出师无功，决意再度北征。他对臣下说：阿鲁台一定以为我不会再出兵，我当领兵先到塞外等他，一定能成功。七月，朱棣亲自领兵出宣府北进。命宁阳侯陈懋为前锋，统领陕西、甘肃、宁夏三镇兵，自西路包抄。

八月由宣府北进，到达万全。九月，朱棣进军到万全西阳河，从鞑靼降官口中得知消息，阿鲁台已被瓦剌脱欢击败，与部落已仓皇北逃。明军又一次处于进退两难的境地。同月，陈懋前锋军进至贺兰山后，蒙古贵族也先士干率部众降明。

十月，到达上庄堡，先锋陈懋远出追敌，无收获，路上恰巧遇到鞑靼王子也先士干率妻子部属前来投降明军。陈懋将他引荐给朱棣。也光士干被封为忠勇王，赐姓名金忠，封其甥把罕台为都督，部属察卜等为都指挥。遂班师，于十一月返回北京，文武群臣跪在道旁齐呼万岁。北征鞑靼又算是取得了胜利。

对蒙古边疆安危的忧虑，已使朱棣晚年百病缠身。阿鲁台降而复叛，让他难解心头之恨。但两次出兵均无成果，虽然他表面宣称取得了胜利，却掩饰不住内心的惭愧。

永乐二十二年（1424年）正月，大同、开平又奏报阿鲁台部队来袭。降明的金忠力请出兵，愿为先锋作战，以表对明军的忠诚和对阿鲁台的愤恨。于是，朱棣再次亲征蒙古。这次亲征是朱棣第五次亲征蒙古，距离朱棣第四次亲征的时间不到一年。在间隔这么短的时间，国家频繁用兵，还是劳师远征，百姓自然承受不住。尽管国库空虚，朝廷仍然不得不支持朱棣亲征，否则相关人员就要被问罪，不是发配边疆就是打入大牢，甚至被杀头。

阿鲁台非常聪明，专门打游击战。明朝大军前来征讨，他就急急忙忙卷起铺盖，逃得无影无踪；明军走了之后，他再南下侵犯边境、抢夺财物。朱棣担心朱高炽继位后对付不了阿鲁台，他心一横，拖着年迈的身体，亲自出征。朱棣为了明朝的帝国大业，连生死都置之度外了。

走了五个多月，明军终于来到阿鲁台的巢穴达达兰纳木尔河。但是，除了缓缓而逝的河水外，什么都没有。阿鲁台听说朱棣亲征，吓得跑了。其实，这个时候的朱棣已经垂垂老矣，可以说离死亡不远了，一路上的颠簸，再加上朱棣年老病多，他已经是躺在床上只有气呼出来没有气吸进去的人了。眼见朱棣不行了，随行大臣和武将们就商量对策。可是，这帮文臣和武将的隔阂太大了，说不到一起。

以张辅为首的武将说，他们愿意立下军令状，领取一个月的粮食，深入大漠，无论如何，一定提阿鲁台的人头来见朱棣。张辅是名将张玉之后，又建立了平定安南（今越南）的奇功，很多武将都追随他。

杨荣不同意，他说大军走了五个多月才到达达兰纳木尔河，如果再继续待下去，就算朱棣的身体撑得住，也会闹粮荒，无论如何，一定要班师回朝。武将们想建立军功，不想无功而返。可是，阿鲁台是大漠的地头蛇，很难找。如果张辅领了一支军队花了两个月的时间都没找到阿鲁台怎么办？

商量来，商量去，还是没想出来办法，文臣和武将却吵得越来越凶。听着这群人激烈地争吵，朱棣有气无力地说了一句：班师回朝。皇帝发话，没人敢反对。第五次出征同第四次一样，白白耗费人力、物力和财力，结果一无所获。

走了两个多月，明军七月回到翠微岗。朱棣感到自己不行了，遂召见杨荣说了几句知心话。他告诉杨荣，自己戎马一生，经过无数次战斗，最终不得不服老。太子朱高炽监国已有20多年，受到的磨炼够了，对政务已经熟悉了，应该能够得心应手地处理全国大小事务。回到京城后，他就要将大权交给朱高炽，自己腾出时间，好好享享清福。

杨荣听后对朱棣说，朱高炽仁厚爱人，一定会处理好全国事务，不会辜负朱棣的期望。这些年来，太子遭到朱高煦无数次陷害，非常艰苦。朱高煦即使被朱棣调到安乐州后，仍然不死心，还在打着皇位的主意。

军中的武将大多支持朱高煦当皇帝，张辅就是朱高煦的好战友。杨荣之所以坚持要求班师回朝，主要是害怕朱棣死在外面，被朱高煦同伙军中的其他将领乘机发动兵变、篡夺皇位。如果军中将领趁朱棣死亡造反，杨荣等文臣则手无缚鸡之力，必然被朱高煦控制。到那个时候，朱高炽的皇位就会被抢夺。

一路上，朱棣的身体状况一天比一天差。杨荣很担心，祈求上天保佑朱棣活着回到京城。但是，上天没保佑朱棣，大队人马刚刚走到榆林，朱棣就断气了，享年65岁。更令杨荣感到害怕的是，朱棣临死前单独召见了大将张辅。

张辅是朱高煦的好战友，他们的情谊是在战场上建立的。杨荣无法知道朱棣对张辅说了什么，更不能确定张辅的立场。面对事关成败的关键一刻，杨荣只能先发制人，走一步险棋——封锁朱棣的死讯，暂时不发丧。

朱棣的一生有功，也有过。对于国家而言，他的功劳很大。“知人善任，表里洞达，雄武之略，同符太祖。”（《明史》）意思是说，朱棣英明神武，雄才大略，同太祖朱元璋一样。

在朱棣的带领下，明朝“六师屡出，漠北尘清。至其季年，威德遐被，四方宾服，明命而人贡殆三十国”。（《明史》）这话的意思是，朱棣率领军队开疆拓土，实现了四方宾服、万国来朝的美梦。曾记否，有两个小国家的国君，来到明朝后就不想走了。死了之后，他们也不愿回国，而是希望能够被埋在中国。

“（明朝）幅员之广，远迈汉唐！成功骏烈，卓乎盛矣！”（《明史》）在中国历史上，明朝的版图，只比元朝的小一点儿，可见朱棣的贡献不小。当然，《明史》也指出，朱棣“革除之际，倒行逆施，惭德亦曷可掩哉！”（张廷玉《明史》）朱棣的过，大多是对人犯的，例如登基之际大肆诛杀士大夫。

史学家费正清从人民的视角和国家的发展前途这两个层次评价朱棣，

从这两个层次论述朱棣的帝国大梦带给朝廷和百姓的都是灾难。“永乐帝的国内计划和对外征战的花费是巨大和浪费的；它们给国家和黎民百姓造成了异常沉重的财政负担。这些计划的耗费引起了诸如夏元吉和李时勉等朝廷官员的批评，前者反对对蒙古的第三次征讨和郑和的几次远航，后者反对在北京建都。还有人对征剿安南而造成人力和物力的紧张状况，对漕运制度以及其他国内计划和对外的冒险行动发表了反对的意见。”（费正清《剑桥中国史·明史》）因此，朱棣千古一帝美梦的实现，是以对百姓的压榨和对谏臣的惩罚为代价的。

从国家的长远发展来看，帝国大梦也有贻害。“永乐帝留给明代后人的君主们一项复杂的遗产。他们继承了一个对远方诸国负有义务的帝国、一条沿着北方边境的漫长的防线、一个具有许多非常规形式的复杂的文官官僚机构和军事组级、一个需要大规模的漕运体制以供它生存的宏伟的北京。这只有在一个被建立帝国的理想所推动的朝气蓬勃的领袖领导下才能够维持，这个领袖不惜一切代价，并愿意把权力交给文官，以保持政府的日常职能。”（费正清《剑桥中国史·明史》）

也就是说，如果想要继续维护大明帝国的统治，后继者必须拥有朱棣的帝国大梦的内驱力和实现帝国大梦的才能。可是，明朝后来的统治者缺乏朱棣的远大抱负。后来的皇帝不能满足国家发展所提出的要求，国家自然就要崩溃。从这个层次论述，明朝的败亡，朱棣早就埋下了祸根。

从永乐八年（1410年）到永乐二十二年（1424年）朱棣为打击蒙古贵族的军事势力，勿辞亲自北征，取得了一定的成效，无论在政治上、军事上均给蒙古部落以强大的压力，大大加强了边防。但是，在战略战术上，朱棣并不精明，动用大军50万，行军线路基本固定为由宣府、开平经应昌北上克鲁伦河。此线路恰恰对蒙方有利，蒙方利用战则进、不战则走的战略与明军对抗，明军因而战果甚微。

第四章

承业曲折历艰险　再创盛世谱序篇

仁宗朱高炽于永乐二十二年（1424年）八月十五登基，洪熙元年（1425年）五月十二病逝于钦安殿，享年48岁。明史说他“东宫监国，朝无废事”，“在位一载，用人行政，善不胜书。使天假之年，涵濡休养，德化之盛，岂不与文、景比隆哉。”由此可见，仁宗在位时间虽然很短，却承成祖之初治，启宣宗之大治，在明代史上享有重要地位，对朱明帝国也是有很多贡献的。

承业曲折，历尽艰险

明仁宗像

永乐二十二年（1424年）八月，朱高炽即皇帝位，是为仁宗，他在治国方面颇有建树。仁宗在治国方面是个英明君主，但他继承父亲朱棣的皇位却是非常艰难的，可谓是历尽艰险。

由于明成祖朱棣是以藩王起兵夺得帝位的，因此，他对藩王权势过重的祸害自然十分清楚。但是，他是援引“祖训”的名义起兵的，是以藩王利益代表者和保护者的身份“清君侧”的。因此，他即帝位后，既要表面上维护祖宗成法，又要削除实际上来自藩王势力对新政权的威胁。

永乐元年（1403年）正月，朱棣恢复了被建文帝贬削的几个藩王的爵位，并有所赏赉，示之以恩。但时隔不久，他便找各种借口，把谷王迁到长沙、把宁王迁往南昌，并削去代王、岷王和辽王的护下兵。齐王在长沙骄纵不法、阴蓄刺客、私造兵器，并拘留告发他的朝廷官吏，朱棣便把他废为庶人。后来，谷王也以谋反罪被废。宁王到南昌后，有人告发他“诬蛊诽谤”之罪，朱棣派密探侦查，但未找到证据，不了了之。他从此行韬晦之计，终日以鼓琴读书自娱，总算平安无事。永乐十八年（1420年），周王被控企图谋反，第二年朱棣召他入京，把揭发他的状纸拿给他看，周王赶紧叩头请罪，回到封地主动献出了自己的护卫兵。这样，经过几年的削藩，势力最大的几个藩王的护卫军队几乎全被解除，中央集权得到了进一步加强。

解除来自藩王的威胁后，最令朱棣头痛的是选定皇位继承人问题。成祖朱棣共有四个儿子，长子朱高炽、次子朱高煦、三子朱高燧，都为徐皇后所生。四子朱高爔早夭，生母不详。长子朱高炽，性情温和、端庄沉静、喜好读书，每次听廷臣讲经论道，不论盛夏酷暑、隆冬严寒，从不间断。洪武二十八年（1395年）朱元璋亲自册封他为燕世子。当时秦、晋、燕、同四个世子都在宫中教养，太祖经常考试他们各自的才具。一次，太祖令他们分别检阅皇城卫卒，其他三位世子都检阅完毕很久，朱高炽才回来奏报检阅结束。朱元璋问他为什么这么迟才完毕？他回答说："寒甚，士方食。"朱元璋夸奖他有恤下之美德。但朱高炽体弱多疾，尤其是体胖跛足，走起路来一瘸一拐，故不受朱棣宠爱。而朱高煦、朱高燧的性格与为人，则与朱高炽大不相同。朱高煦性情暴躁、诡计多端，是一个十足的无赖。朱元璋在世时，曾将诸王之子集中到南京，聘请名师教他们学习文化和治国安民的经验。朱高煦对读书十分反感，举止轻佻，朱元璋很讨厌他。燕王就藩北平，他也久居于此。朱元璋病逝时，朱棣派他们兄弟三人赴京参加葬仪。舅舅徐辉祖劝朱高煦改恶从善，他不仅不听劝告，反而盗走徐辉祖的良马，不等丧事办完便渡江北归。途中，他恣意妄行，凡遇到自己以为可疑或不顺眼之人，便行杀戮。经过涿州，又故意制造事端，鞭笞驿丞，几乎致死。涿州地方官将他在这里的所作所为上报朝廷，朝中大臣莫不大吃一惊。但朱高煦骁勇有力，深得朱棣宠爱。靖难战起，朱高煦立功卓著，白沟河、东昌之战，皆因其力战而使燕王转危为安。建文四年

（1402年），燕兵已至江北，盛庸败之于浦子口，燕王正欲议和北还，适值朱高煦领兵到来，燕王抚其背说："吾病矣，汝努力，世子多疾。"于是朱高煦殊死奋战，大败盛庸军，使南北两军战局为之改观。

朱棣夺得帝位后，朝中便围绕着立谁为太子的问题，展开角逐。亲近朱高煦的淇国公丘福等人，在皇帝面前夸耀他屡建奇功，当立为太子。燕府旧臣只有兵部尚书金忠以为不可，朱棣犹豫不决。一天，诸臣应制题《虎彪图》。图画一虎领众彪，作父子相亲状。解缙援笔成四绝句曰："虎力百兽尊，谁敢触其怒？惟有父子情，一步一回顾。"朱棣知其意，立令朱高炽归，并于永乐二年（1404年）四月立其为皇太子，同时封朱高煦为汉王、朱高燧为赵王。朱高煦原封云南，但不肯就藩。永乐十三年（1415年），朱高煦改封青州，但仍赖在南京不走，朱棣也无计可施，听之任之。

朱高煦不学无术，粗野横蛮的习性变本加厉，居南京时为所欲为。他强行挑选各卫所的精锐士卒，加上擅自招募来的3000名壮士，组成自己的武装。指挥部下四处抢掠，无恶不作。南京兵马都指挥徐野驴职责所系，逮捕了为首行劫的军士。朱高煦反而上门问罪，用金瓜打死徐野驴。有关官员惧怕他，没有人敢如实上奏。

永乐七年（1409年）以后，朱棣因北征和筹划迁都常留居北京，命太子在南京监国。迁都前"政本犹在南"，北京称"行在"。永乐十九年（1421年）定都北京，太子始自南京北归。其后，朱棣又屡有北征之举，太子也处于监国地位。监国时期，朱高炽及其侍从辅导之臣历尽艰阻，储位几失于汉、赵二王构陷，他的政治经验及作为也是从这个时期获得及开始的。

监国的职责是处理日常政事。永乐七年（1409年），朱棣命礼部定《太子留守事宜》，规定“惟文武除拜，四裔朝贡，边境调发，上请行在，余常务不必启闻”，当时留辅太子诸臣，如尚书蹇义、金忠和阁臣黄淮、杨士奇等，皆不失为良佐，但太子所行之事，常因汉、赵二王进谗格而不行。辅佐监国大臣也常遭受不白之冤。永乐八年（1410年），发生了解缙“私觐太子”案。解缙是永乐内阁臣僚，很有才华，朱棣也颇倚重他。立太子之初，他对朱高炽立为皇太子起了关键作用，因而遭朱高煦等人的忌恨。朱棣对朱高炽时常不满，也多次想更换太子，他宠爱朱高煦，礼秩超过皇太子。解缙对此多次劝谏朱棣，认为这“是启争也，不可。”朱棣认为这是离间他们父子，故此后对解缙恩礼浸衰。不久，丘福拥立朱高煦为太子的谋议传布到外廷，朱高煦乘机陷害解缙，说他泄露朝廷机密。永乐五年（1407年），解缙被谪戍交趾。永乐八年（1410年），解缙入京奏事，当时朱棣正在北征，解缙谒见皇太子后即返。朱高煦又说解缙有意识地等朱棣在外时私觐太子，没有人臣礼。朱棣听后大怒，将解缙逮捕入狱，并行酷刑。大理丞汤宗、宗人府经历高得旸、中允李贯、赞善王汝玉、编修朱纮，检讨蒋骥、潘畿、萧引高、礼部郎中李至刚等一并被打入大牢。王汝玉、李贯、朱纮、萧引高、高得旸瘐死狱中。永乐十三年（1415年），解缙也被害而死。这是朱棣因太子争立而兴的第一场大狱。

朱棣的“靖难之役”之成功，也得力于宦官通风报信。朱棣即帝位后，为巩固“逆取”而得的政权，又重用酷吏监视内廷和外朝。故永乐元年（1403年），朝中这两股势力很强。太子监国偏要打击这两种人，于是朱棣对朱高炽更为不满。加之朱高煦从中煽风点火，朱棣对朱高炽愈加猜疑。太子地位及东宫官属、留辅大臣人不自保。永乐十年（1412年），大

理寺右丞耿通上谏朱棣，说："太子事无大过误，可无更也。"朱棣很不高兴。汉王朱高煦又造作谣言，说耿通受太子之托为朱高炽开脱。朱棣大怒，命都察院会文武大臣鞠之午门，并说："必杀通无赦！"群臣遵照圣旨行事，论耿通之罪当斩。朱棣还嫌不够，说："通为东宫关说，坏祖法，离间我父子，不可恕，其置之极刑。"廷臣不敢争，最终按奸党罪将耿通处以极刑。耿通成为捍卫太子地位的又一个牺牲者。

永乐十一年（1413年），朱棣去北京巡幸，令皇太子朱高炽在南京监国，并让尚书蹇义、学士黄淮，及洗马杨溥等一起辅佐太子监国。杨、黄等大臣均系东宫大臣，他们辅佐和支持朱高炽处理事务，深得太子的敬重，当然，也就成为阴谋夺嫡的朱高煦的眼中钉，他想借机将他们除掉以免后患。

永乐十二年（1414年）三月，朱棣带着皇太孙率领大批将士从北京出发，北上亲征瓦剌。六月，朱棣率领军队胜利返回，返程途中驻扎在沙河时，兵部尚书金忠等奉太子命派使前去迎接。当朱棣到北京时，迎接皇上的使臣晚去了一会儿，朱棣生气了。当太子奏书由金忠呈给皇上阅后，皇上认为此奏书言辞不当，大怒道："这都是你们辅佐的过错。"此时，汉王朱高煦便乘机向皇上进谗言，说这是太子与诸臣有意这样做的，是对皇上不忠的表现，以此来造谣中伤他们。朱棣听信了朱高煦的谗言，下令立即将尚书蹇义，学士黄淮、杨士奇，洗马杨溥、芮善及司经局正字金问等人扣押。在被押往京师途中，因有谕旨，蹇义得以返回南京，剩下的人待回京之后下锦衣卫狱中。杨士奇、金问二人继杨溥之后于第二天到京。朱棣说："杨士奇姑且可以宽恕。朕未曾认识金问，何以得侍东宫太子？"下令逮捕金问。之后不长时间，又召见杨士奇，询问太子与此事的关系。

士奇拜见皇上之后，称颂太子对皇上非常孝敬，前几天迎驾迟缓都是因臣下辅佐有罪。于是，朱棣又将士奇打入狱中。事隔不久，朱棣又特地将他赦免，恢复原来的职务。而黄、杨等人在狱中被关了10年，狱中的杨溥等人，处境险恶，随时可能遭到杀害，但他们并不因遭受打击而沉沦下去，反而更加不屈不挠、意志顽强、发奋读书。

永乐十三年（1415年），朱高煦私募兵士组成自己的精壮武装，又常以唐太宗自比。朱棣逐渐意识到朱高煦将成为祸害。一次，朱棣问尚书蹇义，朱高煦是否有夺嫡之谋，蹇义不敢回答。又问杨士奇，杨士奇回答说："臣与义俱侍东宫，外人无敢为臣两人言汉王事者。然汉王两遣就藩，皆不肯行，今知陛下将徙都，辄请留守南京，此其心路人知之。唯陛下早善处置，以全父子之恩。"朱棣默然。当他查知朱高煦的种种不法行为后，决定处置朱高煦，将其王子冠服剥去，囚之于西华门内。后因太子说情，朱棣不予深究，但于永乐十四年（1416年）削除朱高煦两护卫，徙封山东乐安州（今山东惠民）。朱高煦迫于形势，终于怀着不满的情绪离开了南京。

朱高煦夺嫡失败，朱高燧加紧了迫害太子的活动。会有陈千户者，擅取民财，事情败露，太子令谪交趾立功。数日后，念其有军功，复宥之。于是，朱高燧所亲宦官黄俨向朱棣进谗言："上所谪罪人，太子曲宥之矣。"朱棣大怒，立即将陈千户杀死，并逮捕东宫官属周冕等人，皆下狱死。朱棣又开始怀疑太子。

永乐十六年（1418年）六月，朱棣在北京令礼部侍郎胡濙赴南京密查太子言行回奏，且嘱奏字须大，即或奏疏晚至也便览阅。胡濙尚能持正，到南京后每天随大臣上朝，凡见太子所行善处，退而记之。居稍久，杨士奇怕事有变，对他说："公命使也，宜亟行。"胡濙以治冬衣未完回辞。几日后，胡到安庆，以太子诚敬孝谨七事奏闻，朱棣方始释疑。朱棣晚年多病，常不视朝，朱高燧之党认为时机已到，于永乐二十一年（1423年）策划了更为险恶的夺位阴谋。当时朱棣因病不上朝，中外之事全由太子处理。太子往往裁抑宦官，尤其憎恶黄俨、江保这两个宦官。黄、江两人整日在朱棣面前讲太子的坏话，并传布流言，说朱棣想让朱高燧即位。赵王的护卫指挥孟贤等遂起邪心。钦天监官王射成对孟贤说："观天象，当有易主之变！"孟贤听后信以为真，加紧了阴谋活动，他与其弟孟三，常山左护卫老军马恕、田子和、兴州后屯卫老军高正、通州右卫镇抚陈凯等人日夜谋划，用重金收买朱棣身边的人，企图在宫中毒死朱棣，等朱棣一死即以兵劫内库兵仗符宝，分兵执府部大臣。还预先让高正等伪造遗诏，交给宦官杨庆的养子，届时废皇太子，立赵王朱高燧为帝。布置已定，高正将此事告诉了他的外甥，即在军中担任总旗的王瑜，王瑜听后大吃一惊，劝道："此舅氏灭族之计！"竭力劝止，高正不听。王瑜不敢隐瞒，立即奏报。朱棣阅罢伪遗诏，十分震怒，立即命令将杨庆养子处死。又对朱高燧说："尔为之耶？"朱高燧心惊胆战，一句话也答不出来。仍旧是太子从中解救，说："高燧必不与谋，此下人所为耳。"朱棣命文武大臣及三法司审查。群臣奏孟贤等犯大逆之罪，且有充分根据，应立即置以重典。朱棣命令道："且先籍其家。王射成以天象诱人，速诛之。贤等更加穷鞫，毋令遽死。"于是下锦衣卫狱严刑拷问，其谋逆之人全部被处死。

太子地位的保全，除东宫官属及辅监大臣匡正不阿外，也有赖其妃张氏和长子朱瞻基。张氏是河南永城县人，出身于农民家庭，洪武二十八年

（1395年）被册为燕世子朱高炽妃，永乐二年（1404年）进为太子妃。她在太子位受到威胁时，不仅从精神上安慰太子，而且想方设法从中周旋。一次，朱棣命诸子比试骑马、射箭，朱高炽因有足疾乞请父皇不让他去参加。不料，朱棣大怒，命有司削减太子的膳食供应，并打算更易太子。朱高炽惶恐不安。一天，朱棣和徐皇后在内苑散步，张妃前来参拜，朱棣颇为高兴。张妃拜谢告辞，匆匆离去，成祖见她急急忙忙的样子，派人问她有何事。不一会儿，只见张妃将亲手烙好的煎饼和做成的热汤敬上，朱棣又惊又喜，遂命她与朱高炽一道用餐，并令有司恢复太子的膳食供应。朱棣又说："新妇贤，他日吾家事多赖也。"史书中也夸赞张氏"操妇道至谨，雅得成祖及仁孝皇后欢。"朱棣初立太子，犹豫不决，问询解缙，解缙称："皇长子仁孝，天下归心。"朱棣不应。解缙又顿首曰："好圣孙。"这里的"好圣孙"指的是朱棣之孙、朱高炽长子朱瞻基。原来朱瞻基自幼聪颖机敏，为朱棣所钟爱，后来朱棣亲征蒙古时特意带上他，有历练之意，为日后为君积累经验。朱棣点头称是，"太子遂定。"及朱瞻基立为皇太孙，巡幸征讨朱棣皆令其相从。故《明史·宣宗纪》赞曰："仁宗为太子，失爱于成祖。其危而复安，太孙盖有力荐。"

永乐二十二年（1424年）七月，朱棣在班师途中病死，遗命英国公张辅，传位于皇太子。英国公张辅、阁臣杨荣、金幼孜和太监马云等人对形势作了认真仔细的分析，认为当务之急应该以社会的安定为己任。张辅当机立断，决定由他们几个人再加上朱棣的近侍海寿临时负责善后事宜，将朱棣的后事处理妥当。

他们决定封锁皇上驾崩的消息，派人密报太子做好准备，用锡棺密放尸体，运送回朝。于是每日行礼进膳照常进行，造成朱棣安然无恙的假象。

杨荣、海寿带着几个精明干练之人，于朱棣去世的当天夜里，火速离开大军赶往北京。一行人终于在八月初二到达京城，把遗诏呈送太子。太子朱高炽连忙命太孙朱瞻基赴开平迎丧。

八月初七，军中才公布皇上驾崩的消息。八月初九，灵柩经过八达岭居庸关时，文武百官、军民在此哭泣迎丧。

八月初十，用锡棺裹着的朱棣的遗体被送到皇宫的仁智殿内。九月初十，朱棣被尊谥为体天弘道明广运圣武神功纯仁至孝文皇帝，庙号太宗。100多年以后，嘉靖十七年（1538年）九月，朱棣被改谥为，启天弘道高明肇运圣武神功纯仁至孝文皇帝，庙号成祖。

永乐二十二年（1424年）十二月十九，朱棣被葬于北京昌平天寿山的长陵中。

埋葬的程序十分繁杂，在斋戒、祭告以后，入葬的当天宫中举行了启奠、祖奠等仪式。登基不久的新皇帝朱高炽站在朱棣的棺椁前，西向而立。皇太子朱瞻基和亲王们，在他之后侍立。内侍奏请灵驾出发后，锡棺被抬出宫门。走在前面的依然是朱棣生前旧御仪仗，后面是神亭、神帛舆、谥册宝舆、铭旌。朱高炽没有出宫，只是送到午门，灵柩是由太子朱瞻基和亲王们护送，前往长陵。在长陵举行安神礼、迁奠礼、赠礼后，棺椁才放入地宫之中，随之还有册宝、明器等物作为陪葬品。

明成祖朱棣在位23年，死时65岁，因年号永乐，又称永乐皇帝。

其实，明成祖朱棣刚刚断气，就发生了一场静悄悄的密谋。近侍马云连忙秘密召集杨荣和金幼孜赶来皇帝大营，商议对策。听说朱棣死了，杨荣和金幼孜都很担心。因为如果朱高煦听到这个消息，一定会趁朱高炽没登基，发动兵变。

乐安府离京城不远，如果朱高煦发动兵变，有很多老将会追随他。如此一来，掌握军事大权的朱高煦就可以为所欲为，结果可能不仅仅是朱高炽当不上皇帝那么简单，可能连杨荣、杨士奇等凡属于太子的人都要遭到灭顶之灾。

朱高煦为了皇位，甚至不惜安插他的儿子朱瞻圻潜伏在京城。朱棣病重的那些日子，来往于京城和乐安府的、为朱高煦父子传递消息的骑兵络绎不绝，就像赶集一样。安排这么多骑兵传递消息，朱高煦只有一个目的，第一时间知道朱棣的死讯。

敌人的城府如此之深，以杨荣为首的太子的人不得不走一步险棋。经过片刻的交头接耳，马云、杨荣和金幼孜决定，暂时不能宣告朱棣驾崩的消息。封锁皇帝的死讯是一项很重的罪，如果暴露出来，可能被灭族。他们三人这么做，等于连自己的身家性命都押上了。

亲征大军一路南下，朱棣的衣食住行照样井井有条地进行。如果不是知道内情的人，一定不会发觉朱棣已经死了，因为一切看去都和往常一样。这期间，整个亲征队伍的管理很严格，一律集体行动，不准许个人单独行动。最突出的一条命令是：如果没有朱棣的诏令，无论是谁，都不能私自离开军营。朱棣已经死了，不能颁布诏令。再说，即使有人矫诏离营，也需要掌管印信的杨荣盖印。如果没有杨荣盖印，无论持有什么样的诏令，都不能出营。可是，此时的杨荣，已经不在军营里了。

制定好密谋后，杨荣就担任起了最为紧要的通报任务。他骑着快马，一路上尽量避开人多的地方，飞速朝京城奔去。杨荣等人能够甘心如此为朱高炽卖命，不是因为朱高炽给予了他们什么好处，而是他们将朱高炽视为理想的贤君，甚至是君子式的朋友。

对于朱高炽和太子势力的人的关系，费正清是这样认为的："朱高炽在早年把大部分时间用于儒术研究上，并接受他父亲挑选的学者的指导。他们之中有杨士奇、杨荣、杨溥和黄淮等人，他们都培植了与他的友谊，并在他登基后担任了重要的行政职务。"（费正清《剑桥中国史·明史》）

明成祖朱棣和明太祖朱元璋都很重视子女们的教育，尤其是儒家的教育。因为身体不便，朱高炽就有很多时间陪在皇帝所选拔的士大夫身边，听从他们的教导。久而久之，朱高炽不仅养成了儒士的性格特点，也与士大夫们产生了感情。

相比之下，朱高煦的成长环境与朱高炽的截然不同。"由于永乐帝本人是一个受过锻炼的指挥将领，他偏爱他的两个较年幼和更好武的儿子朱高燧和朱高煦，并常常带他们去参加征战，使其长子接受了一种不同类型的教育。"（费正清《剑桥中国史·明史》）

在充满奸诈的、血与火的战场，朱高煦和朱高燧养成的是武将的性格。朱棣穷兵黩武，整个国家都被他弄空虚了，士大夫们不希望一个很像朱棣的人继承皇位。从这个意义上来说，朱高炽能够当上皇帝，是整个大明朝发展中各种因素综合作用后的历史性必然选择，而不是人为选择的结果。

1424年的农历八月二十五，朱高炽得知朱棣的死讯，他立即和杨荣、蹇义和杨士奇等人商量，如何顺利地继承皇位，又不激起朱高煦的反抗。经过一番策划，杨荣等人认为朱高炽应该先登基称帝，加强京城的治安，并派人到应天镇守。

自从迁都后，应天的地位一落千丈。但是，百足之虫，死而不僵，应天在明朝的影响仍然很大。想当初，朱高煦迟迟不肯离开应天，目的之一就是想借开国之都应天的名气闹事。朱高炽派去镇守应天的人，是明朝历史上很出名的太监，人称王景弘。将这么重要的任务交给一个太监，可见，太监在明朝的地位不小。朱高炽这个小小的举动，预示了后来大明朝的发展趋势之一，太监的地位越来越重要。

朱高炽登基了，朱高煦才知道朱棣的死讯。在这之前，朱高煦一直被蒙在鼓里，什么都不知道。从表面上看，这次朱高煦的失败，是因为消息不灵通。其实，从本质上来说，朱高煦的失败，根源于文官集团的反对。他没能当上太子，因为解缙和黄淮等人不喜欢他；他陷害朱高炽的阴谋被揭发，因为杨士奇、杨溥和杨荣等人反对他；他想趁朱棣死发动兵变却没成功，因为金幼孜和杨荣等人没给他机会。

文官集团不仅辅助朱高炽登基，还为朱高炽的统治出了很大的力。朱高炽身体不好，脑子也不怎么好用，面临大事的时候，需要咨询老练的杨士奇、处变不惊的杨荣和随遇而安的杨溥。朱棣改组的内阁有七名成员，到朱高炽的时代，内阁成员也有七名，但不是每个人说话的分量都一样重。因为杨士奇、杨荣和杨溥三人在朱高炽的内阁的分量很重，人们将朱高炽时期的内阁称为“三杨内阁”。

九月初七，朱高炽正式登基称帝，他的年号是洪熙。朱高炽称帝后，“三杨”不仅被加封官品，甚至还被授予其他部门的职务，例如杨士奇兼任兵部尚书，杨荣兼任工部尚书。如此一来，“三杨”就不仅仅是提供咨询，还能过问其他在职大臣的行政事务，在必要的时候能对政治施加影响。“三杨”与朱高炽是一条心的，有他们的支持，朱高炽在施行相关政策的时候，就容易多了。

“洪熙帝由于他的背景，与这些重要的朝廷官员有一种亲密的关系；他与其后继者们不同，经常召见他们进行正式会议，要求在他对重要事务作出决定前在密封的奏章中提出意见或建议。这样，内阁不再是像以前明代统治者之下的不能负责的咨询机构，大学士亲自参加了决策。对洪熙大力取消他父亲的不得人心的计划和在全国建立正规的文官政府的行动来说，这种集团领导是必不可少的。”（费正清《剑桥中国史·明史》）

明成祖朱棣在位22年，朱高炽刚为太子时只有27岁，一直等了20年。到永乐二十二年（1424年）七月，朱棣病死，朱高炽即位时已经47岁。明朝诸皇帝中，多是青壮年即君临天下，个别者甚至是幼年即位，这是明朝皇位传承的一个鲜明特点。朱高炽这种47岁才登上皇位的情况，在明代是十分罕见的。

赈灾免税，利国利民

明仁宗朱高炽即位后，重视农业生产，与民生息。明仁宗还颁行了许多诸如救济灾民、免除赋税的休养生息政策，并且经常下令让地方官宽以待民、体恤人民疾苦，以缓和阶级矛盾，减轻因连年战乱和迁都带给人民的沉重负担。

在仁宗之前，经历了元末战乱、“靖难之役”和朱棣出兵安南、五入漠北等连连战事，加之修建北京，使得国家民力凋敝、百姓贫困。在他为太子的时候，就格外关心百姓的疾苦。大约在永乐十八年（1420年）朱高炽做太子时，朱棣召他前往北京。他由南京出发，没有游山玩水，而是沿途详细查访当地军民的实际情况，关注百姓的生活访问民情，察看政事。一天，朱高炽来到山东邹县境内，看到男女老幼都在路旁挖野菜，朱高炽下马询问缘由，百姓告诉他因遭荒年，只好以野菜充饥。他又到农民家里查看，所见农民个个面黄肌瘦、衣不遮体，颗粒粮食全无。他不禁心里难过，感慨万千，遂命太监分赐宝钞给每个人。这时山东布政使正好前来迎接，朱高炽一见面就责备他身为地方官员，见到人民挨饿受冻竟不设法救济。布政使告诉太子，凡是受灾的地区，都已奏请减免了今年的秋税。朱高炽听后气愤地说："人民都快饿死了，减税能救百姓于水火吗？赶快开仓放粮，一刻也不准耽误。"布政使准备每人发给三斗粮，朱高炽嫌太少，命令每人发六斗粮。还对他说："不要怕皇上降罪，我回朝后会奏明一切。"

仁宗朱高炽在位期间，更加体恤民间疾苦，凡是遭受自然灾害的地区，他都下令减免赋税，发放官粮赈济灾民。

永乐二十二年（1424年）九月，黄河决口，河南开封被淹，灾情严重，人民流离失所。朱高炽下令免除开封地区当年的赋税，并派遣右都御史王彰前去安慰灾民。当月工部向皇上上奏，建议征收布漆，以整修军备。朱高炽下令：自此以后，官家所用物料一律到产地以钞买之，禁止向百姓征收，违背者按律治罪。治水左通政乐福上奏："江南苏、松、常、杭、嘉、湖六府发生水灾"，请求延缓赋税的征收。朱高炽获悉后准许以钞币代替粮赋征收。直隶广宗县发生水灾，朱高炽得知后命令当地官员开仓放粮，救济灾民。

十月，山东登州、莱州诸郡发生水灾，朱高炽下令免去赋税。因苏州、徐州发生水灾，朱高炽下令免去当年秋天的赋税。浙江乐清发生饥荒，朱高炽下令开仓放粮救济灾民。而且朱高炽下令各地的官员说："凡是国家政策中有不利于人民的一定要上奏，如果当地受灾不立即上奏请求赈济者，必给以论处。"

为了发展农业生产，朱高炽曾多次下令不准干扰农务，并于永乐二十二年（1424年）九月，下令把太仆寺的马分给各卫所以及沿边戍守边疆的士兵牧养，以用于农耕。朱高炽的这种做法是考虑到农业的恢复和发展，怕因牛马不足耽误了农耕。朱高炽曾告谕户部尚书夏原吉说："自古以来寓兵于农；农民若无转输之劳，则兵食足矣，先帝创立的屯田法不错，但是农耕经常受所司征派徭役的干扰，从今以后，对全国各地卫所屯田军士，差役不得擅自摊派，有碍农务，违背命令者要严惩不贷。"

洪熙元年（1425年）二月，在舞阳、清河、睢宁一带发生饥荒，民众四处逃荒，民不聊生，朱高炽下令将受灾县仓储中的粮食发放给灾民，以救济他们。三月，乐亭、连城、莱芜、蓬莱等地发生灾荒，同样，朱高炽也命令将受灾县仓储的粮食分发当地农民。四月，南方的官员说，山东、淮安、徐州等地的农民粮食匮乏，而当地的主要官员对此不予理睬，仍然加紧征收赋税。于是，朱高炽向蹇义查问情况。蹇义答道："确实如此。"朱高炽命令杨士奇草拟诏书蠲免山东、淮安、徐州当年夏税的一半，所有的官买物料一律停止。杨士奇说："必须令户部、工部知晓。"朱高炽说："救民如救火，不可稍有迟缓。主管官员一定会因考虑国力不足，而犹豫不决，以后再通知他们好了。"于是令杨士奇在西角门草诏，皇上阅览完毕立即颁行。朱高炽对杨士奇说："体恤平民百姓宁可过厚，作为天下之主，怎么可以与百姓斤斤计较呢？"大名府、河南、山东等地发生饥荒，朱高炽闻讯便下令要发仓储赈济灾民。朱高炽仅仅在位10个月，但他时刻想着“以民为本，以农为本”，贯彻实行与民生息的政策，这对调动农民的生产积极性，使农业不断向前发展有积极作用，同时也稳定了社会政局。

朱高炽告谕户部大臣说：“农业是农民衣食之源，耕耘收获，不能误了时节。从现在开始，无论什么时候，不要把差役放在务农之前，而要等到劳动力有闲余时再征派。前人曾有过放弃农耕而滥发徭役，致使农耕遭到妨碍，引起天下暴乱之教训，我们必须警惕。”京城附近大兴、宛平二县的县官被朱高炽召见进京，旨谕他们将百姓安抚好，让农民首先感受到政策上的恩惠，并说，最近几日，徭役之事仍困扰着在京的百姓，这些难道不是因为你们做州县地方父母官的失职造成的吗？并下令三天为限，让县官将民间何事便利、何亭不便全部具体报来，由皇上亲自处理。如果地方官吏对朝廷的旨意置之不理，将论罪惩处，毫不姑息。

朱高炽在位的短暂期间里，先后对受灾的大名府和昌邑等地区的22个县，或开仓赈济，或减免赋税。

三杨辅政，直言执政

由于明仁宗朱高炽长期监国，他深深感到朝政大事必须得依赖于朝廷诸臣与君主的密切配合。

因此，朱高炽即位后，选用一批品行端正、德高望重的大臣，提高阁

权，优待“三杨”为首的内阁大臣与夏原吉为首的六部大臣，多次颁布诏令，请他们上朝当面直言进谏，辅佐朝廷大政，共同治理天下。

朱高炽一改其祖父和父亲乾纲独断、武断和粗暴，能够任用贤臣、虚心纳谏，得到了众多朝臣的拥戴。即位之初，他为了鼓励群臣直言陈事，不要有任何顾虑，特意刻制有“绳愆纠谬”四个字的五枚银章。愆是过失，谬是错误，“绳愆纠谬”是纠正过错的意思。他把刻字银章分别赐给吏部尚书蹇义、户部尚书夏原吉和大学士杨士奇、杨荣、金幼孜五位大臣。五位大臣都是辅佐明成祖朱棣的元老，是办事秉公、直言进谏的老臣。朱高炽再三叮嘱他们，要同心协力参政议事，凡察觉自己的言行有失当之处，可写好秘奏，加盖此章，就能立即传达给他，便于及时纠正错误。

夏原吉是朱高炽重用的一位大臣。他尽职尽责，敢于直言，不怕犯上。永乐十九年（1421年）冬天，朱棣准备征讨瓦剌，向他询问边镇粮草情况。夏原吉告知，粮草只够边军不足以供应大军，并借机劝谏朱棣身体欠安不宜出征。朱棣大怒，将其下狱，籍没家产。当查抄他的家产时，除了皇帝的赐钞之外，别无余财，家徒四壁只有些布衣瓦器。后来朱棣在军中病逝前想到了夏原吉，不禁慨叹：“原吉爱我！”朱高炽得知朱棣的噩耗后，立即将夏原吉从监狱中释放出来，官复原职，共商丧礼之事。后来“罢西洋宝船，迤西市马及云南、交阯采办”，都是“从夏原吉之奏也”。

杨士奇也受到朱高炽的倚重，任礼部侍郎兼华盖殿大学士。他能够秉公办事，敢于直言。其实，杨士奇在朱高炽刚刚即位时就被召见，朱高炽对他说：“今后朝廷大事，全依仗蹇义与你了。”杨士奇不负皇帝的厚望，办事公平合理，直言上疏。朱高炽派遣监察御史前往全国各地，对地方官吏进行考察。这时，蹇义、夏原吉上奏皇帝说：“户部尚书郭资在任职期间，常常阻碍政事顺利处理，而且身体又多病，应令其退休。”朱高炽对蹇义、原吉的话半信半疑。于是，又召杨士奇来询问实情。杨士奇回答说：“诏书数次下令要蠲免受灾农民的税赋，可是郭资执意不听，令地方主管官员仍依旧额征收。这乃是他为政的最大失误。”朱高炽听后，颁布诏令：郭资由原户部尚书晋升为太子太师，命其退休。

有一次，朱高炽接到吏都上奏，说舒仲成在前朝任职期间有一些过失。朱高炽听后，便命都察院将其拘捕予以惩治。这时，杨士奇上疏劝止说：“小臣犯罪的有很多，陛下即位时，天下大赦，已经宽恕了这些人，如今再追查前事，则今后皇帝的诏令谁还能相信呢？例如汉景帝为太子时，召见卫绾，卫绾以有病为借口，而不见景帝。等到景帝即位后，却进用卫绾，受到后人的称赞。”朱高炽看了杨士奇的上疏，高兴不已，立即下旨免去对舒仲成的拘捕，并对杨士奇的直言上疏予以褒奖。

洪熙元年（1425年）正月初一，朱高炽在奉天殿召见文武官员，命礼部、鸿胪寺不作乐。先前，礼部尚书吕震奏请皇上，在元旦改年号这天，按照朝廷礼仪的惯例，应当奏乐以示庆贺，皇上不听。但吕震仍坚持作乐的请求。这时，大学士杨士奇、黄淮、杨荣、金幼孜都认为陛下言之有理。第二天，杨士奇等人又受朱高炽召见，朱高炽对他们说：“作为君主以接受直言为明主，作为臣子以能够直言为忠臣。假如昨日朝会听从吕震之言，到现在后悔也来不及。从今以后，朕所作所为有不当之处，请诸臣直言不讳，不要考虑朕不从。”之后，分别赏给每人银钞，以资鼓励。

当时普通官员很少进言。朱高炽针对这种状况颁布敕谕，大意是：“朕继承大统，君临百姓之上，天下之广，国事繁多，一人怎能独自应付得了呢？各位文武官员是贤能之士，皇帝只有依仗你们，齐心协力，共图

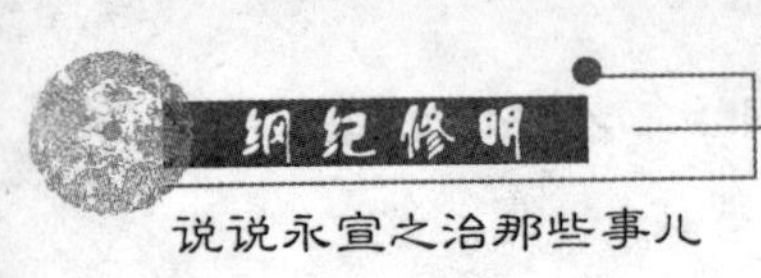

大业。因此刚一即位，首先诏告朝廷内外，寻求直言上谏。可是现在过了这么长的时间，直言者寥寥无几……你们都受国家培养，朕对你们寄予厚望，不要害怕直言受到谴责，要君臣同体，休戚与共，来辅助朕管理好国家。”朱高炽希望廷臣能直言上谏，充分体现他心胸宽阔、有胆有谋。朱高炽为政10月，除“三杨”等名臣外，直言上谏的人并不多。但仅是“三杨”的谏言，也使朝政风气为之一新。

洪熙元年（1425年）四月，有许多大臣进言对时政大加称赞，唯独杨士奇进言：“如今流亡迁徙他乡的百姓未归，困乏的处境并未恢复，很多地区的农民还缺少粮食，应休养生息数年，太平盛世才能够实现。”朱高炽欣然采纳士奇的建议，又对蹇义等人说：“朕赐予你们‘绳愆纠谬’银章，希望能够秉公上谏，只有士奇一人上疏五次，其他人一次也没有，难道真是朝政无误，所有的百姓都已经安居乐业了吗？”诸臣叩首谢罪。

尽管朱高炽鼓励直言，但也不乏虚伪之时，虞谦因坚持直谏而被贬就是一例。

虞谦，字伯益，金坛人。洪武年间，曾经在杭州担任知府的官职。永乐初年，他被召为大理寺少卿。永乐七年（1409年），皇太子朱高炽奏请父皇，让虞谦担任右副都御史，在江浙地区担任巡抚。朱高炽即皇位后，虞谦被召回北京，改任为大理寺卿。虞谦任职期间，尽心尽力主持政务，各地所上报的诉讼案件，他都要认真详细地阅读案宗，仔细区分真假，以使最后的判决公平、公正。他曾经对别人说道：“他们的无憾，就是我的无憾。”

永乐二十二年（1424年）十月，朱高炽皇帝即位不久，在朝廷内外颁下诏书，责令群臣秉公直言，对朝廷的所得所失作出评论。虞谦应诏上言陈述七件大事，每件大事都切中当时的流弊。第一，慎重用人。他说：要想帝业兴旺，国家昌盛，必须要做到用人得当。如果用人不当则帝业衰亡。第二，兴办学校。教书育人是学校的根本。第三，端正风气。第四，广储蓄。国家仓储空乏，必须预先积储，以备灾荒时需用。第五，爱惜民力。重视发展农业，缺少马的郡县应该分到军马，用于农耕，促进生产的发展，增加百姓的收入。第六，流通货财。要广泛地开源节流，增加收入。第七，惩治奸宄。由于各地方州县的盗贼很多，应于各州县编制里甲，使之互相监督，对犯罪的人予以惩治。虞谦对皇帝直言上疏，陈词尖锐，每次都能击中要害，由此激怒了朱高炽。朱高炽说他言辞过于偏激，小题大做了。礼部尚书吕震、都御史刘观等人认为，向皇上献殷勤的机会到了，为了讨好皇上，便上疏劾奏虞谦。

在吕震、刘观等人的挑拨下，朱高炽更加生气，将虞谦降职为少卿，他朝参的资格也被免去。从此，上言陈述时政弊端的人就不多了。在上奏前，曾经有的大臣建议，虞谦应秘密陈述于皇上，不应在上朝的群臣面前公开上奏，免得皇帝的尊严受损。当时，大理寺属官杨时习就劝过他，这个劝告没有被虞谦采纳，他仍坚持公开上言，结果皇帝给他降职的惩处，而劝阻虞谦公开上言的杨时习，却被皇上提升为大理寺卿。

此后不久，杨士奇因事上奏，但之后却没有立即退朝。朱高炽便问："你还有什么想要说的吗？莫非是为虞谦的事情吗？"杨士奇非常镇定，不慌不忙地为虞谦申辩道："虞谦历经三朝，深懂大臣之礼，往日政绩显赫，今日所犯的过错甚微，皇上不应给予他如此重的处罚。"杨士奇又请朱高炽降敕引过，朱高炽听了杨士奇的话后说道："我也后悔啊！"之后，虞谦被朱高炽恢复官职为大理寺卿，但朝参的资格仍未恢复。

虞谦虽被恢复官职，但不能参与朝政，为此，杨士奇又继续上疏说："如今各地前来朝拜的大臣都在，岂能都知道虞谦的过失！此事如果张扬传播出去，有人会说皇帝不能采纳直言，此事可就大了。"朱高炽听了杨士奇的话，恍然大悟，说："这都是吕震误了朕。上言朕是支持的，只是谦所言过激了。你可以将朕所说的话传告天下人士。"杨士奇回答说："此事并不是臣等不能传告天下，只是臣认为应以玺书广布天下。"于是，朱高炽命杨士奇代为起草敕书，承认自己的过失，并命令百官群臣不要为虞谦之事而担心，应继续直言上疏。他在敕书中说："前几天大理少卿虞谦上疏陈述当时朝政大事时，言辞过于偏激，但多为实事，朕当时有些接受不了。群臣中有的为了讨好皇上，交章劾奏，请求把他绳之以法，朕没有听从，仍然恢复他的原职，但还是不让他上朝参奏。此后，上朝进言的人日益减少，难道他们真的认为国家无事可言吗？朕在对待虞谦上疏之事的处理上，一时不能容忍，事后何尝不悔恨自己啊！今后文武群臣，只要是对国家社会有利的事情，都要及时上疏，向朕陈述，对于当前政令抗行不当、积弊已久的事情，也要及时直言，千万不要因虞谦的例子而回避朕啊！以后，我们君臣要相互共议国政，今允许虞谦参与朝奏如旧。"

朱高炽在杨士奇的直言劝谏下，免去对虞谦的处罚，恢复了他的官职，并允许他参与朝奏，又引以为戒，下罪己诏告谕文武百官。不久，虞谦被封为副都御史，前往四川负责停止采木之役。临行前，虞谦被朱高炽亲自召见说："你平常一向清廉正直，帮助朕前往四川处理扰民之役，不要猜疑和害怕。"

朱高炽在即位的第三个月，为了广开言路使朝臣不要有后顾之忧，敢于大胆直言，进谏除弊革新之策，专门颁布诏书：

朕承大统，君临亿兆，亦惟赖文武贤臣共图大业。嗣位初首诏直言，而涉月累日，言者无几。夫京师首善地，民困于下而不得闻，弊胶于习而不知革。卿等宜尽言时政之得失，辅以至诚，勿虑后遣。

朱高炽这种求贤若渴的精神，使朝野上下吏治清明，百姓得以安居。

在他即位的第四个月，针对一些地方官吏执行“恤民政策”不得利的情况，遂即派出御史十数人分巡各地，考察官吏的政绩。要求他们不可徇于私情，勿惧权贵淫威，要查明事实秉公处断。他们之中，如有违犯法纪之事，一律严惩不贷。朱高炽把“力君以受直言为明，为臣以能直言为忠”当作座右铭，经常告诫群臣和官吏，使他们能够尽职尽忠。

有一个太监在四川采办木料时，贪赃枉法，侵扰百姓。朱高炽得知后，特命弋谦为副都御史前往查办，并特意交代弋谦，不要心存任何顾虑，只管严处。后来朱高炽不仅严惩了这个太监，而且停办了四川的采木之役。

实际上，朱高炽虽然一向以纳直言来标榜自己，实际上他是厌恶群臣的宣言上谏的，并时时予以折辱。在对虞谦的处理上，由于杨士奇等重臣的极力劝说，表面上引过自咎，实际上在内心深处他还是憎恨、讨厌别人对自己的指斥。虞谦被他派到四川办事，等于是明升暗降，实际也是一种变相处罚。这也体现了朱高炽虚伪的一面。

实施仁政，再创盛世

明仁宗朱高炽有“仁君之识”，从很小的时候就体现出来了。也正是由于他实行的仁政，为盛世谱写了序篇。

明仁宗朱高炽的祖父朱元璋和父亲朱棣虽然功绩显赫，但都是性情暴戾的暴君，往往乾纲独断、十分武断和粗暴，常因为小事就将大臣逮捕下狱，甚至动辄杀戮、滥杀无辜，制造了好几起血腥大案。但他们的接班人朱高炽的性情却与他们截然相反，他的性情温和、仁厚。

明仁宗朱高炽从小并未长在深宫，所以他接近百姓的机会较多，了解百姓的疾苦，且性格宽厚仁慈、柔弱寡断。史书记载：朱高炽册立为燕王世子后，来到南京祖父朱元璋的身边。一次，朱元璋命他与秦王、晋王、周王三个世子分别检阅武士卫卒。其他三人很快检阅完毕回来交令，而迟迟不见朱高炽归来，待他回来后，朱元璋冷冷地问他："为何迟迟不归？"高炽认真地回答："早晨天气寒冷，我等着士卒们吃饱饭后，才开始行动，所以回来晚了。"祖父微笑着点头称道。

后来朱元璋又命几位世子分阅大臣的奏章，朱高炽向祖父禀报的都是与军民百姓利益相关的大事，而奏章中的错别字从不挑剔。朱元璋指着奏章对他说："孩子，你疏忽了，这几处错误你没有看出来。"朱高炽却直言不讳地回答："孙儿没有疏忽，这不过是小毛病，不是对皇祖的不恭敬。"祖父又问他："怎么你选的尽是些上报灾情的奏文？"他回答："孙儿觉得民以食为天，现下有的地方灾情严重，民不聊生，这是最紧急的事，才请皇祖优先处理。"

朱元璋有一次试探他："古代尧、舜时候，水旱灾严重，百姓靠什么生活呢？"朱高炽毫不犹豫地说："靠的是圣明天子恤民之政。"朱元璋听后非常高兴地说："孙儿有仁君之识矣！"对朱高炽更加另眼看待，在朱棣面前经常夸赞朱高炽的仁慈宽厚和爱民如子的胸怀。这对日后能够保住摇摇欲坠的皇太子之位，也起到了有利的作用。

当时，朱高炽在朱元璋身边以一个青年王子的身份，能够爱惜军卒、体恤百姓，是非常难能可贵的。

朱高炽仁慈宽厚的胸怀表现在对他的两个弟弟上，他的两个弟弟高煦和高燧为了夺取王位千方百计陷害他，而朱高炽却能宽厚对待，以德报怨。

朱高煦和朱高燧当太子的梦想破灭，心中十分恼火，但也不甘心就此罢休。朱高煦一方面，迫害拥戴皇太子的大臣解缙等人，解缙不久就被害致死；另一方面，想方设法寻找机会，加害于朱高炽。朱棣把朱高煦封到云南，他以地远为由，不肯就藩，后改封山东青州，他仍赖着不走。朱棣训斥了他一顿，命他必须到封地去，他假意应允却仍不离京。趁朱棣北征之机，私造兵器，招募士卒3000多人，准备谋反。事情败露后，朱棣将他囚于南京的西华门内，打算废为庶人。当时竟没有一个大臣为他求情，反而是受尽了弟弟陷害的皇太子朱高炽出面讲情，朱高炽不但不落井下石，而是向父亲陈情力救，终于说服了父亲，保住了胞弟的王位。永乐五年，朱棣把朱高煦封往山东的乐安州，并限令即日启程。

皇太子朱高炽的地位，在朱棣心里虽然已巩固，但三子朱高燧仍不死心。朱棣因经常有病不能临朝，内外政事都交写皇太子朱高炽处理。他曾裁减了一些不法的太监。这使朱高燧及其同伙更加心怀不满，不但到处编造谣言，说皇上有意传位给高燧，且在暗地里策划了一起宫廷政变。永乐二十一年五月，常山中护卫指挥孟贤，纠合羽林前卫指挥彭旭等人，秘密串通高燧的心腹太监黄俨，图谋用毒药害死朱棣，并伪造诏书昭示天下，拥立高燧为帝。

一切都布置停妥，常山中护卫总旗王瑜，是黄俨的外甥，得知此事后，力劝舅父切勿参与这起诛灭九族的勾当，但黄俨不听劝阻。王瑜急速报知朱棣，参与的人全部处死，一场政变被彻底镇压下去，并搜出了伪造的诏书。朱棣怒气冲冲地质问朱高燧，朱高燧吓得浑身颤抖，一言不发。还是这位仁慈的兄长、皇太子朱高炽再次为三弟解脱，推说都是下面的人干的，与朱高燧无干，从而保住了赵王朱高燧的王位。这些事情都说明，明仁宗朱高炽具有仁君之识。

朱棣尸骨未寒，朱高炽刚刚继位，就敢改动父亲朱棣制定的法令。前面说过，朱高炽监国期间，因为朱棣制定的很多法令十分严苛、不得人心，他就私下改了很多。朱棣发现后，大肆打压太子党，将严苛的法令重新恢复了。现在，朱高炽当上了皇帝，朱棣又死了，没人能够阻止他更改严苛的法令。最值得提起的是，朱高炽告诫司法官根据法律宣判，如果司法官利用权力干违法的勾当，后果很严重。另外，宣判死刑前，司法官必须再次复查对犯人的指控。如果不复查，就以失职罪论处。

朱高炽即位后，另一个令人瞩目的“仁慈”行为是，为建文遗臣平反。建文遗臣，是指忠于建文帝朱允炆的文臣集团，他们在朱棣夺位后，因不肯依附而遭到残杀，还一度被列入“奸臣”榜。

朱高炽下令赦免那些因为“靖难之役”被罚为奴的官员家属，并且由国家送给他们一定量的土地，既当作国家赔偿，也为稳定这些人的生活。如果是被灭族的人，全国政府尤其是相关主管部门，无论多么困难都要仔细查访，看有没有侥幸逃过一劫的族人。找到这些侥幸逃过一劫的族人，要立即上报，中央据此拨付赔偿。

当年齐泰和黄子澄都被灭族，齐泰有一个年仅六岁的小儿子，因为年龄不够，特赦杀头之罪。死罪可免，活罪难饶，被罚去守卫边疆。朱高炽下诏，再次特赦齐泰的儿子，让他安安心心回家。黄子澄有一个儿子，全家被灭族时，他更改姓名逃过一劫，朝廷查到他的踪迹后，朱高炽也下诏赦免。

方孝孺的气节很令朱高炽感动，尽管他被灭十族，按理说不会有什么亲戚和朋友，朱高炽还是下令找寻方孝孺的亲人。怀着儒家的理想人格，朱高炽认为，像方孝孺这样的忠臣义士不应该绝种。在他的心里，方孝孺不仅是天下读书人的种子，也是天下有气节人的种子。

找来找去，终于找到一个与方孝孺沾得上亲戚关系的人。方孝孺有一个叔叔名叫方克家，方克家有一个儿子叫方孝复，他被罚去守卫边疆。听到这个大好消息，朱高炽即刻下令，让方孝复回家。大难不死，遭受种种困难后，还能回到家乡是天大的好事。可是，回到家的方孝复发现，亲人都死了，家只是一所空空荡荡的房子。当此情境，即使是铁石心肠的人，也会心酸落泪。

紧接着，朱高炽组建了一个调查小组，调查朱棣在位期间的经费开销。“洪熙帝最关心的是，他父亲耗费巨大的种种计划所引起的黎民百姓的财政困境。”（费正清《剑桥中国史·明史》）他派遣调查组到几个主要的地方政府去查纳税负担，调查出来的结果令朱高炽很心痛，因为百姓的负担很重。自此，朱高炽颁布了很多减轻人民负担的法令。“他还免除受自然灾害的人的田赋，并供给他们免费粮食和其他救济物品。”（费正清《剑桥中国史·明史》）

朱高炽身为明代“盛世”的君主，知道治理国家的根本是爱惜民众、保存农力与牲畜，发展农业。为此，他多次颁布诏令要求废除一切不利于保护牲畜、发展农业的法令。牲畜作为农业生产的最基本的劳动工具，对发展农业、维持农民生活是必不可少的。因此，朱高炽把禁止私自宰杀牲畜，作为一条法令颁行全国。

有一次，太常寺的主管官员向朱高炽上奏说："最近，专门饲养供给祭祀用的纯金色的全体羊越来越少、供不应求，请求内库发给钞币，派遣官员到产羊集市购买。"朱高炽看完奏折，立即批示道："作为百姓的父母官，必须爱惜民力，而后才可以供奉神灵。朝廷侍奉神灵，难道不舍得花钱吗？去年负责办理此事的主管官员不顾全大局，按照洪武中期的价格到集上购买祭礼的牲畜。实际上，任何商品的价格，随时都依赖市场的行情变化而变化，不会是固定不变的价格。现在比较洪武时期，民间各种物品的价格已涨了几十倍，然而祭神之物，却仍旧按照原来的价格，百姓的利益因此受到损害，民众怨声载道，愤愤不平，神灵岂能享受供奉？今后供祭祀用的牲畜，必须按照京城的市场价格给钞购买，如果在产地购买价格不足，当地政府应从所罚赃款中补发给百姓，这些应由当地主管官员执行。另外，巡抚御史监督畿辅之内市场，按察司负责监督畿辅之外，严禁低价收购牲畜，切勿骚扰百姓，损害他们的利益。"朱高炽这种爱惜民力的思想是难能可贵的。

所谓"法"，是一个国家用于维持国家统治秩序，保护人民的生命财产安全的法律制度。法律、法令的执行应该公平。封建社会的君主作为最高统治者，无疑要对法律有充分的、深刻的认识，所有开明的君主都应秉公执法、不徇私情、不滥行酷法，而实行仁政，以取信于民，使法律、法令成为维护社会长治久安的根本保证。

朱高炽，是位开明贤能的君主，他决心以执法公正，实行仁政来振兴国家。他告诫负责处理刑事案件的刑部与都察院的主管官员说：“朕对于刑法，不敢依个人的意志而有所改变。你们处理刑事诉讼案件，也应当广集各种材料和情况，仔细辨别案情的真伪，依据真凭实据，秉公处理，从而达到有罪能绳之以法，无罪者不白白受冤。只有执法者公正办案，才能使法律严明而取信于民。这样一来，天下人才都有所忌讳，而不是无视法律而为所欲为；从而使天下太平，百业兴旺。”朱高炽又进一步指出：“你们不可对真相实情不明，只凭个人主观愿望和主观判断，或迎合朕的意思，导致无罪的人含冤而死。朕厌恶这样的行为，更不准许这样的事情发生，你们要引以为戒。身为国家的重臣，国家的重任在你们身上，如果某一时候朕怒气冲天，怀恨在心，对某一案件处理不当，希望你们能向朕直言，以达到执法公正、无私，不要令朕失望啊。”可以看出，朱高炽深深认识到，执法公正与否是治理国家的关键。

朱高炽既主张秉公执法，又主张废除酷刑，实行宽政。洪熙元年（1425年）三月，朱高炽下诏说：“刑法是用以禁止暴乱行为，引导民众行善的，不是专门用来诛杀。所以，法律、法令制度的制定，要轻重适度。作为执法者，更要依法据实秉公处理，切勿冤枉好人，滥施酷刑。此后，所有有犯罪行为人的定罪都要以法律为依据。当朕由于个人过于愤怒，超越刑法之外用刑不当时，你们必须秉公上奏，帮助朕改正。假使你已上疏五次，仍没被采用，还要联合三公大臣一起上奏，直到得到允许才可停止。”

他还说：“各主管刑狱的法官对囚犯不得实行鞭背与宫刑这两种酷刑。从今往后，只有犯有谋反大罪的，才给予株连亲属的刑罚。自古以来，凡是开明盛世，都采纳听取民间的进言，作为警戒、教训。现在奸诈狡猾的人，往往从只言片语中大做文章，对好人进行诬陷、攻击，使好人背上罪名被打入狱中。这样刑法不公，民众则无法可依了。以后，只对诽谤他人的予以惩治，对于上告之人不要治罪。”朱高炽又告谕刑部尚书金纯说：“最近以来，掌管刑法的官署应专门处理那些妄加罪名肆意罗织的案件。法律要讲求宽大。”金纯上承皇帝的旨意，对犯人实行宽大处理，而且属下的狱吏也常被告诫，不许擅自用椎击打犯人。从此之后的一段时间，狱中打死人的事情没有发生过。

朱高炽严禁施行酷法，时时告诫朝廷内外文武大臣，应该端正执法风气，实行仁政，爱护天下百姓。百姓受到感化，国家才能日渐兴旺起来，社会也会日趋稳定。

朱高炽不仅执法公正，为人也宽厚、仁慈。他在为皇太子时，就懂得要关怀、爱护士兵。即位之后，他凭借自己长期监国的丰富经验，实行开明政策，广施恩泽，体贴民众，采取与民休息的政策，以争取人心归附，达到社会长治久安的目的。

依照明朝的旧制，必须是紫禁城内直属皇帝控制的亲军属下的各卫军士，才有资格成为守卫皇城的将士。这些将士担负着神圣使命，那就是保证皇帝及其家族的安全。因此，要对他们进行严格挑选、考察训练，然后再委以重任。同时皇城卫士必须是忠实可靠的人，而且能够长期使用，所以要求这些将士必须忠于职守，不能轮流更换。为了确保皇帝的安全，他们还必须与外界隔绝，甚至不能和自己的妻子、儿女和父母相见。

朱高炽即位后，意识到以往守城将士均是亲军，且又不得更换的旧制存在着很大弊端，便下决心要改革这种旧制。他怜悯生活艰辛的守城卫士，说："守城卫士长期守卫皇城，不分昼夜，极为辛苦、劳累，加上长年累月不能更替，甚至不准回家休息，无法与父母、妻子儿女团聚，实在是太残酷了，于情于理都说不过去，必须加以改革。"于是，他下令从分散各地的卫军中，选出精明强壮的卫士，以更换那些长期守城的将士，让他们有机会进行休整。为此，兵部尚书吕庆上言说："守卫将士事关重大，怎么可以相信分散的卫军呢？"朱高炽笑答道："对人不能全信，也不能全都怀疑。作为人君要广施仁爱，以博得众心。以诚得其心，方能化敌为友，如若失去人心，即使是亲信也会反目。古人云：舟中敌国，盖既往多有之矣。"朱高炽关心士卒的疾苦，并施以恩泽，博得了他们的拥护和爱戴。吕庆等诸臣也都被朱高炽的仁爱之心感动。

朱高炽与大臣们这种良好的关系与感情，极大地影响了他登基后的政策。

朱高炽与建文帝朱允炆都是朱明建国后的第三代传人。他们与祖父朱元璋，父辈朱标、朱棣都有所不同，在君主独裁与统治集团内相对民主化的选择方面，更倾向于后者。

朱高炽即位后实行的仁政，其实就是一种宽松政策。这恰恰迎合了当时文人士大夫们的利益与理想。他除了在其登基的诏书中规定罢西洋宝船，停止迤西市马和云南、交趾采办外，还施行了一系列善政。多年监国经历使他积累了丰富的政治经验，而即位又使得当年根本无从推行的政治主张如今终于能够变成现实了。

洪熙元年（1425年）的一天，散朝后，朱高炽留下杨士奇和蹇义两人。他们三个人也没谈什么国家大事，也没谈个人将来的计划和打算，只是说一些过去的事情。说了几句后，朱高炽情至深处难以自拔，当着杨士奇和蹇义这两个老臣的面，竟然流出了眼泪。

朱高炽的意思是，他监国20多年，时时刻刻都遭到小人的暗算。如果没有“三杨”等人死力辅助，他可能早就死了，怎么能够当上皇帝呢？这些年来，无论时局多么险恶，道路多么艰难，“三杨”等人都站在他这一边，他很感动。

皇帝热泪盈眶，再仔细回想这20年来所遭遇的困难，杨士奇和蹇义也感触良多，真是千头万绪，一时之间不知道从何说起，也纷纷掉下泪来。他们三人流着眼泪，将20年来的经历都仔细回忆一遍，忆苦思甜，就像好朋友一样。

这个时候，在锦衣卫的诏狱里待了十多年的杨溥，终于等到属于他的太阳了。朱高炽放他出狱，提拔进入内阁加以重用。这些年来，杨溥在环境恶劣的诏狱里，吃得又不营养，因而落下了一身怪病。可以想象，如果没有将读书作为一种寄托，杨溥早就对未来灰心绝望了。

朱高炽是个仁慈的皇帝，对朋友很好，对敌人也很好。掌握真正的实权后，他为很多遭遇打击和陷害的人平反，对该加官补偿的加官补偿，对该发放财物补偿损失的发放财物。一句话，凡是因为他而遭到打击的人，朱高炽都尽力弥补。不仅如此，对那些曾经陷害他的人，朱高炽也不深究。有才能的、能够为国家贡献力量的，他尽量留在朝廷；无才无德的无用之辈，朱高炽也是只将他们贬为平民，逐出朝廷。

但是，好人总是很难被人理解，朱高煦就非常不能理解朱高炽。即使朱高炽登基称帝了，朱高煦仍然不甘心。尽管遭到朱高煦的种种阴谋和暗算，“朱高炽对他并不怀恨在心。朱高炽登基后不久就增加了这个亲王的

俸禄，并授予他的几个儿子爵位。不幸的是，朱高煦始终未认错。”（费正清《剑桥中国史·明史》）

从当时的情况来看，朱高煦仍然这么猖狂是有道理的，原因很简单，朱高炽活不长。朱高炽的身体很不好，当上皇帝后他的病情越来越恶化，身体一天比一天差，稍微有一点儿病理常识的人都知道，照这个样子恶化下去，朱高炽肯定活不了两年。上次没抓住朱棣驾崩的机会，朱高煦很不服，无论如何这次一定要抓住朱高炽去世的机会，趁机称帝。朱高煦已经被当皇帝的梦给迷昏了，如果当不上皇帝，他死都不闭眼。

事实证明，朱高煦的感觉是对的，朱高炽活得不长。朱高炽在位的时间，粗略算一下不到一年。他九月正式登基，到下年新年这段时间，仍然要用他父亲永乐的年号，不能用他的洪熙的年号。也就是说，尽管朱高炽1424年的农历九月登基，也要到1425年才算洪熙元年。

是的，好景不长，好人的命更不长。洪熙元年（1425年）五月，朱高炽当皇帝不到一年就死了。关于他的死因有几种说法，第一种是被雷击死，第二种是中毒而死，第三种是过度纵欲而死。“但是一名太监的报告说他死于心脏病发作，考虑到皇帝的肥胖和足疾，这种说法更为可信。”（费正清《剑桥中国史·明史》）

“在位一载。用人行政，善不胜书。使天假之年，涵濡休养，德化之盛，岂不与文、景比隆哉。”（《明史》）短短几句话，既点出了朱高炽的历史功绩，也指明了他壮志未酬身先死，很令人惋惜。

纵观朱高炽的一生，他是历史所盛赞的理想性的开明儒家的贤君明主，他以古代贤王为楷模，坚持简朴，广施仁爱，更为重要的是，他对人很诚恳，没有城府。只有朱高炽，才做到了既是朝臣的君主，也是朝臣的

朋友这一身而二任的事。

从国家发展层次论述，朱高炽大力巩固明朝和纠正永乐年间的严酷和不得人心的经济、军事和工程计划，因而受到一致的赞誉。他的出发点是贤君明主和儒家观念，他的许多政策和措施都反映了这种对力君之道的理想主义向往和儒家思想的认识。

诚如《明史》所指出的，费正清也给出了自己的论断：“过早的死亡阻碍了洪熙帝去实现一切目标，但尽管如此，他留下来的遗产仍是一清二楚的。除了人道主义的社会活动外，他对儒家的政治理想——一个道德上坚毅的皇帝采纳学识渊博的大臣们的忠告统治天下——也做出了贡献。在他统治时期，他十分信任翰林学士，他把他们提升到负有很大责任和很大权力的职位上。”（费正清《剑桥中国史·明史》）

明仁宗朱高炽在位期间，依律拟罪，宽刑省狱。他为什么要这么做呢？成祖朱棣与太祖晚年用法较重，大臣动辄下狱。然而，朱高炽受儒家学说影响较多，认为开明的君主要实行仁政，讲求法律的公正，避免滥用酷刑。洪熙元年三月，他下诏严禁官吏滥用刑法，处理案件要依据事实，依据法律，秉公办案。诏书中说，刑法的作用是要禁止残暴邪恶，引导人民向善，而不是专门用来杀人的，所以今后断案都要依律拟罪；办案部门不得鞭打囚犯，不得使用宫刑，有敢自宫的人以不孝论处；除非是谋反大罪，其他罪行一概不许株连亲属；对于民间议论，不许以诽谤罪加以压制；如果皇帝因为过于嫉恶而法外用刑，那么法司要上奏劝阻，五次上奏不得可，须同三公、大臣联名上奏，必须等到皇帝答应停止为止。这是一道让臣下和老百姓欢欣鼓舞的诏书。

另外，朱高炽还十分重视节约，采取了减少开支的一系列措施。例如：为宫廷进行采购、烧铸、织造、供应等一切花费的勾当，一律停止，给人民减轻了很多负担。作为一个盛世君主，朱高炽能够洁身自省也是非常难能可贵的。

朱高炽非常爱惜民力，对自己也要求严格。礼部奏请在冬至时接受大臣的朝贺，他没有同意。他时常以历史上的明君自励，以历史上的昏君自警，曾经谕蹇义、杨士奇、夏原吉、杨荣、金幼孜等人，说："前世人主，或自尊大，恶闻直言，臣下相与阿附，以至于败。朕与卿等当用为戒。"他体恤民情，担心自己的行为加重了百姓的负担。

后人对朱高炽的评价很高，认为他在位短短的一年间改变了朱棣的治国方策，结束了朱棣屡出六军、军民疲惫的状况，使明朝过渡到稳定发展的环境，同时在用人行政方面也有很多可以写入史书的地方。甚至许多人相信，如果他更长寿些，"德化之盛，岂不与文、景比隆哉"。虽然他治理国家的时间只有一年，但是他的儿子宣宗朱瞻基继承了他的传统，沿着他的道路继续前进，迎来大明盛世的"仁宣之治"局面。

朱高炽英年早逝，在位不满10个月。他在位期间，曾竭力兴利除弊，以图有所建树，他起用文臣，组建了中枢统治机构，为以后的统治打下了良好的基础，但不幸的是，其在宏图未展之时便去世了。

然而，个人一生的功绩，不能以生命的长短来计算，而要看他做了什么事。尽管朱高炽的执政时间很短，他做的都是惊世骇俗的、令无数老朽的士大夫瞠目结舌的大事。尽管朱高炽的功绩没有朱棣的大，但历史给他的正面评价很大，甚至大过朱棣所受到的正面评价。

壮志未酬，英年早逝

永乐二十二年（1424年）七月，明成祖朱棣去世。长子朱高炽登位，即明仁宗，改元洪熙。次年五月，仁宗卒，在位不足十月，享年48岁。那么，明仁宗朱高炽为什么会英年早逝呢？从古至今，学者们对此争论不一。

登上皇位时，朱高炽时年已47岁。朱高炽好文辞，为太子时常与侍臣论诗文。官僚邹济、徐善述、王汝玉皆以文学见重，时有诗文书翰之赐。曾问杨士奇如何品评古人之诗，杨士奇以为诗小技，无益于治道，请太子留意六经，闲暇时观两汉诏令。

实际上，朱棣五次大漠亲征，离京时间颇长，期间庶政庶狱，皆由朱高炽处理。故谷应泰说："名为储位，实则长君；名为监国，实则御宇，故人以仁宗之历祚短，而予以仁宗之沛泽长也。"《明史》也说他"东宫监国，朝无废事"，"在位一载，用人行政，善不胜书。使天假之年，涵濡休养，德化之盛，岂不与文、景比隆哉。"由此观之，朱高炽在位虽短，却承成祖朱棣之初治，启宣宗之大治，在明代史上是有地位的，对朱明帝国是有贡献的。

然而，朱高炽在去世前三天还"日理万机"，他从不豫到"崩于钦安殿"，前后仅两天时间。明人黄景（日方）称仁宗朱高炽"实无疾骤崩”（《国史唯疑》卷二）。壮年天子，登基未足一年，“无疾骤崩”，其中必有缘由。但《明仁宗实录》《明史·仁宗纪》等，皆只字不载其死因。朱高炽正当壮年，怎么会“无疾骤崩”？这不能不引起人们的猜测。

有人指出，朱高炽可能死于嗜欲过度。当时有大臣李时勉在朱高炽即位不久上一奏疏，说：“侧闻内宫远自建宁选取侍女，使百姓为之惊疑，众人为之惶惑。”因劝朱高炽“谨嗜欲”。朱高炽览奏后，怒不可遏，即令武士对李时勉动刑，使李险些丧命。朱高炽直至垂危之际，仍难忘此恨，说：“时勉廷辱我。”由此可见，朱高炽因为纵欲无度，李时勉奏疏触及其痛处，否则不会如此耿耿于怀。继朱高炽即位的宣宗皇帝曾御审李时勉，史书记述了这有趣的一幕。

当时有人对朱瞻基（宣宗）说起李时勉得罪先帝的情况，朱瞻基不由大怒，命令使者：“缚以来，朕亲鞫，必杀之。”使者去后，他越想越气，又令王指挥前去将李时勉绑赴西市斩首，不必入见。王指挥出端西旁门时，使者正巧带李时勉由端东门入，没有碰上。朱瞻基见到李时勉，骂道：“尔小臣敢触先帝！疏何语？趣言之。”李时勉叩头道：“臣言谅圈中不宜近妃嫔，皇太子不宜远左右。”听了这两件事，朱瞻基怒气稍解。李时勉说了六事便说不下去了，让他接着说完，他回答说：“臣惶惧不能悉记。”这时，朱瞻基已怒气全消，“是第难言耳。草安在？”他甚至想再看一遍那份疏草。“焚之矣。”李时勉答道。朱瞻基不由叹息，在他的心目中，李时勉已经完全是一位忠臣了。等到王指挥去狱中提人不见回来复命时，李时勉已冠带立于阶前。

也有人认为，导致朱高炽猝死的原因是服用治“阴症”的金石之方，中毒而死。这在明人所著《病逸漫记》中有记述："仁宗皇帝驾崩甚速，疑为雷震，又疑宫人欲毒张后，误中上。予尝遇雷太监，质之，云皆不然，盖阴症也。"当时治疗此等"阴症"恐无特效良药，使一些奸佞之徒有机可乘。《明史·罗汝敬传》中记："宣宗初，（罗汝敬）上疏大学士杨士奇说：'先皇帝（仁宗）嗣统未及期月，奄弃群臣，揆厥所由，皆险壬小夫献金石之方以致疾也。'"可见，朱高炽是为了治疗阴症而服用金石之药，最后可能中毒身亡，由于病症比较特殊，正史中也就无法加以记载了。

但是也有一些学者认为，说朱高炽贪恋女色，恐怕证据不足。有些史书上记载，朱高炽每日勤于政事，建弘文馆，与儒臣谈论经史，终日不倦。后宫除与张皇后相敬如宾外，不恋女色，仅有谭妃一人。

还有一些学者经考察各种蛛丝马迹，指出朱高炽很可能是被其长子朱瞻基，即继仁宗登位的宣宗害死的。当然，这种事情史书上是不可能记载的，仅仅是后人的猜测而已。不过朱高炽刚刚做了九个多月的皇帝就"无疾骤崩"，实在令人怀疑。

对于朱高炽死亡的原因，野史中也有记载：洪熙元年（1425年）四月初七，是皇后张氏的生日，按照明朝定制，皇后寿诞之日，妃嫔、宫女、命妇等人都要到皇后面前行礼祝贺。其中，一位贵妃郭氏是明初勋臣武定侯的孙女，入宫后很得朱高炽的宠幸，曾先后生有皇子三人。郭贵妃也按照礼仪前来拜寿。可能后妃二人早有宿怨，当郭氏给皇后敬酒时，皇后执意不饮。此时，朱高炽只好从中斡旋，他从郭妃手中接过酒杯，对皇后说："贵妃敬酒，你还怀疑什么？"于是举杯一饮而尽，当时郭妃大惊失色。

时隔一个多月，朱高炽身感不适，于五月十二病逝，随后郭妃也自刎

明仁宗的陵墓——献陵

而亡。根据野史的记载，朱高炽是因后妃的矛盾，误饮毒酒而致死的。而明人祝枝山著的《野记》一书中，也是这样记述的。

按《明宣宗实录》记载：朱高炽死后，有五妃殉葬。其中贵妃郭氏曾生育三个皇子，依例不在殉葬范围，但在朱高炽死后，也被列为从葬亡妃。不知是《野记》所载毒死朱高炽一事确有其事，在官方文献中以从殉掩盖事实真相，还是郭贵妃真的“衔上恩，自裁以从天上”。

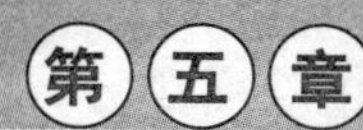

第五章 太孙自幼受恩宠　宣宗即位平叛乱

明宣宗朱瞻基自幼得祖父母的恩宠。他之所以能够受到恩宠，不仅是因为他长得与朱棣极为相似，还因为他聪明机智。宣宗即位之后，汉王朱高煦叛乱，被镇压下去，并没有引起大的震动。宣宗朝是明王朝的鼎盛时期。当时明朝的国策已由洪武、永乐时的严苛趋向平和。但是，宣宗到底是如何登上皇位的？却给历史留下了种种疑团。

太孙出征，聪明机智

皇太孙朱瞻基自出生时便备受祖父母宠爱。皇太孙为什么能够受到祖父母的宠爱呢？这里面是有很多原因的。

朱瞻基是洪熙皇帝朱高炽的长子，出生于洪武三十一年（1398年），在朱瞻基出生的那天晚上，他的皇祖父当时还是燕王的朱棣曾经做了一个梦，他梦见自己的父亲太祖皇帝朱元璋将一个大圭赐给了他。在古代，大圭象征着权力，朱元璋将大圭赐给他，正说明要将江山交给他。朱棣醒来以后正在回忆梦中的情景，忽然有人报告说孙子朱瞻基降生了。朱棣马上意识到难道梦中的情景要印证在孙子的身上，他马上跑去看孙子，只见小瞻基长得非常像自己，而且脸上一团英气，朱棣看后非常高兴，这件事对朱棣下决心发动“靖难之役”也有很大的作用。

早在朱瞻基四岁时，祖父朱棣发动了“靖难之役”，登上皇帝宝座，为他后来的辉煌前程奠定良好基础。因祖父在南京称帝，他也随祖母来到南京。朱瞻基原本是个活泼可爱、性格开朗的北方男孩，来到宫廷后举止却严整肃然。朝廷内外，大小官员对他皆十分赞赏，佩服他小小年纪有如此贵相，纷纷惊叹其必为国之君王，是个名副其实的小天子。

朱瞻基长大后非常懂事，在宫中出出进进都非常尊敬长辈。他从小就喜读诗书，且过目不忘。明成祖朱棣见孙子逐渐长大，聪明灵巧又懂事，心里非常高兴，就早早地为他挑选先生，让他从小接受正规的学习教育。几番挑选，太子少师姚广孝当了他的第一位启蒙老师。姚广孝每天准时在华盖殿给朱瞻基上课。

姚广孝，长洲人，14岁出家，法名道衍，跟随师傅席应真学习。洪武年间，皇帝命令通晓儒学之人来礼部会试，他不接受官职，太祖便赐他僧服而归。太祖去世后，建文帝实行削藩。周、湘、代、齐、岷诸王相继被削藩，道衍便秘密劝成祖举兵征讨建文，于是成为成祖起兵出谋划策的功臣。

姚广孝像

当了皇帝的成祖，授道衍为僧录司左善世，负责处理宗教方面的事务。永乐二年（1404年）四月，拜他为资善大夫、太子少师，仍用姚姓，并赐名“广孝”。朱棣特别敬重他，每每不直呼其名而只叫他少师，便可见对其格外尊重。朱棣曾多次劝他蓄发还俗，并给他宅第和两名宫人，他都谢绝了，仍然住在寺里。姚广孝一直在南京和太子——即朱瞻基的父亲朱高炽在一起。当时，朱棣出征蒙古，出入于南北两都。永乐五年（1407年），10岁的朱瞻基开始读书，姚广孝作为他的老师给他讲学。

姚广孝博古通今、精通战略，各种经书典籍都有所闻。他教给朱瞻基许多治国之术和儒法之道。瞻基认真学习、刻苦用功，姚广孝十分喜欢他。

朱棣除了让姚广孝担任长孙的老师，还要求翰林院内阁大臣在武英殿为他讲学，借此增长朱瞻基的学识。朱棣又非常注意用自己的言行举止潜移默化地影响他。永乐七年（1409年）朱棣巡狩北平时，朱瞻基也跟着。路上看见农田，朱棣便让停车，带着十几岁的孙子到田间看农民辛苦农作，教他认各种农作物和各样的农具。看着地里的庄稼给他讲农民劳作之艰辛，粮食得来之不易。

这些实际经验，使朱瞻基从小就明白要关爱百姓、珍惜农力的道理。后来，朱棣写《务本训》阐述了农民从事农业劳动的艰辛，由此联想到帝王创业的艰难，又引申到任用、赏罚、内治、外戚、饮食、防卫、理财等方面，并且明确指出，这是帝王的为政之道。朱棣信奉儒家，命令负责朱瞻基教学的儒臣，务必要让他掌握儒道之精髓，以治国平天下。

朱瞻基遵循祖父的教诲与培养，随着年龄的增长，学习更加用功了。他禀性聪慧，读书强闻博记，可以灵活掌握书中大意。他每次读书必定从头读到尾，对于书中关于兴盛败亡的内容，他都倍加注意，从中领会诸子百家言外之意的思想本质。朱棣对皇太孙如此勤勉好学，感到十分欣慰。

永乐八年（1410年），朱棣再次亲率大军北征蒙古，指令尚书夏原吉辅导皇孙朱瞻基留守北京，开始处理国事的实践。夏原吉不负皇帝所托，每天清晨早早上朝，辅助皇孙办公。夏原吉处事干练而周全，有一次，一个郎官御史前来请示政务，夏原吉口应手判，神情坦然，一会儿即告完毕。这些，朱瞻基都亲眼目睹而铭记在心。夏原吉卓越的才能深深地影响了朱瞻基，使他对这位老师也更加崇拜与尊敬。

成祖北归后，又命令夏原吉侍从皇孙游历民间，体恤百姓生活之苦。有一天，夏原吉侍从朱瞻基到某处，命随从拿来细碎的黄米进献给朱瞻基，说道："如果殿下吃了它，就会知道农民的辛苦。"朱瞻基经过在乡下的巡视考察，更加体会到祖辈创业的艰难，就像农民百姓终日劳作一样，需要付出极大的代价。他做了皇帝后，实行"休养生息"政策，以及体恤民情的态度都与这段经历有关。

明宣宗朱瞻基自幼就深受祖父朱棣的喜爱，他经常跟随祖父向北巡视，转战蒙古。朱棣一生颇喜战功，出征蒙古是他夺权之后的首要任务。为此，朱棣从永乐八年（1410年）到永乐二十二年（1424年），曾五次亲自出征蒙古，打击了蒙古贵族的割据势力，巩固了中央对蒙古地区的管理。

永乐八年（1410年），50万大军在朱棣的率领下，从北京出发，去征讨鞑靼，随同朱棣一起去的有学士胡广、庶子杨荣以及金幼孜等人。朱瞻基没有参加此次出征，他留守在北京，由夏原吉辅佐主持六部及都察院事务，并负责往前线接运军饷。

永乐十一年（1413年）正月，朱瞻基随祖父朱棣在北京巡幸，其主要目的是将仁孝皇后安葬于长陵。仁孝徐皇后秉性贤淑、善辅朝政，是朱棣最宠爱的人，皇后的意见，朱棣多半都能采纳。仁孝皇后尤善内治，她经常召见宫中的妇人，赐冠服钞币，并告诫她们道："女人伺候丈夫，不应该只照顾他们的衣食方面，而且要随时给他们提好的意见。一般来说，朋友的话，可听可不听，但夫人婉转的话语是比较容易接受的。我朝夕侍奉皇上，常劝他应以人民为重，你们也应该这样做啊！"朱瞻基对祖母的感情很深，并且也很孝顺苦心抚养他长大的祖母。永乐五年，他的祖母忽然患病，不久后便去世了。

朱棣对仁孝皇后的死万分悲痛，特别命令在灵谷、天禧二寺之间大设斋饭，以示对她一生功德的悼念。仁孝皇后死后6年，即永乐十一年（1413年），朱棣来到北京，见北京气候宜人，就此决定将仁孝皇后的灵柩安葬此地。朱瞻基要求一定要亲自前往，共同安葬祖母，以表达自己的哀思与孝心。此行，他又随祖父朱棣到凤阳参拜祖陵，朱棣叫他铭记祖辈们开创江山的艰难。

漠北蒙古贵族的瓦剌部势力于永乐十年逐渐强大起来，不但侵犯鞑靼部的头目本雅失里，而且还常要挟明朝政府、扣留使吏、南下骚扰内地百姓。为此，朱棣决定亲征瓦剌。永乐十二年（1414年）正月，朱棣亲自下诏征调山西、山东、河南及淮安、凤阳、徐、邳等地的民夫15万人，并将粮食运送到宣府。二月，朱棣下诏亲征，任命安远侯柳升，成山侯王通、都督谭青率领左右掖军，武安侯郑亨率领中军，宁阳侯陈懋、丰城侯李彬率领左右哨，都督刘江、朱荣为前锋。三月，朱棣指挥的大军从北京出发了。这次出征蒙古，朱棣带上了皇太孙朱瞻基，目的是让他亲临战场，锻炼一下。朱瞻基这时已是16岁的小伙子了，听说要出征，十分高兴，在祖父的谆谆教导下，加上他天赋聪明，成长很快。

带皇太孙出征，朱棣到底是出于何种考虑呢？他曾对侍卫大臣说：“朕的长孙英俊聪明，胆略过人。他应该亲自体验一下部队的生活，亲眼看到前线战士征战的艰难，知道要保住大明的江山，应付出多少努力。”可见祖父朱棣对皇孙的一番苦心。成祖朱棣对杨荣、胡广、金幼孜等人说：“你们应对朱瞻基多传授一些经史，绝不能荒废了他的学业，这样才可以将他培养成为一个文武双全的人。”

于是，行军过程中，朱瞻基在习武的同时还要学习经典书籍。

四月，朱棣率军驻扎在兴和，在一次大检阅之后，将军队分五路兵马出塞，一齐向漠北瓦剌部进军。五月，大军在杨林城稍稍休息。朱瞻基除了随同祖父一起检阅军队外，在闲暇之时他也寸步不离祖父，听祖父讲述打江山的艰辛，以及后辈如何将江山保住的许多道理，又从中受益匪浅。

六月初，明军在达撒里怯儿地与敌军开始交战，战斗打得非常激烈，双方互有伤亡。铁骑兵在朱棣的率领下，喊杀声震天动地，杀得蒙古军落荒而逃。朱瞻基跟随内侍官李谦在九龙口与敌军交战，战争进行得非常激烈，李谦奋勇杀敌，但由于敌我力量悬殊形势相当危急。朱棣听说太孙参加了战斗，立刻派军增援，这才缓解了危机。

李谦因害怕自己带朱瞻基参战涉险有罪、触怒天颜，自杀身亡。朱瞻基这次随祖父出征，受到了战争的洗礼，方感要守住大明江山的不易。这对他以后的成长产生了深远的影响。八月，他随同祖父撤兵回到北京。

在朱瞻基幼年和少年时期，他的聪明和机智便已锋芒渐露了。朱棣时常在大臣面前夸耀自己的长孙，并要胡广等大臣好好教导自己的长孙，让他多多学习经书典籍。永乐九年（1411年）十一月，年仅14岁的朱瞻基被立为皇太孙，此后，他经常伴随在明成祖朱棣身边，还随其出兵征讨，随着时间的推移，他的文治武功也在增进。成祖朱棣对长孙的文才武略十分赞赏，并对朱高炽说："今后，天下可以太平了。"明成祖朱棣把继承和发展祖宗基业的希望寄托在了他这位聪明、英俊、机智、勇敢的贤孙身上。朱瞻基的父亲朱高炽也认定，因为有了这个儿子，巩固了自己做皇太子的地位。朱高炽与一奶同胞的弟弟朱高煦有着明显的差异，他为人善良、宽厚，精通文武，颇具君主风范，而朱高煦是明成祖的次子，他生性顽劣、狠毒。"靖难之役"时，他跟随父亲征战沙场，屡立战功，便居功自傲，总想将长兄比下去自己坐上太子之位。

永乐二年（1404年），朱高炽被立为太子，而朱高煦被封为汉王。为此，朱高煦忌恨长兄，坚持不肯就藩，并多次想方设法谋害太子，以图伺机夺取皇太子之位。他曾经秘密地对他的左右侍从说："像我这样的文武双全之人，为什么不能做秦王李世民？"又曾作诗云："申生徒守死，王祥枉受冻。"更加露骨地表现出他对父皇的不满，并且流露出意欲夺嫡之意。朱高煦欲争太子之位，朝廷上上下下没有不知道的。当年年仅十几岁的朱瞻基也懂得警惕叔父觊觎储位的野心，并设法为父亲排忧解难。

朱瞻基一改仁柔怯懦的形象，作为皇位的第二继承人，对威胁其父太子地位的人，采取咄咄逼人的反攻势态。

有一次，明成祖朱棣命令皇太子朱高炽与次子朱高煦、赵王朱高燧以及皇太孙朱瞻基一同谒太祖皇陵——孝陵，为先祖扫墓。作为太子，朱高炽当然走在前面，但他身体肥胖，走路也不是很稳，由两个内官扶着也还不停地失足。走在他后面的朱高煦，看了朱高炽的狼狈相，认为这正是戏要兄长的好机会，便当着随同大臣的面，跟在太子身后说道："前人蹉跌，后人知警。"此言一出，被讥讽的太子倒没什么表示，而走在高煦后面的太孙朱瞻基听后，立刻反驳道："更有后人知警也。"朱高煦听罢，回头一看，只见是年幼的太孙朱瞻基，不觉大惊失色，深感在争夺储位的斗争中又增加了一个强劲对手，朱瞻基的机敏回答也令在场的其他人暗暗佩服。

这个故事与"螳螂捕蝉，黄雀在后"的成语颇相符合，也说明了皇太孙朱瞻基在储位斗争中的地位。据有学者考证，认为永乐十四年（1416年）朱高煦谋叛和永乐三十一年（1433年）朱高燧谋叛，都是由皇太孙朱瞻基一手策划的诬陷，也可见皇太孙朱瞻基的厉害。

朱瞻基精明，深知朱高煦辈对自己未来继承权的威胁，便暗中集结力量，在文武大臣乃至宦官中形成自己的势力。每当父亲朱高炽以柔仁面目出现时，他便以刚健相辅，刚柔相济，使无能的朱高炽在权力斗争的风浪中得以保住地位。

朱高炽宠爱聪明的儿子朱瞻基，朱瞻基也用自己的聪明才智，每每在父亲遭遇危急时解救父亲。朱高炽能保住太子之位，与儿子朱瞻基的才智是分不开的。

汉王叛乱，兵败身死

洪熙元年（1425年）五月，太子朱瞻基正在南京，父亲朱高炽突然病故。太子是因为南京屡次发生地震而受命前往居守的。六月中，朱瞻基得到父亲去世的消息便火速赶往北京。本想将朱瞻基置于死地的朱高煦，因朱瞻基行动太快，而没有成功。他们叔侄之间的斗争从此便真正拉开了序幕。

这场斗争，给文官们带来不少好处。汉王朱高煦所依靠的是当初参与“靖难之役”的军人集团，这种历史造成的结果使得朱瞻基从登基开始，就不得不依靠当初父皇身边的一批文臣。历史，有时会出奇地相似，这一切好像在重现20多年前的一幕。那时候是朱棣依靠军人集团从侄儿朱允炆手中夺得皇位，此刻的朱高煦和朱瞻基不是也在将历史重演吗？朱高煦终于决心仿效父亲来第二次“靖难之役”。

由于明仁宗朱高炽生性温厚懦弱，喜读儒家经书，沉静好文，性格与其父朱棣很不相同。所以，成祖朱棣生前对他大为不满，甚至感到厌恶，只因“礼教”和“祖训”的关系，才立朱高炽为太子，但朱棣一直有废朱高炽储位之心。朱高炽长子朱瞻基与其父相反，他善骑射、谙武事，热衷权利、工于计谋，既有祖父的英武，又有父亲的睿智，朱棣在世时，深得朱棣赏识。永乐九年（1411年），朱瞻基14岁，朱棣更将其册立为皇太孙。此后，朱棣无论出征、巡幸，都把他带在身边，以增益见识、开阔眼界。在学业方面，朱棣先后挑选了胡广、金幼孜、杨荣等名士为他讲授经史，即便在行军旅之中也不停止。

永乐十一年（1413年），外藩朝贡，在皇家校场行射箭比赛，年轻的皇太孙朱瞻基出场挽弓搭箭连发皆中，使人们刮目相看。朱棣更是高兴，觉得嫡长孙全然不像其肥笨迟缓、不能骑射的父亲，而很像自己。为了考查这个皇孙，校射毕，朱棣当众对他说：“今天华夷之人会聚，朕有一句上联，‘万方玉帛风云会’，你试着对对看”。话一出口，皇太孙不假思索，叩头对曰：“一统山河日月明”。满场惊叹，朱棣更是喜不自胜，深幸皇太孙文武双全，身后有人。

永乐二十二年（1424年）四月，朱棣第五次亲统大军出塞，征讨蒙古阿鲁台部。大军出塞行程刚过半，朱棣突然一改往日作风，还未遇敌便下令匆匆班师还朝。据说朱棣夜里做了一梦，梦见神人告诉他“上帝好生”，叫他不再出战，因而班师。以朱棣驾崩于归途的情况看，实际上可能是由于朱棣已经发病，感到自己将不久于人世，急于赶回京师安排后事。七月中，朱棣死于归途中榆木川。事出非常，六师在外，随侍宦官马云等仓皇无措，在大学士杨荣、金幼孜等人指点下，秘不发丧。一面遣人随杨荣驰赴京师密报太子，传遗命太子继位。

本来，汉王朱高煦在京中耳目极多，可是事出突然，待到他得到成祖已死的消息时，朱高炽已在北京即位了。朱高煦在关键时刻失了一招，虽然愤怒，却又无可奈何。

朱高炽在京驾崩，消息走漏得极快。京中耳目众多的汉王高煦闻讯后，首先想到的便是截住远在南京的太子朱瞻基，使他不能还京继位。朱高煦派出一支精骑，从乐安州出发，准备在途中截杀太子。不料，太子朱瞻基虽刚刚抵达南京，但对父亲的驾崩却似早有准备，已经间道疾驰，在父亲死后第20天已从南京赶到了良乡，而朱高煦的精骑竟未能追上他。在良乡，朱瞻基接受了继位遗诏，急入京，主持举哀发丧。没等朱高煦再有动作，朱瞻基就已经在灵前即位，成为一代赫赫有名的明宣宗了。

实际上，早在明仁宗朱高炽还躺在病床上的时候，就有两双闪闪发光的眼睛紧紧地盯着他的一举一动，一双是他的儿子朱瞻基的，另一双则是他的弟弟朱高煦的。朱瞻基的那双眼睛炯炯有神，蕴含着青年人才有的无限渴望。朱高煦的那一双眼睛，目露凶光，邪意尽现，是一个集阴谋与野心于一身的、老了仍然不知足的人的眼神。

明仁宗朱高炽的仁厚以及对朱高煦的一贯纵容发展到后来，已使朱高煦的尾巴就翘到天上去了。朱高煦认为，朱高炽不惩治他，不是不想，而是不敢。既然皇帝怕他，朱高煦就认为他自己是世界第一大。眼见朱高炽就要归西了，朱高煦马上策划第二次夺位阴谋。这次行动，朱高煦的心更黑了，下手更狠了，不惜杀害侄子朱瞻基。

在人生的最后一个月，朱高炽有一个伟大的计划，迁都回应天。为修整好应天，安排相关布置，迎接迁都，朱高炽派太子到应天处理相关工作。太子与皇帝异地分居，朱高煦夹在正中间，且离京城很近，为朱高煦

的阴谋提供了可行性。

如果朱高炽死了，太子必从应天赶往京城奔丧。于是朱高煦决定在途中截杀太子。如果太子死了，朱高煦当皇帝的可能性就很大；如果太子不死，他朱高煦就没有一丁点儿当皇帝的可能性。当上皇帝后，朱高煦随便抓一帮人，说太子就是被他们杀死的，也没有人怀疑，因为那个时代有不少拦路抢劫的强人。

朱高煦的想法有很强的可行性，但实现这个阴谋的前提条件是他比太子朱瞻基早知道朱高炽的死讯。如果太子朱瞻基先知道朱高炽的死讯，已经跑到京城奔丧了，朱高煦还不知道皇帝死了，怎么截杀？想当初，朱高炽能够顺顺利利地继位，就是因为朱高煦没能在他之前先知道朱棣的死讯。

很不巧，类似的事情再度重演。朱瞻基已经到京城继位登基了，朱高煦才知道朱高炽死了。接连遭受两个十分雷同，简直就是一模一样的打击，朱高煦差点儿没气死。他之所以没气死，因为他决定起兵造反。

关于朱高煦这次截杀太子失败的事，主要原因还是他太自大了，没有做好准备工作，也没有吸取上次失败的教训。陪侍在皇帝身边的人，不是皇帝的心腹就是太子的心腹，他们都支持太子。与太子相比，朱高煦是一个冷门人物。尽管朱高煦曾经立过战功，但已经是很久以前的事了。朱高炽登基后，时代就变了，大趋势是重视文臣、轻视武将。在这样的大环境下，朱高煦的地位一天天下降，拥护他的人越来越少。

造反的代价很大，如果没有把握成功，就会连命都保不住。朱高煦几次都想造反，但没有一次成功。那么多次失败，好多人已经对他失去信心了，张辅就是其中一个。再说，朱瞻基是一个文武兼备的皇帝，不容易对付。

“朱瞻基习武，又在翰林学士的指导下学习儒家学术。虽然他也有他父亲的那种学习经籍和文学的天资，但作为一个青年，他尤其是一个杰出的武士。”（费正清《剑桥中国史·明史》）朱瞻基在军事战略上的造诣和个人勇猛上的培养都非常突出。还有，朱棣曾经带领他征讨蒙古，并多次带他北上巡游。对付这样一个受到良好教育和历经磨炼的青年人，年老体衰的朱高煦不是对手。没有谁会跟随一个注定要失败的人造反，如果朱高煦造反，最终将会是孤军奋战。

朱瞻基是洪熙元年（1425年）六月登基的。七月，朱高煦陈奏利国安民四事，这实际上是对朝廷的试探。虽然并不是很如意，但朱瞻基还是按其意办理了。

身处局内的朱高煦丝毫没有领会朱瞻基这既有警示，也有安抚，更有弦外之音的处理方式。

次年改元宣德，正月里汉王朱高煦派人入京进献元宵灯。有人告诉朱瞻基：“汉府所派来的人，是以进献为名，来窥探朝廷的。”朱瞻基对此怎会一无所知，他表面上很真诚，其实是采取后发制人之策，以静观其变，他在这方面的克制力达到了令人惊叹的程度。汉王府所要的物件，朱瞻基一一予以满足。依他的性格，是绝不会这样做的，显然是他周围文臣们起了作用。在永乐、洪熙乃至宣德三朝皇帝身边已逐渐形成了一个比较成熟的文官集团。

朱高煦的准备则极不顺利。八月初，他的亲信枚青想约英国公张辅为内应，没想到被张辅送交朝廷。再约山东都指挥使靳荣于济南反叛作为接应，又被山东布、按二司官觉察预防，谋不得发。朝中旧臣不配合，地方官也不打算从乱，朱高煦陷于孤立之中。御史李浚，本在家中居丧，被朱高煦召见，立刻化名换装躲进京城。

八月初一，朱高煦在乐安授官命将，建立五军。五天后，便遣百户陈刚入京进疏，并且致书诸公侯大臣，痛斥朱高炽违反洪武、永乐的旧体制，并指出夏原吉等是奸臣，想重演“靖难之役”那一幕。

朱瞻基直到这时候才宣布出征，他确实做到了仁至义尽。起初决定派阳武侯薛禄将兵征讨，但是，第二天大学士杨荣在与群臣计议时，提出了反对意见。

“皇上记不记得李景隆事件？”他一句话把人们引到了20多年前那场夺位的灾难之中。“对这种事，陛下没必要亲自征伐，但这次是例外，你应该亲自上阵，以平事态。”杨荣十分明确地提出要朱瞻基亲征。朱瞻基没有说话，沉默片刻后，用征询的眼光看了看夏原吉，“以前的事情要借鉴，绝对不可以忘记。”夏原吉猜到了皇帝的心思，“我昨天见了众将领，您可以随时下命令，官兵精神充足，可以说，有夺人之心也。”

20多年前的那场“靖难之役”，杨荣和夏原吉都是亲身经历者。尽管此刻与当初形势截然不同，但他们不希望历史重演，只希望万无一失。这也代表了大多数文臣的主张。

朱瞻基终于在文臣们的劝说下，下定了亲征的决心。武臣中的张辅曾经主动请命出征。当然这场斗争最终是以朱高煦的失败告终的。

宣德元年（1426年）八月，朱瞻基亲征朱高煦，行军十天就到达朱高煦的家门口乐安城。朱高煦的消息很不准确，见到朱瞻基之前，他一直认为征讨主帅是薛禄。看到中央军被皇帝亲征鼓舞得斗志昂扬后，朱高煦就胆怯了，连发布命令的声音都是颤抖的。首领胆小如鼠，兵将们当然亦无斗志，必然连抵抗中央军的勇气都没了。

见敌军毫无斗志，只是惧于朱高煦的淫威才不得不守城，朱瞻基也不想多造杀孽。中央军调动神机营，出动火铳队和弓箭队，一排排的子弹和飞箭纷纷射向守城军士，威慑力非常大。攻势太猛了，守城军士被吓得魂都没了，纷纷逃离岗位。

紧接着，朱瞻基就打心理战。他命弓箭队将敕令射入安乐城，告诉敌军，此次征讨的目的只在惩罚朱高煦，其他人员如果及时醒悟、弃暗投明，中央军不会追究。另外，朱瞻基还特别强调，如果生擒或者斩杀朱高煦，中央军会重重赏赐。本就毫无斗志的叛军读到这个敕令后，不仅毫无斗志，甚至想造朱高煦的反。尤其是朱高煦的近卫兵，时时都伸手捏着他们的刀，恨不能一刀砍了朱高煦。

眼见军队就要发生叛变了，朱高煦不知怎么想的，突然派人出城告诉朱瞻基，他愿意投降。条件是给他一晚上的时间，他要向他的妻子儿女告别。能够和平解决问题最好，朱瞻基答应给朱高煦一个晚上。

第二天，太阳还没升起，朱高煦就想打开城门投降，突然，叛军大将王斌一把拉住朱高煦，他告诉朱高煦，作为军人战死光荣、投降耻辱。朱高煦突然豪气大作，表示宁可战死、绝不投降。

召集起叛军后，朱高煦往高处一站，发表了一通惊天地、泣鬼神的誓与安乐城生死共存的豪言壮语。本来毫无斗志，甚至想杀了朱高煦去领赏的士兵们听了这一番演说后，也激情澎湃、势如怒潮。

在两军对峙，就要喊打的时候，叛军突然发现朱高煦不见了。主将不见，叛军很惊慌，忙四处找寻。找来找去，整个安乐城都翻遍了，就差没掘地三尺，还是没见朱高煦。叛军将领死都想不到，朱高煦发表完演说后，偷偷溜出安乐城，向中央军投降去了。

在造反这出闹剧里，朱高煦连主角都不是，压根儿是一个逗人发笑的丑角。还在行军途中，朱瞻基就算定了，朱高煦一定会死守安乐城，等中央军攻打。关键问题是，朱高煦只有那么一点点人马，怎么对抗朝廷的几十万大军？朱高煦不仅坐以待毙，甚至打都没打就投降了，真是一个十足的小丑。与他老父亲朱棣相比，朱高煦简直一无是处。

按照惯例，为了体现皇帝的权威，朱高煦投降后，中央要派一个口才非常好的人大骂他一顿。朱瞻基是一个很懂文艺的青年，也有修养。“宣德帝是文人和艺术的庇护人，他的统治的特点是其政治和文化方面的成就。”（费正清《剑桥中国史·明史》）他就将这个看似简单，实际对接到任务的人是一个严峻考验的任务，交给一个名叫于谦的人。

仗着皇帝撑腰，于谦尽情发挥大豪才的利口，视昔日位高权重的朱高煦亲王如无物。他口若悬河，滔滔不绝；语似寒风，吹得朱高煦瑟瑟发抖。史料记载，于谦骂得有条有理，逻辑性又强，嗓门又洪亮。朱高煦经受不住摧残，耷拉着的头越垂越低，最后直接趴在地上不停地发抖。

骂人工作都干得这么出色，可以说是千古一绝，朱瞻基很赏识于谦，升他为巡按，派遣到江西工作。朱瞻基是体惜农民的人，他先派遣于谦到江西锻炼，就是希望于谦做一个好官。后来的事实证明，于谦不仅是一个人才，还是一个好官。

被大骂一通后，朱高煦就在西安门的牢房里过起安安稳稳的生活。虽然有点儿不自由，总比被杀头好。朱瞻基像他父亲一样厚道，没采纳大臣们的杀朱高煦以儆效尤的建议。朱瞻基是这么想的，无论知何，血浓于水，只要朱高煦不再犯事，过去的一切都可以原谅。

一天，朱瞻基想念叔叔，就到西安门去看望。两人见面后，不知道朱高煦突然犯什么毛病，猝然玩一个勾脚，把朱瞻基重重地摔了一下。皇帝被暗算，还摔倒了，够丢人。为了给朱高煦一个小小的惩罚，也算是警告，朱瞻基命人找来一口300余斤的大铜缸，将朱高煦罩住。

也许朱高煦觉得大牢里的生活太无聊了，不弄出一点儿好笑的事来不行。被大铜缸盖住后，他竟然使出全身力气，将缸给撑起来了。不仅如此，撑着铜缸的朱高煦很有精神，东撞撞，西撞撞，最后甚至转起圈来。

看着朱高煦撑起大缸偏偏晃晃、东倒西歪地撞来撞去，朱瞻基都有点儿想笑。等到朱高煦越转越起劲，越转越精神，甚至转出一个个大大小小的圈儿后，朱瞻基再也忍受不住。他命人抱来干柴，外加一大堆煤炭压在铜缸顶。一个小小的星火，朱高煦的一生就此结束。

如果朱高煦不挑战皇帝的权威，他不会死得那么早。可惜，他不仅喜欢挑战权威，甚至非常爱在权威面前扮演小丑。他的造反，只是一出历史闹剧。除了逗人发笑和引人深思外，毫无作用。

这是仁宗之治的胜利，也是文臣治国的胜利。凯旋后，杨荣受到赏赐，夏原吉也被赉予加等。另一位内阁大学士杨士奇在这次出征时反对袭执赵王，使朱瞻基得到保全叔父之名，杨士奇得到了更多的信任及赏赐，而汉王朱高煦被彻底孤立了。

朱高炽身边的那些有为的文官，最终聚集在朱瞻基的周围。这一年十月，翰林侍读李时勉被复官，他曾因上疏直言惹怒朱高炽而入狱。

李时勉的复职表现了朱瞻基的宽容大度。当时文官集团中的代表人物，虽不包括李时勉，但他却是当时较有影响的儒臣。朱瞻基的做法得到了文臣的普遍赞扬。

四个月后，在文华殿有五人得到了赏赐。他们是夏原吉、蹇义、杨荣、杨士奇、胡濙。蹇义得到的是“忠厚宽弘”，夏原吉为“含弘贞靖”，杨士奇“清方贞靖”，杨荣“方正刚直”，胡濙“清和恭靖”。后来又有一位内阁学士杨溥。这便是史称的“蹇、夏”“三杨”。这个经过了长期政务锻炼的文官集团，是十分难得的。蹇义掌吏部，夏原吉掌户部，“三杨”掌内阁，胡濙掌礼部。“宣德之治”的基础，在洪熙、宣德两朝朝政方面起到了至关重要的作用。

永乐后期，由于皇权专制的强化，以及朱棣不顾客观条件一意孤行等所造成的各种社会问题，在仁宗朱高炽短暂的一年治理期间，无法彻底解决，这个艰巨的任务便落在了宣宗朱瞻基的肩膀上，财政困难是当时最主要的问题。迁都、北征、营建、下西洋宝船、朝贡使臣的接待等，这些是资财大量花费的原因。随之而来的加大赋税，对生产造成更大破坏，社会陷入了一种恶性循环。

北征、营建和西洋宝船在朱高炽即位后，便停止了。这些措施在紧缩开支方面产生了一定的效果。

宣宗即位，疑团种种

永乐二十二年（公元1424年）七月成祖朱棣驾崩，到洪熙元年（1426年）六月宣宗朱瞻基即位。不到一年时间，皇位便从祖父传至孙子，以宣宗朱瞻基之果决机敏，处事周全，他的继位也不免留下了种种疑团。

首先，成祖朱棣之死，远在塞外，其周围宦官海涛等人及接近皇帝的大学士杨荣、金幼孜等，都是朱瞻基的亲信。根据现有资料分析，成祖朱棣临终并未留下遗诏，而且很可能口传了对太子朱高炽极为不利的遗旨，太监们张皇无措，甚至准备代草遗诏，盖上成祖朱棣的御宝，让太子继位。由于杨荣等人的主持，才传遗命叫太子继位，所“传”的这个遗命显然是杨荣等人的意思。

其次，洪熙元年（1425年）四月十四，朱瞻基作为太子，从北京出发前往凤阳祭祖，而后赴南京。他出发后，朱高炽还出京至昌平祭长陵，显然当时并无大疾病。五月十二，朱高炽忽然重病，又是朱瞻基的党羽、宦官海涛受命出京召皇太子还。奇怪的是，朱瞻基竟能在六月初三赶回北京，海涛和朱瞻基往返一共只用了20天，南北两京往返全程近4000华里，在当时条件下几乎没有可能。因为海涛不可能像传驿讯那样，一到站连人带马换班。何况，以朱瞻基出发时间和里程计算，他须经河北、山东，折入安徽，在凤阳举行祭祖仪式，而后转向南京，以当时日程推算，最快也要到六月中才能到达南京。而他五月末还在南京，六月初就已回到北京，其中显然有隐情。他似乎对皇父之死早有预料，匆匆赶赴南京。他自己在诏书中也提到他这次到南京是“始至遽还，非众所测”，简直有些不打自招了。

汉王朱高煦所在的乐安，居于南北两京路上中段的东侧，以他消息之快及路程之短，闻讯立即派出的精骑马队，准备在路上截杀朱瞻基，结果却连这位太子的影子也未追上，更说明了问题。

另外，朱高炽对这个“酷肖成祖而全不类己”的太子，一向并无好感，虽然朱瞻基为稳定他的地位做了很多努力，而父子之间却一直很

明宣宗像

疏远。朱高炽之死，传言纷歧，多与贪恋女色有关，或者说他服用了过量的春药、或者说是“阴症”（即行房事后着凉）、或误服冷饮所致之绝症。而其亲信宦官海涛等人，早就成为朱瞻基的党羽，这是不是也说明某种问题呢？而《明史·罗复仁传附罗汝敬》中则记载了另一种说法，明确指出仁宗朱高炽之死，是身染“阴症”后，乱服道家丹药而致死亡的。

于是，有人作了如下的分析和推断：朱瞻基感到父亲派他去南方祭陵的安排，说明父亲与自己的关系正在疏远，朱瞻基开始担心了，于是与亲信定下杀仁宗夺皇位的计谋。朱瞻基于四月十四离京，随侍朱高炽的宦官海涛是朱瞻基的亲信，他按朱瞻基的吩咐，加害朱高炽，五月十三，朱高炽卒。朱瞻基离京后，不按日程行进，而是直奔南京。离南京前，南京城中已“传言仁宗上宾”，当时北京还未发丧，也无现代通信手段，为何消息传得如此之快？可见“仁宗上宾”是在一些人预料之中的。当然，朱瞻基是否是弑父谋位这只能是分析，这一谜团还难以解开。

第六章 强化皇权稳政局 宣德之治千古颂

宣宗在位时期，非常注意整顿吏治、重用贤臣、重视农业、实行仁政，对周边实行安抚政策，力主和平。重视农业，鼓励农民开垦土地。善于纳谏，改革了科举取士法。虽然宣宗时期的开明政治有一定的局限性，但这一时期的统治确实是比较清明的，社会经济也获得了一定的发展。这一时期被称为“宣德之治”。

南北取士，完善集权

科举取士制度存在着许多弊端，但却是封建社会选拔人才的主要途径。其实，中国古代的科举制度至明朝臻于成熟，科举取士已成为选拔官吏最主要的手段。由于元代统治对北方政治、经济、文化等的全面破坏，有明一代进士大多出自东南，尤以浙江、江西、江苏、福建四省为多，状元亦复如此。也由于许多弊端，科举制不仅不利于人才的培养与选拔，而且，对当时吏治影响极大。宣宗朱瞻基即位后，为了提高官员的质量，改革了科举取士法，通过人保人的方法来实现，这就是定会试，实行南北取士。

对于科举取士的缺点，仁宗朱高炽在位时就早已与大臣们商讨改革的方案了。朱高炽认为："北方人的学问远远不如南方人。"杨士奇提出异议说："科举取士，应大家一齐考，录取南北两方的进士。北方有许多能成大器之人，而南方许多人虽都有才华，但很浮躁，不能成大器。"不仅仅是南北方文化水平有差异，连社会经济发展也不平衡。自魏晋以后，南方社会经济发展迅速，人的文化素质随之提高，而北方几经战乱，社会经济发展较慢，整体文化水平较低。因此，在每次的科举考试中，大多数南方人普遍考得不错，这样使得北方一些有识之士被排挤在外，纵然有好的建议，也没有表达的机会，关心国事的积极性减弱了。

如想改革科举取士制度，应采取什么办法呢？朱高炽向杨士奇问询，杨士奇建议，试卷上都要写姓名，在姓名外写上“南”“北”二字，加以区别。这样人才平均，也可以实现地域的平衡。朱高炽认为这个想法确实不错，但在命令做进一步商议后不久，朱高炽却去世了，因而这项改革没能实施。

明宣宗朱瞻基即位后，于洪熙元年（1425年）九月下诏令：会试分南北卷，并按照朱高炽的改革方案加以施行，规定了名额。后来，又规定会试分为南、北、中卷。北卷包括山东、北直隶、山西、河南、陕西；中卷则有广西、四川、贵州、云南及庐州、凤阳二府，还有徐、滁、和三州；其余的则皆属南卷。宣宗实行这项改革，使北方有识之士倍感兴奋，积极投身于科举之中，有许多人被录取到各府、州、县以及朝廷中任职，明王朝封建统治阶级基础由此巩固。这项改革比较符合各地士人的要求，调动了他们的积极性，与此同时，也对监生和府、县的生员实行精简。通过考试，将那些混吃的人员或发充为吏、或罢为平民。通过科举取士的改革，朱瞻基在明朝历史上起了积极的推动作用。

洪熙元年（1425年）九月，也就是朱瞻基即位后将朱高炽安葬的同月，命张瑛为礼部侍郎、陈山被擢升为户部侍郎、戴纶为兵部侍郎、徐永达为鸿胪寺卿、王让和蔺从善为翰林侍讲。因为朱瞻基的即位而得到晋升的这些人，都是朱瞻基被立太子时的东宫旧僚。另一名太子中允林长懋被任命为郁林知州。

历朝的惯例就是随太子即位，随从的官僚便也升任，但是令人不解的是，这些得到升迁的东宫旧僚，后来就悄无声息了，甚至在史册中都难寻其迹，戴纶和林长懋则是因得罪了皇帝而被处罚，才得以记入《明史》之中。

朱瞻基在位时，曾多次颁布谕旨告诫臣下人才的重要性，人才直接关系着国家的兴亡，一定要谨慎地选人。宣德元年（1426年），朱瞻基告谕吏部尚书蹇义说："作为掌管选举考查官员的部门，你们身负为国家举荐栋梁之材的任务。官员的才能对国家治乱有着极其重要的作用。"

朱瞻基对国家科举取士中的弊端及士风的衰败，给予了强烈的批评，并提到应重视人才的选拔及任用。宣德二年（1427年），他召见翰林院的大臣，对他们说道："国家选士，应选拔真正的人才，将重任托付于他。在乡试时，对于言行与技能先要有一定的鉴定，乡试合格后，才能再复查，看是否有才能成为一个好的官员，然后才决定是否将重任托付于他。被选拔出来的人一定要是称职的，科举考试，不应只考文字能力，也应对其人品、辨别能力一一考查。所以说，想得到真正的人才，实在不容易。"

朱瞻基又指出："朝廷是士风好坏的向导，如果士风淳厚、淳朴，那么这个朝廷一定崇尚务实；反之，如果士风轻浮虚夸，那么朝廷就一定浮华。有成就、有才华的人会使士风淳朴实在，朝廷只有选拔任用这样的人，才可以形成以崇尚实学为目的的好风气。"

贤才的选举，与黜退庸才是息息相关的。朱瞻基一方面选贤才，另一方面罢庸才。宣德三年（1428年），吏部尚书蹇义向朱瞻基奏报，要削职为民的官员有200多名，这些官员庸俗、浅薄，并且对自己的职责有好多都不熟悉。朱瞻基看罢吏部移交上来的奏文，批示道："是否贤才，事关重大，不应轻易作出判断，如果确实无用，就应淘汰。"并告诫他们说："如今朝廷内外传言：古人戒除用吏员。吏员们鱼肉百姓，摧残百姓，使百姓无安宁日子可过。因此，今后你们在任用吏员方面，一定要谨慎选拔，切莫掉以轻心。”

后来有一个时期，官员空缺，其原因是由于元老的退离。当时荐授的官员主要为各部副都御史、侍郎、大理寺少卿等，也包括一些外省官员。

自宣德三年（1428年）以后，提拔的资浅官员更多。朱瞻基经常指出近年来官吏选拔存在的弊病，要吏部及时采取措施予以革除，他说：“朕作为天下人民的父母，身系着天下万民的安危，由于政事的繁多，朕应选拔有贤才的人与朕共理。而朕也应以得到贤才为目的，以天下太平为目的，君臣共同合作，共同治理天下。”他指出当前选择官吏中存在的弊端：第一，以前各部门官员有定额，各尽其职；如今官员增多，人浮于事，故应裁掉这些苟且偷安不理政事之人。第二，以前授官都是经过严格挑选的，所以吏员为官很少；而近来，每年可达1000多人，不分贤与才一律应用，使许多贪赃枉法之徒祸害人民，这便促使务必要将污吏裁治。第三，许多选拔上来的官吏，不是靠亲戚关系就是收贿荐举等，都不是靠真才实学、公平竞争选拔上来的，这些都不称职，不能不严加核实。第四，在官吏的考核中，徇私情的情况也是存在的。真正有才能的人得不到提拔，而资格老的、贪污腐化的、软弱无能的人，却得以提拔。这样，不会有公平可言。依仗权贵、亲戚的关系，而获得较好的职位，长期下去，吏治将会更加腐败，这将危害国家和百姓。只有将此革除，真正的人才才可以受到提拔。

宣德五年，胡濙、蹇义、杨士奇等元老们先后推荐了况钟等九位知府，又荐举了周忱、于谦等六位巡抚。这样，从朝中到外省县，官员队伍在替换中产生出新的骨干，使人感到人才济济的局面来临了。

朱瞻基在选用官员时依靠蹇、夏、三杨等元老推荐，说明他的态度慎重；但他又不听元老的安排，他坚持郭琎的选任，不顾杨士奇等人的反对，将此人升为吏部尚书，这一点反映出他在用人上的开拓精神。

与朱瞻基有直接关系的便是宣德间的吏部，明朝人对此十分赞许。

朱瞻基最不能容忍的就是荐选官员的草率。御史谢瑶在荐贤时将其人姓名写错，朱瞻基说道："你推荐的人，连姓名都写错，你又怎么会知道他的才能，如此轻率岂能称得上御史？"遂将其谪为知县。

这种认真的态度无疑为官员们敲了一次警钟，诞生了一个人才济济的宣德治世。

建立内阁制，也是宣宗在政治上采取的一项重大举措。朱元璋废除丞相，由各部、府、院、寺分掌国家权力，由此皇权稳定了。所设大学士，实为皇帝的秘书、顾问。永乐时，又加重了户、吏、兵三部的权力，大学士备顾问不变，所谓内阁是将六部长官吸收为内阁大学士，承担军政大事，受皇上指派。因此，在朱瞻基时期，中央集权得到了进一步的完善。

整肃民风，崇尚节俭

明朝的前几任皇帝都为大明朝的事业作出了突出的贡献，到朱瞻基这一代，内忧和外患就没有那么严重了。与前几代皇帝的艰辛奋斗相比，朱瞻基开始从内忧和外患中抽出空隙，削减不必要的财务负担，关注民生，整肃民风。

宣德元年（1426年），在京城义勇卫军内发生了一起特大冤案，妻子偷情，丈夫判刑。此案轰动京城内外，在军队中产生了极大的反响。执法机构不秉公办事，不调查研究，只凭一方口供枉杀好人，被人们纷纷上奏朝廷。宣宗闻讯，专门过问此事，避免了这场冤案的发生。

北京城义勇卫军中，有一个长年不在家，在京城服兵役的军士叫阎群儿。家里有一位年轻美貌的妻子，和父母在一起生活。由于妻子年轻，丈夫又长久不在家中，妻子甚是寂寞。恰巧这时，同乡有一位男子，看到她长得美丽动人，家中又时常无人，便心生邪念，经常借故与她接近，关心、体贴、照顾她，她十分感激这位男子，并渐渐地喜欢上了他。最终两人都无法自持，姘居在一起。阎妻最初也感到对不起在外的丈夫，但后来，不但不知羞耻，反而更加放肆，甚至发展成同时与三四个男人勾搭在一起。她这种放荡行为，很快就在乡村中传开了。

同乡告诉了阎群儿此事。阎群儿怒火上升，决定要亲手杀死这个淫妇。阎群儿回到家中，立即对妻子实行拷打，发誓要杀死她。后来，阎妻跑掉了。因为她知道自己的这种行为，丈夫是绝不会宽恕的，索性就来了个恶人先告状，写了封诬告信，说丈夫与九个同乡抢了校尉陈贵的家。

阎妻贿赂了刑部衙门的主管，主管并没有调查此事，就将其交御史审核。御史官也是敷衍了事，将阎群儿等人全部判处斩首，理由便是抢劫校尉的家，阴谋造反。阎群儿、李宣等人受审被判死刑，十分气愤，上诉至都察院，申明他们是被阎妻诬告的。同时，义勇卫军的将士们也上奏朝廷，证明阎群儿等人是清白的，并指责刑部衙门、御史冤枉好人，接受贿赂轻易判死刑。他们申述说："为国家，我们终年在外效劳，妻子应固守妇道，不应在外放荡，更不应在事情败露后，诬陷丈夫将丈夫置于死地。而朝廷衙门却对此不管，偏听谗言，枉杀好人，情理难容呀！"最后恳请

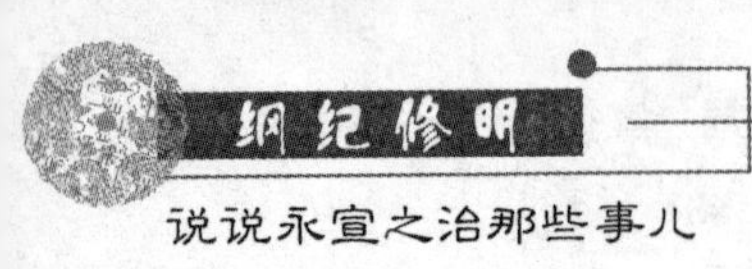

宣宗皇帝明察。

宣宗朱瞻基看到这道上奏后，立即责令都察院对此案必须认真审核，不能枉杀好人。都察院接到谕旨后，立即派人对此案始末进行详细调查，最后查明，阎群儿等人并没有抢劫校尉陈贵的家，阎妻所言纯属诬告；又查明阎妻确实与他人有放荡行为。最后，阎群儿等人无罪释放，而阎妻因诬陷丈夫，受到了应有的惩罚。

由于朱瞻基直接参与了此案，这个案子才可以得到公正的判决，避免了一场错杀好人的冤案。此案案发之后，宣宗对左都御史刘观说："历史上隋炀帝命令于士澄治理、追查盗贼。于是，他们在一天之内处斩二十余人，其中在盗发当天，有六七十人被送到监狱，许多人因刑法严酷，实在忍受不了，便违心招了，主管官员明知他们是无罪，却不想复查，因此将好多人错杀。如果今日，他们不上诉申冤必会被冤枉而死，你们便是第二个于士澄。今后应当告诫各道御史官员，对于案件一定要调查，根据真实情况处理，不要错杀、不要出现冤案。此案倘若已经错判错决，朕一定不会宽恕你们的。"刘观奉宣宗谕旨，责令下属官员，对案件一定反复核实，公正判决，勿杀好人。

宣德元年（1426年），还有一件稀罕事，惊动了朝廷。

在京城的锦衣卫总旗里有个叫卫整的人，他的家发生了一件不幸的事。卫家的女主人卫氏夫人，得了一种无法医治的怪病。请来京城内大大小小的名医，都无法根治，这可急坏了家里人。老夫人的病情一天天恶化，不见好转。一家人天天以泪洗面，无计可施。自从母亲患病后，卫氏有个孝顺的女儿便天天为母亲请医生、买药、煎药、找秘方，终日陪伴在母亲身边，服侍母亲。为了寻找人间的秘方，她不辞劳苦，遍访民间名医，终于得知活人的肝可以治疗绝症。

卫家这个孝顺的女儿，听说这个秘方能救活母亲，如获至宝。可在哪儿才会弄得到活人的肝呢？卫家女子想了一阵子，决心剖腹割自己的肝来为母亲治病。为了救治母亲，她来到诊所，请大夫剖腹割肝。大夫一听吓了一跳，卫家女子费尽口舌，大夫死也不肯帮忙。最终，她竟以死相逼，大夫被她的孝心所感动，同意给她剖腹取肝。大夫经过一番精心手术，终于在姑娘没受伤的情况下，将肝割了下来。她拿着自己的肝回到家里，将它煮成汤，让母亲喝了下去。自从喝下了那碗肝汤，奇迹便出现了，母亲的病痊愈了。

母亲的病好了，乐坏了家里所有的人。当大家知道是卫家的女儿剖腹取肝时，所有的人都震惊了。这件事很快在京城中传播开来，小女子的孝心感动了所有人。于是，对小女子这种孝敬行为，有人向朝廷推荐应予以表彰，立旌表。

礼部将此事向朱瞻基皇帝作了汇报，朱瞻基得知事情的经过后，批示说："孝，应该是一种行为规范，是有限度的。孔子说：'身体是父母给予的，不应当轻易毁掉，乃至伤害'。小女子虽为母亲剖腹取肝，这并不代表就是孝。万一因为此事，而导致身亡，那罪过岂不是更大。何况，在太祖时，就已有禁令，不允许私自自杀的。如今如果给这女子加以表彰，就会有更多的人来效仿她，那岂不是破坏风俗了吗？这种行为不应当提倡。女子年轻无知，凭着一片孝心，做了一件愚蠢的事情。结果，母亲被救治了，是可以将罪免了的。"

这件事的确很感人。这位姑娘为救母亲，割取自己的肝作为药引，终于救活了母亲。这件事真假难以确定，但那时的封建社会，是提倡孝道的，历代皇帝也常常将孝放在第一位。卫姑娘的舍生精神，达到了孝的最高境界，照理说，应该受到表彰和提倡。但朱瞻基与其他人不同，他有个人的见解，认为身体是父母所给，不应轻易毁坏，因而对这件事给予否定。但从一定意义上来说，是为了避免愚蠢者仿效，应提倡正当的孝心才对，在这一点上，朱瞻基很有可取之处。

朱瞻基不仅在整肃民风方面有所建树，他也非常体恤民情，崇尚节俭。

《明史》和《明史纪事本末》都记载，朱瞻基常常微服私行，体察民情。一次，朱瞻基在路上看到农民耕种，就拿起农具耕种，可是才弄了三个来回，他就感觉到累了。他对身边的侍臣说："朕三推已不胜劳，况吾民终岁勤动乎。"（《明史》）朱瞻基对百姓生活艰辛的体悟，源自朱棣的教育。永乐七年（1409年），朱棣带着朱瞻基巡游北京时，带领他仔细观看了农民的农具和农民吃的是什么、穿的是什么。

基于对农民生活艰辛的体悟，朱瞻基在位时期，屡次下诏减免赋税，再三告诫官员不能够随便干扰农民耕种。关于朱瞻基对农民生活艰辛的体悟，有一段对话常常被当做典型例子。在北京的昌平附近，微服私行的朱瞻基见到几个农民顶着火辣辣的太阳，任凭汗水滴落，正在非常勤劳地耕地，他非常感动。

他问农民为什么顶着火辣辣的太阳辛勤耕种。农民正忙着，被打断工作心里有点儿不高兴。他对朱瞻基说，农民春天就要播种，夏天要耕耘，到秋天才能有收获。在这期间，如果稍微偷一下懒，哪怕是一天的懒，一年的收成就没了。如果没有收成，交不起田租和上不了税不说，甚至连老婆和孩子都养不活。

这几句抢白，弄得朱瞻基非常尴尬。他想，既然春、夏、秋都忙，冬天大雪纷飞，天寒地冻，总该可以休息了。农民却说，到了冬天，日子更难过，因为官府的徭役很繁重。看着烈日下辛勤耕耘的农民，朱瞻基对他们生活的艰辛有了更深一层的体悟。

回到皇宫，朱瞻基立刻写了一封诏令，倡导节俭廉政。他在诏令中感叹农民十分辛苦，仅仅能够谋生，当官的坐在华丽的屋子里处理政事，比起农民舒适省力，因而更应该爱惜民力。

费正清则有自己的看法，“相对地说，由于没有内乱和外来的威胁，帝国得以免去不必要的财政负担，朝廷能够从永乐时期所承受的耗费恢复元气和实现自己的政治改革。这些改革包括改变政治和军事制度，重新组织财政和扩大社会救济计划。”（费正清《剑桥中国史·明史》）多次减免赋税和徭役，也在朱瞻基的改革之内。

朱元璋在位时吏治非常严明，至永乐末年，贪污之风渐起。到洪熙年间，由于生产力和社会经济都得到发展，海内升平，然而官场贪风却日盛一日。朱瞻基深知吏治清明，是有关朝廷兴衰的大事。因此，他继续重用蹇义、夏原吉和“三杨”（杨士奇、杨荣、杨溥）等一班历经三朝、富有治国经验的老臣，也十分注意提拔选用正直又有才干的新人，罢免一些无所作为的庸官，并惩办贪官污吏。

朱瞻基即位之初，也像一般封建帝王一样，宣布大赦天下。但他对于获释官员的去留把关极严，因贪赃枉法的人，虽可遇赦出狱，但一律罢官为民，不再任用。在他即位的第三个月，便通知吏部，凡在京五品以上的和在外州、府、县以上的官员，均可举荐公正廉洁的人才。为了防止徇私、保证人才质量，朱瞻基特别制定出一个条例，凡被举荐的人犯了法，举荐人要连坐受到惩罚。

宣德三年（1428年）六月，一天朱瞻基登上皇城闲步，忽然望见远处有一座规模宏伟、正在大兴土木的建筑工地。他便问左右，这是何人搞的什么工程？随从官员都支支吾吾不肯回答，经再三追问，才得知是工部尚书吴中私自动用官厂的材料，建造自己的官邸。

朱瞻基听后勃然大怒，立即下令将吴中关入大狱。吴中先后在工部任职20多年，虽然深得朱棣的信赖，参加过很多重大工程的营建，但朱瞻基绝不因他有功而有半点私情，一律照章行事。

通过此事，朱瞻基感到必须加强监督的力度，提拔刚直廉正的官吏到都察院即监察机构进行督察。杨士奇和杨荣推荐了通政史顾佐。顾佐曾任应天尹，为人正直，时人把他比作包公，朱瞻基立即提升顾佐为右都御史。顾佐接受任命后，果然不负众望，一到都察院，便对所有的官吏进行考查。将20个不称职的官员贬到辽东，另有8人被降职、3人被罢官，同时还举荐了40多位清正有为的人才担任御史。

顾佐雷厉风行、大刀阔斧的做法，得到了朱瞻基的称赞。朱瞻基继而又提升了福建按察史邵圮为南京御史，邵圮办事认真、一丝不苟，奏请朱瞻基罢免了不称职的官吏20多人。

至此，北有顾佐，南有邵圮，朝纲为之一振。对贪官污吏，朱瞻基深恶痛绝，发现一个惩办一个。对碌碌无为、无才无识的庸官，无论关系亲疏，也毫不留情地处以降职或罢免。内阁大学士陈山、张瑛都是朱瞻基做太子时的旧官，情谊颇深，但发现两人不能称职，即把他们调离内阁，并没有因为他们曾是自己的旧臣而加以偏袒。

在朱瞻基的大力倡导下，三朝老臣向他举荐了大批正直清廉的官吏出任州府长官。这些人中有不少人成为明史上的清官廉吏，留名后世。

况钟就是其中之一，宣德五年由蹇义推荐出任苏州知府。苏州在当时是全国负担赋役最重的地区，贪官污吏便趁机营私舞弊、鱼肉乡里。

况钟到任后，佯装什么都不懂，下属官员大喜过望，以为又碰上一个贪心的知府。三天之后，况钟把群吏招来，一件一件的和他们当面对质，历数他们的种种舞弊勾当。当场立毙了为首的几个奸吏，同时把贪虐庸碌之辈全部免官。这件事震动了苏州府，也传到朝中，深得朱瞻基的赞赏，更得到了苏州百姓的拥戴。1956年4月浙江昆剧团将传统名剧《双熊梦》改编成《十五贯》公演，当时轰动全国。该剧根据清官况钟明察暗访、平反冤狱的事件而改编，讲述了况钟的正直机敏、疾恶如仇的故事。后被拍摄成彩色戏曲影片。

有史书描写："况钟守苏州，锄强植良，号称能吏。赵豫守松江，恤贫济困，号称循吏，两太守遗爱及民，声名较著。"由于朱瞻基起用了一些像况钟、赵豫这样的清官廉吏，使得宣德年间的政治清明，风气一时崇廉尚俭。

在对内的治国之道上，朱瞻基能够实行安民、爱民的仁政。他深知"民能载舟亦能覆舟"的道理，因此在他统治的期间内，体恤民情，实行与民休息的政策。"坐皇宫九重，思田里三农"，这的确是关心农业生产、农民生活的宣宗的真实心态。

宣德五年（1430年）三月，朱瞻基路经农田时，看见路旁有耕作的农民，于是他下马询问农作物的生长情况。他兴致盎然，取来农民耕田的农具，亲自犁地，没推几下，他停下来，回头对身旁的大臣说，我只是推了三下就有不胜劳累的感觉，何况农民终年劳作。说完就命人赏赐农民钱钞。回到宫廷后，朱瞻基有感而发，亲作一篇《耕夫记》，勉励自己与群臣要时刻关心黎民百姓的疾苦。宣德七年（1432年）九月，他又作《织妇词》一篇，并命画师将词中的情景绘成图画悬挂宫中。他对朝臣说："朕非喜好辞章，然农桑之苦，朕深忧之，为国君者有责任告诫儒者，激励后

世，朕所以作词，意在于此。”

《织妇词》的原文如下：

昔尝历田野，亲睹织妇劳，春深蚕作茧，五月丝可缫。缫丝准拟织为帛，两手理丝精拣择。理之有绪才上机，弄杼抛梭窗下织。螽斯动股织未停，鸡声三号先夙兴。机梭轧轧不暂息，辛勤累日帛始成。

呜呼！育蚕作茧未必如瓮盎，累丝由寸积为丈。上供公府次豪家，织者冬寒无挟纩。纷纷当时富贵人，绮罗烨烨华其身。安知织妇最辛苦，我独沉思一怜汝。

朱瞻基对农民的生活和处境是了解的，因此能够在制定政策时考虑到他们的利益。同年六月，京畿地区发生了蝗灾，朱瞻基派遣官员前去指挥消灭蝗虫。他仍不放心，特意谕旨户部，告诫他们往年负责捕蝗的官员害民的危害一点也不比蝗灾小，因此要严禁杜绝这种事情的再次发生，还做有一首《捕蝗诗》颁给臣子。

朱瞻基清楚，昏君滥用民力乃至亡国。朱瞻基以此为鉴，比较注意爱惜民力，反对向百姓强征暴敛，以供王室享乐的奢靡之风。在朱瞻基统治的10年间，多次下旨为民解困。宣德元年（1426年）七月，罢湖广采木。宣德五年（1430年）二月，罢工部采木。宣德三年（1428年）十一月，锦衣指挥钟法保请采珠东莞，朱瞻基不但没有同意，还认为他是想用这种扰民的事情为自己谋求利益，遂将他逮捕入狱。朱瞻基还多次赦免税额、积欠柴炭草，免除在京工匠中年老残疾和户内无丁力者的匠籍。有一个工部尚书奏请，宫中御用器物不足，需到民间采办，朱瞻基制止说：“汉文帝服御帷帐无文彩，史称恭俭，朕饮食器用，当从简朴。”遂命人从宫中的库藏器物中取用，不再重新购买。有一个和尚自称要修寺庙为朱瞻基祝福长寿，朱瞻基认为这是扰民之举，将其痛斥了一顿。

减免田税、开仓赈粮，是朱瞻基对受灾地区人民经常采取的救济办法。史书载：河南一个知县，没有经过上报和请示，就发放了1000余石库粮救助灾民。朝廷有规定，私自动用皇粮是犯杀头之罪的，朱瞻基得知后不但没有降罪，反而赞扬这个知县办事机敏果断，是个能够胜任的父母官。

朱瞻基在位期间，明朝已创建50多年，全国政局已属稳定、政权机构及律法典章也大体完善，平民百姓经过多年的休养生息，使元末遭到破坏的生产力逐渐得到恢复和发展，政治经济呈现一派繁荣昌盛景象。明朝社会、经济得到了进一步的发展，进入了历史上有名的“仁宣之治”时期。

朱瞻基和父亲朱高炽，都重视整肃纲纪、惩办贪官污吏，体恤百姓疾苦，减免灾区赋税，使人民得以休养生息。史书称赞：“吏称其职，政得其平，纲纪修明，仓庾充羡。”天下太平，百姓安居。朱瞻基爱惜民力，与民休患，重视农业，力劝农桑，鼓励垦荒，农民得以安居乐业，社会财富迅速积累起来。时称“宇内富庶，赋人盈羡”，是明王朝财力最雄厚的时期。

七下西洋，落下帷幕

朱瞻基即位之后，继承其祖父朱棣的雄才大略，派郑和第七次下西洋。

由于在郑和出使旧港之际，朱棣驾崩，其太子朱高炽于永乐二十二年（1424年）八月十五登基，同一天，朱高炽下令不准郑和再下西洋。郑和从旧港回国，朱高炽就命令他与王景弘等率领船队及官兵防守南京。仁宗朱高炽在位不到一年就病死了，他的太子朱瞻基即位后仍然按仁宗的方式对待郑和等人。

但宣宗朱瞻基是一个颇有作为的皇帝，他刚当皇帝时，由于停止下西洋的活动，海外各国来朝贡的越来越少，与中国的关系越来越疏远，明朝在海外的影响日益低落。朱瞻基试图让永乐年间万国朝贡的盛况重现，于是决定再次组织下西洋的船队。宣德五年（1430年）六月初九，朱瞻基任命郑和再下西洋，此时郑和已年近60，身担重任，迅速组织船队准备出航。

宣德五年（1430年）闰十二月初六，船队从龙湾（今南京下关）出发，二十一抵刘家港。这次出航的人员中有正使太监郑和、王景弘和副使太监朱良、李兴、洪宝、周满、张达、杨真、吴忠等，都指挥王衡、朱真，通事费信、马欢、郭崇礼、巩珍等，共27550人，率领大型宝船61艘。在刘家港停留一个多月，修建天妃宫。宣德六年（1431年）春，天妃宫建成，郑和撰《通番事迹记》，于天妃宫内立碑刻石，记载6次出海的经过，祈愿此次出航一帆风顺。宣德六年（1431年）二月二十六，船队到达福建长乐太平港，重修天妃宫殿，并立石刻《天妃之神灵应记》碑，作为纪念。船队前后逗留了八九个月，一面为郑和再次下西洋做准备，一面等待季风。临到出发前，为了出航平安，郑和还亲自到天妃故乡福建湄州岛，修整天妃宫庙宇，祭祀天妃。

这次下西洋，经过了忽鲁谟斯、锡兰山、古里、满剌加、柯枝、卜剌哇、木骨都束、喃渤利、苏门答剌、剌撒、溜册山、阿鲁、甘巴里、阿丹、佐法儿、竹步、加异勒等20国及旧港宣慰司。

宣德六年（1431年）十二月初九，船队出了五虎门，开始第七次下西洋。十二月二十四到达占城，次年二月初六到爪哇，七月初八到满剌加，送回满剌加国头目巫宝赤纳。由于郑和下西洋中断了很长时间，暹罗国不断侵犯满剌加，加深了两国之间的矛盾，郑和便在暹罗和满剌加之间来回斡旋，表明责备暹罗的立场，过了一个月，才继续西航。八月十八，抵达苏门答剌，并前往阿鲁、黎代、那姑儿、喃渤利等国进行访问。十月初十从苏门答剌开船，经过翠兰屿（今孟加拉湾东南部尼科巴群岛），据说释迦牟尼曾经在此沐浴，袈裟被人偷走，他遂发誓：若今后有人再穿衣，皮肉就会烂掉。于是此地居民都不穿衣。停留三天之后，郑和派分队前往榜葛剌国，大队宝船开向锡兰山，十一月初六抵达锡兰山别罗里。四天后，又派分队到溜山国，郑和带领大队船队前往古里、忽鲁谟斯，沿途经过柯枝、小葛兰等国，随后又派人从柯枝到甘巴里、加异勒等国去访问。十一月十八又由洪保率分队前往古里，在古里，洪保又派通事等人前往天方国（今麦加）。郑和则率大队宝船驶往忽鲁谟斯，大约50天之后，宣德八年（1433年）二月二十八起航回国。

宣德八年（1433年）三月十一回到古里。船到古里时，郑和因为长年劳累得了重病，不幸病逝于古里。在古里停丧九天后，王景弘代行郑和之职，率领船队于宣德八年（1433年）七月初六抵达南京。自此以后，再无类似郑和下西洋的活动。

郑和七下西洋，经过永乐、洪熙、宣德三朝，共持续29年，足迹踏遍今东南亚、印度洋沿岸和非洲东海岸等30几个国家和地区。由于有先进的船舶和高超的航海技术相助，不仅完成了出使任务，还达到了和平往来的目的，这件事的意义是非常深远的。现在，南洋各地到处都有以郑和（三宝）命名的庙宇、地名等，那些三宝庙、三宝寺至今依然香火缭绕，很多人非常虔诚地跪拜，以纪念这位杰出的航海家。

怒斩恩师，大义灭亲

明宣宗朱瞻基在位期间，为明朝社会的稳定和发展，采取了一系列利国利民的措施。其中一方面，就是革除积弊，积极纳谏，这是很值得称赞的。但是，任何人都有两重性，明宣宗朱瞻基也是一样。他一方面让臣民进谏，但另一方面，也对违背自己意愿的臣下打击、报复。例如对旧朝元老戴纶、林长懋的处分，就是最具有说服力的。

戴纶是高密县人，永乐朝中期，提升为礼科给事中。林长懋是莆田县人，曾任青州教授，后被提升为编修。二人知识渊博，性格相似，为人正直，很受成祖朱棣的喜欢和赏识。朱瞻基出生后，深得祖父朱棣的宠爱，朱棣并为他挑选老师，讲习经书。于是，戴纶和林长懋被选中，专给皇太孙朱瞻基讲书。二人承皇帝之命，身上背负了教育皇太孙的责任，不敢有半点马虎。他们对皇太孙朱瞻基要求严格，讲习经书，也很认真。朱瞻基对这二位老师十分厌烦，尤其是对终日关在屋子里苦读经书的生活感到厌倦，他喜欢到外面去玩，学习骑马射箭。于是，师徒之间经常产生一些摩擦和不快。

朱瞻基渐渐长大了，祖父朱棣开始让他学习武事，这正符合他的心意。祖父的命令，就是他的“通行证”，他对经书的学习更荒废了，对于外出练箭，他学习得十分出色。戴纶、林长懋二人看在眼里，心急如焚，二人出于负责，便向朱棣上奏，认为皇太孙正当少年，不宜荒废了学业，而专事游玩。此后，又常进谏，讲明皇太孙学习文化的重要性。

有一天，朱瞻基在朱棣身边服侍他，朱棣问他：“宫中大臣谁最称职？”朱瞻基回答是戴纶。于是，朱棣拿出戴纶上的奏折给太孙看，朱瞻基一看讲的是自己，在心里便暗暗地怨恨老师戴纶了。可见，他在青少年时候，心胸就比较狭窄，将老师的责任心弃之不理，反而与老师结怨，以至于发展到后来的报复。

仁宗朱高炽即位后，戴纶和林长懋因为为太子讲书认真负责，一一受到提拔。戴纶被晋升为洗马，仍然为太子讲读经书。林长懋晋升为中允。

朱瞻基即位后，为了巩固自己的统治，将东宫的旧官分别升了职。例如，左庶子陈山晋升为户部侍郎，中允徐永达提升为鸿胪寺卿，洗马张瑛为礼部侍郎，王让升为翰林侍讲。戴、林二人在这次“加恩”之中，也被提拔，戴被提升为兵部侍郎，南京的中允林长懋被派出京城到郁林担任知州。这对于长懋的确是有些大材小用，不太公平。

朱瞻基虽然嘴里告诉臣下不要有隐讳，应直言上疏，但实际情况却不是这样。当听到有人斥责自己的过失、揭自己的短处时，心里就不舒服，并寻找借口给予惩处，这就是开明皇帝的阴暗一面。戴纶升为兵部侍郎后，并没有改变他秉公直言的性格，他指出，身为一国之君的皇上，始终热爱打猎，将政事弃之不顾，这是有害于江山社稷的。朱瞻基对戴纶的进谏，非常恼怒。本来，他就为他还是皇太孙时的事耿耿于怀。如今，这次上疏更是违背他的旨意，他恼羞成怒，便下令让戴纶为参赞交趾军务，算

是报了参奏之恨。

戴纶、林长懋两人后来又触犯了皇上，而被发配到边疆木久，不知他们到底犯了什么错，又被逮回京城投入狱中。

有一天，朱瞻基上朝亲自审问戴纶与林长懋。戴纶将皇上的尊严，弃之不顾，据理力争，无所畏惧，这更加触犯了朱瞻基。朱瞻基大怒，立即下令将戴纶处死，籍没其家产。林长懋被关入大狱长达10年之久。河南知府戴贤，与太仆寺卿林希文是他们的父亲，也因他们而受牵连被打入大狱。戴纶和林长懋被杀、被押事件，暴露了封建君主的本性，是朱瞻基即位以来，在朝政处理上最不光彩的一页。

周忱改革，影响深远

宣德时期第三个重要的国内发展是重新组织财政，特别是在长江下游诸如苏州和松江等府采取救济措施。如前所述，这些府负担着很不公平的税赋。有意在这个地区征收惩罚性税赋的洪武帝后来已下令进行减免，但甚至晚至洪武二十六年（1393年），苏州的份额依然高达281万担，几乎是全国田赋总数的1/10。松江的地只有苏州的1/4，但田赋几乎为后者的一半，占田赋收入的4.14%。成祖朱棣在位时，平均每年的田赋收入提高约10%，以满足迁都北京及历次对外征战、海外远航的巨额支出需要。史籍没有记载苏、松新的田赋份额，但可以合理假定，它们的份额也相应地提高了。这些沉重的税赋要求引起了巨额欠税和债务，从而导致大量人口出逃和农民的贫困，特别是在永乐晚期自然灾害袭击这一区域时更是如此。

朱瞻基即位后，面对“赋税过重，江南尤甚”的局面，下令派广西布政使周干巡视苏松等地。在向宣宗递交的调查报告里，周干指出：“在江苏等地，人们流离失所，向老人询问才得知，是由于人们贫困所导致的。因为赋税太高，百姓苦不堪言，上交赋税之后自家一无所有，便会挨饿受苦，想逃都不知逃向何地。”朱瞻基深受触动，为确保朝廷财政收入，巩固国家赋役基础，宣德四年（1429年）下诏对官田改科减征，“官用粮，一斗至四斗减两成，四斗至一石，减三成，以下往后推算不等。”宣德七年（1432年）再次下令：“自宣德七年始，将官田税赋再减。”并于宣德五年（1430年）派“才力重臣”周忱到江南督理税赋。

周忱（1381—1453年），子恂如，江西吉水人，永乐二年进士，任过20年刑部郎官。户部尚书夏原吉十分赏识他，宣德五年，由大学士杨荣推荐，以工部右侍郎巡抚江南。周忱上任伊始，便“召父老问逋税故”，“深入民间与父老乡亲交谈接触，询问民间的疾苦”。他在调查研究的基础上，以苏松两府为前沿，以贯彻宣宗减轻官田科则诏谕为前奏，逐步将自己的改革愿望在江南地区实施。

周忱将粮长制的弊端克服，将田赋漕运方式改良，逐渐形成完善各种规章制度，即税粮征收、储藏、运输中的各种规章制度。粮长制的改革主要包括：第一，针对田赋征收过程中粮长私造大样斗斛掊克百姓的状况，周忱“请敕工部颁铁斛下诸县准式，革粮长之大入小出者”。第二，简化粮长领、缴勘合手续。“旧例，粮长正副三人，以七月赴南京户部领勘合，既毕，复赍送部，往返资费皆科敛充之。（周）忱制止设正副各

一人，循环赴领，讫事，有司类收上之，部、民大大方便了”。第三，鉴于各县收粮无屯局，粮长即家贮之，周忱设立水次仓制度，“令诸县于水次置屯，屯设粮头、屯户各一人，名辖收。至六七万石以上始立粮长一人管理，名总收。民持帖赴屯，官为监纳，粮长但奉期会而已”。第四，严格税粮运输管理，设《拨运文簿》登记支拨起运的数目，设《纲运文簿》列出运输的开销数目，以用于核查、禁止运输途中粮长自盗或挥霍行为的发生。税粮漕运方式的改革，主要是用这样的运输方式代替原来农民各自运输的方式，即由民船运至淮安或瓜州交兑官军、由官军接运至通州的兑运，百姓适当地承担官军运输中的损耗：运到淮安，交兑者按每石正粮加耗米五斗于民运，到瓜州，交兑者以每石加耗五斗五升于民运。粮长制的改革使官仓能最大限度地收入百姓所纳税粮，保证了国家税收的完整。漕运方式的改变减轻了纳税人的负担，有利于生产的恢复和发展。

济农仓的设立，使周忱建构出地方政府可以自主支配的地方基金体系。由于得到了明宣宗朱瞻基和英宗朱祁镇的信任，“委任益专”，允许其方便行事，致使周忱手中的自主权加大，最大限度地施展自己的才干。宣德七年（1432年），江南丰稔，“诏令诸县以官钞平籴备振贷，苏州遂得米二十九万石”。同年，周忱在江南实施京俸就支法，即以苏、松、常三府支领代替原在南京支俸的北京军官。原先苏松百姓转输南京每石正粮所加六斗耗米除一斗用于支付船价外，其余五斗即可节余，民出甚少而官俸常足。在此基础上设立的济农仓，使地方政府在不增加对百姓赋役征敛的基础上，既能保证封建朝廷的赋税收入，又能弥补地方公务、救济、公益事业等费用及里甲支费缺乏，使官民双方余利。济农仓的设立为田赋改革的发展铺平了道路。

加耗均征即平米的推广实施，是周忱改革成功的一个重要支柱，它以宣德八年（1433年）周忱奏行《加耗折征例》为标志。户无论大小，田无论官民，“每正粮，收平米一石七斗，候起运日酌量支拨，次年余多，则令加六征收，又次年益多，则令加五为止”。但也有论田加耗，“于轻额民田，每亩加耗一斗有奇，以通融官田之亏欠”。平米法的推行，使“豪户不肯加耗”的历史与税粮负担时重时轻的局面结束了。耗米的均征，尽管在一定程度上加重了百姓的税粮负担，但是也保证了国家田赋收入，地方官员的公务性支出也绰绰有余，这样对百姓的额外勒索被大大减轻，故百姓非常情愿地予以接受。

周忱改革真正触及官田科则的措施是到正统以后的田赋折征。宣德中，周忱曾经奏准检重额官田、极贫下户税粮，准折纳征银，每两当米四石，解京充俸。这是田赋折征的前奏，规模也不大。到正统以后，伴随商品货币经济的发展，金花银征收面积日益拓展，使周忱的改革以田赋折纳的方式向减轻官田重赋的目标迈出实质性的一步。他奏准的内容是：允许苏松等府的部分税粮可以纳金花银和布匹折税，金花银一两折合应纳米四石，锦布一匹准折税米一石。令每亩税课“七斗至四斗则纳金花银、官布、轻赍折色；二斗、一斗则纳白粮糙米、重等本色”。因为只有官田每亩税额在四斗以上，虽然因赋折征往往低于市场米麦价格，但是，通常与折纳数额的减少或缴纳上供杂派的减少相联系，而且还能使田赋运输之痛苦大大减轻，所以耕种官田的农民的负担大为减轻。由于田赋征收方式的改变，使官、民田税户负担逐渐达到平均并向前推进了一步，金花银逐渐成为调节平衡官民田土赋税负担的重要手段。另外，周忱还改变马草征收方法。明初马草依田粮派征，马草由江南地区运经两京，沿途过江涉海，

十分艰难，劳费不赀，致使当地百姓负担沉重。周忱奏请输往北京的马草每束折钱三分征收，输南京的则就地买草，大大减轻了税户负担。

所谓改革其实是一个扬弃过程，它必须面对诸方面的压力。宣德六年（1431年），周忱奏请皇帝要求将松江府古额官家的田地，按照百姓田地起科。户部尚书胡淡以“变乱成法，沽名钓誉”作为理由，请求对周忱予以惩办。正统七年（1442年）奸豪尹宗礼遇到困难，指责周忱不当多征耗米。正统九年（1444年）户科给事中李素以“不遵成规，妄意变更，专擅征科，掊多益寡”为借口弹劾周忱，在此情况下，周忱被迫中断了平米法和济农仓制度。但是由于“两税复逋，民无所赖，咸称不便”，明政府不得不惩办攻击者并“举行前法如故”。这种情形之下，周忱不得不小心翼翼、谨慎行事，尽管如此，改革仍然步履蹒跚、阻力重重。济农仓的设立，虽然扩大了地方政府的财政自主权，但这与大一统的专制集权水火不容。平米法的推广，抑制了豪绅地主拒不纳耗的法外特权，触及了地主势力的切身利益。土木之变以后，明景帝朱祁钰即位，由于他对前朝重臣的猜忌，使周忱在政治上失去了靠山。景泰元年（1450年），溧阳县豪民彭守学发动攻讦，指责周忱多征耗米，“假公花销，任其所为，不可胜计”。户部奏准监察御史李鉴等人前去稽查，并追还多收耗米。五月，礼科给事中金达借此机会，上疏弹劾周忱。在上下夹击和重重压力之下，周忱被迫辞官。

周忱辞官之后，改革依然在进行。这是由当时的历史条件决定的。明中叶之后，地方上不交赋税的情况很严重，人口大量逃亡，国家财政日趋紧张，这样一来，明政府被迫改革赋税制度。周忱的改革正是为保证中央田赋收入所采取的补救性对策。所以，“忱既被劾，帝命李敏替代也，敕无轻易忱法”。此后，苏松地区继续沿着周忱的改革思路进行减轻官田重赋的改革。

周忱在他的治地推行了至少5项重要的财政改革措施，因而受到称赞：

1. 征粮的衡量单位的标准化。这项措施防止税吏欺骗和多收粮食。

2. 每个县设粮仓以储藏地方行政官员监督下征收的税粮。这样就能防止粮长在自己的私宅内囤积粮食。

3. 对官田和私田的税粮采用一种称为平米法的附加税。这项附加税用于运输溯运河而上直达京师的粮食，附加税的一切结余都储存起来用作紧急储备。百姓可在运河河畔的方便地点缴纳税粮，另外缴纳一种特定的附加税，作为士兵们然后把粮食用船运至目的地的报偿。这样就能解除那些需要自己运输的人的负担。

4. 在这些府的每个县设济农仓。它将储藏地方官在丰年通过平粜法收集的余粮，以便在自然灾害或歉收时分发。

5. 设立以“金花银”或棉布缴纳税粮的制度，其特定的折换率定期调整。这个制度对平民和官府都大为方便，还直接刺激了南方各府货币经济和纺织业的发展。

朝廷批准了其中的大部分建议，但它们的贯彻执行常常受到户部和地方行政官员的阻挠。直到宣德八年（1433年），周忱和况钟关于不折不扣地给苏州减税的要求才得到皇帝的批准，减免数相当于以前份额的1/4以上。对其他的府也相应地进行减税，但周忱的其他大部分建议却被户部成功地否定了。

可是，周忱的改革在他死后仍在进行。他的其他计划在英宗朱祁镇登基后被采用。还有一些计划后来给张居正（1525—1582年）在长江下游诸省的财政改革提供了样板。记录表明，宣德时田赋年平均收入下降到30182233担，比洪熙时少8%，比永乐时少5%。在正统时，此数又进一步降低了10%～15%，在以后明朝各代皇帝统治下，年平均征收的税粮始终在2500万至2800万担之间。

要解释这些数字不是一件简单的事，因为我们没有关于耕地面积和纳税户实际数的可靠材料；此外，也不存在分项目列出的国家收支数。的确，明代不存在国家“预算”。但是一般来说，在宣德时农民似乎从全面的减税中得到了益处，而国家由于大量减少支出，也能够经得住收入的减少。但在以后几代皇朝统治时期，情况有了变化。由于直线上升的行政和军事支出，政府被迫加征附加税以补充税收的不足，这些附加税转过来造成了严重的新财政问题，这些问题使16世纪晚期张居正主持下的一条鞭法改革势在必行。

周忱的改革对明朝产生了深远的影响。他的改革在实践中既保证了国家赋税的正常征派，使总体的财政收入不减，同时又在一定程度上减轻了百姓徭役。实际上，明中叶基本上是沿着周忱的思路进行地方到中央、由局部到全国的赋役制度改革，从而也使周忱的思想更加完善化与制度化。

蒙古边务，保持稳定

尽管在以前几十年明朝经常遭受蒙古诸部落的骚扰，但朱瞻基在位时期北方边境还是比较平静的。之所以出现这种暂时平静，是因为阿鲁台对东蒙古人的无可争辩的领导已被朱棣的无情征讨所破坏。结果，部落领袖之间存在着严重的对立。到朱棣去世时，阿鲁台已经江河直下，因为重新振兴的瓦剌人在脱欢（死于1439年或1440年）的领导下屡次侵入他的领地，迫使他东移。这样，蒙古联盟一分为二：阿鲁台领导东蒙古人；脱欢领导西面的瓦剌诸部落。双方战争不断。

阿鲁台的领导权还受到在他控制下的兀良哈三卫的蒙古人的挑战。在朱高炽统治时期，他们曾经徒劳地寻求中国人的援助去反对阿鲁台。在这些威胁面前，阿鲁台再次争取与明朝廷和睦相处，他的提议得到热情的回报。宣宗朱瞻基登基后不久，阿鲁台每年派遣纳贡使团到北京，明朝则以珍贵的丝绸、缎子和其他的礼品回赠。明廷希望瓦剌万一进攻时能够从其处得到帮助，但阿鲁台十分虚弱，不能成为一个有力的盟友。由于阿鲁台的无能，兀良哈蒙古人受到鼓舞，不时威胁中国边境。

朱瞻基即位后，蒙古鞑靼阿鲁台与瓦剌脱欢连年遣使入贡，边境无大战事。自朱棣以来，阿鲁台逐渐控制兀良哈三卫蒙古地域，兀良哈人在滦河一带放牧，朱瞻基下令予以禁止。宣德三年（1428年）八月，朱瞻基率领众臣巡视北边，蹇义、夏原吉、杨荣等扈从。九月初来到蓟州，得到报告，兀良哈蒙古兵民经会州来到宽河。朱瞻基命诸臣留守于遵化，独自率骑兵3000人，由熟悉北边军务的杨荣随从，出喜峰口到宽河。骑兵以神机炮轰兀良哈兵民，俘获许多人，追击至会州。朱瞻基这一行动只是要表示一下自己的兵骑势力强大，其实他无意大举北征，故随即自会州班师回京。第二年春，三卫兀良哈带领完者帖木儿来京朝贡谢罪。

朱瞻基把俘虏及其家属放回，又升任完者帖木儿为都指挥同知，其余诸首领也各有赏赐。

明朝初年，在元上都设开平卫，驻军屯饷。成祖朱棣设兀良哈三卫后，开平孤立北边，部属不明的蒙古部众，经常前来抢劫掠夺。宣德四年（1429年）夏，骚扰蔓延到开平，镇抚张信被杀。朱瞻基命阳武侯薛禄为镇朔大将军总兵官护饷开平。第二年四月，薛禄奉命修筑宣府镇北的独石堡、云州堡、赤城堡、鹏鹗堡，加强边防。这之后朱瞻基便将开平的防守向前推移300里，改为守独石，作为开平的前方边防。六月，又在宣府镇设万全卫都指挥使司，统一指挥十六卫。十月，朱瞻基和内阁大臣以及蹇义等人一同前往宣府，查看边防。杨溥、杨荣、吴中等人护送朱瞻基到洗马林检阅军队，慰劳将士。

瓦剌脱欢与鞑靼阿鲁台的战争，仍在继续。阿鲁台立鬼力赤之子阿台王子为汗（《突厥系谱》）。宣德六年（1431年），鞑靼人被瓦剌人打败，五月时，阿鲁台带领2000骑兵驻守在张家口外集宁海子。兀良哈三卫的首领看到阿鲁台已经打了败仗，于是，转而投靠了明朝廷。七月，朱瞻基便派大臣拿宽大书给福尔、朵颜、泰宁三卫都指挥使，恩准他们来明朝；也可回去，但必须严厉管制部下，不要再侵犯边境。第二年正月，泰宁卫脱火赤奏请明朝颁赐新印。秋初，明廷又分别赏赐三卫兀良哈首领。兀良哈三卫得到了明朝的支持，八月期间，出兵攻打阿鲁台，被阿鲁台打得大败，逃到了海西。

阿鲁台声势复振，又西向与瓦剌争战。宣德八年（1433年）秋，瓦剌脱欢派使臣到明朝纳贡，又派人述说蒙古战事，明朝朝廷让他们送回以前扣留的明朝使臣。阿鲁台一支部属西行至凉州永昌，曾被甘肃明军擒斩百余人。额勒伯克汗家族的后代脱脱不花曾经在永乐时在甘肃镇投降明。这时又背叛明朝向西投靠了依瓦剌，被脱欢人拥戴做了岱总汗。脱欢为丞相。宣德九年（1434年）年初，脱脱不花和脱欢的部队在兀剌海袭击阿鲁台的队伍。冈鲁台的军队大败，纷纷逃散。宣宗朱瞻基派锦衣卫百户马亮拿宽大书去慰问他们，给他们钱粮，但不参与战斗。七月，由阿鲁台的部下传递到朝廷的消息得知，阿鲁台儿子失捏干及部将朵儿只伯等将往凉州侵略，敕告甘肃总兵严加戒备。事实是，这时的朵儿只伯军队和阿鲁台所推举的阿台王子已经从剌海，向北逃到了亦集乃路，但仍被瓦剌脱脱不花军队包围。阿鲁台、失捏干父子则率领轻兵东逃到母纳山地（今乌拉特前旗）。瓦剌脱欢率领重兵追击到了母纳山，杀死了阿鲁台父子，大获全胜。八月，瓦剌脱欢派大臣昂克来明朝报告了杀死阿鲁台的消息，并向明朝朝廷进贡了一些马匹连同一个缴获的元朝的大印。朱瞻基给予敕书说："王（明封脱欢袭顺宁王）克绍尔先王之志，来朝进贡，具见勤诚"（《国榷》卷二十二），玉玺可以自留。九月，朱瞻基命令蹇义、杨士奇、杨荣等人护送视察边防，到了万全卫洗马林，一一检视了各个城防。十月初回到北京，第二年正月朱瞻基病死。

朱瞻基在位时，对北方边境以防守为主，甚至于不惜放弃土地迁移边防，以求得边境的安宁。在蒙古瓦剌与鞑靼之争中，虽然双方均希望得到明朝的支持，但明朝朝廷保持中立，并不偏重。宣宗朱瞻基在位10年间，蒙古各部落战争频繁，明朝边境仍能始终保持稳定，对明朝的统治还是有利的。但是鞑靼战败之后，瓦剌势力一天天强大，又让明朝面临新的威胁。

仁孝之君，盛世君主

朱瞻基作为明朝初期的一位守成的皇帝，是一个值得肯定的君主。他在朝的10年中，实行了一系列利国利民的政策，取得了很显著的成绩。朱瞻基的政治功绩中凝结了他母亲的心血，他从皇太孙到当上皇帝，一直受到母亲的指导教育。他的母亲诚孝皇后勤于操持内政、外政，教子有方。朱瞻基从小就十分孝敬母亲，常常细心听取母亲的教育，这些对他处理国家政治事务起到了积极的作用。

朱瞻基即位后，尊称母后张氏为皇太后。每逢军情及国事，他都要向母亲报告，听她的指示。皇太后也是竭尽全力来辅佐儿子料理朝政，避免朝政出现失误。她经常教育儿子要勤于政事，遇事要多多依靠辅臣，听取众人的意见，不要武断专制，而要善于听取意见，珍视百姓的生命。朱瞻基在日常生活中也特别孝顺母亲，每天的早晨和晚上都会到母亲的西宫内请安，服侍母亲，仔细观察母亲的气色怎样，身体是不是舒服。母亲看到儿子也非常高兴，向他询问政事处理得是否得当。朱瞻基认真对答，并向她报告国家重要的大政方针，征求皇太后的意见。每次谈话之后，母后都十分满意。朱瞻基不仅自己孝敬母后，而且教育两宫皇后孝敬、侍奉太后，他们的关系十分和谐。

即使朱瞻基有紧急事情要处理，当皇太后要召见他时，他也赶紧前往、毫不怠慢。朱瞻基对母亲的孝敬，在历代帝王中也是极为突出的一个。

宣德三年（1428年）二月，朱瞻基侍奉母亲游西苑。皇后胡氏、皇妃孙氏也都随同伺候。朱瞻基亲自扶着太后下了车，登上万岁山。到了山上，捧上酒献给母亲为她祝寿，又即兴献诗歌颂母亲。太后玩得兴致勃勃，亲自给儿子倒了一杯酒，并且告诉儿子说："现在天下平安，没有大事，我们母子俩能够享受这样的快乐，（这些）都是上天和祖宗赏给我们的。天下百姓都是上天与祖宗的孩子，作为人君的任务只在于保护百姓的平安，使他们不至于因饥寒而动荡不安。只有百姓平安，我们母子的快乐才能永远。"朱瞻基叩头说："母亲的教育我牢记不忘。"这一天，皇上陪着皇太后玩得十分高兴，一直玩到很晚，朱瞻基才和皇后、皇妃送太后回宫。

宣德四年（1429年），朱瞻基又陪同太后一起到了长陵、献陵。他亲自骑着马在前面领路，到了河边的桥旁，朱瞻基下马来扶着太后的车子前进。沿途受到了两路百姓的夹道欢迎，下榻处总有许多人跪在那里高呼"万岁"。太后转头对朱瞻基说道："百姓如此拥戴君主，是你得以安身的根本啊，作为皇帝你应该珍重啊！"拜谒完皇陵返回的途中，经过农民的家里，皇太后召见老妇人，询问生产、生活的情况，并赐给钞币。这个时候，路途中的百姓把自己家中种的蔬菜、水果，自己酿造的酒献给皇上、皇太后。皇太后素手接过来给朱瞻基说："这才是真正的农家风味呀！"皇太后这样贴近百姓，平和待人，指点皇帝，可谓是一位贤能的太后。

当时，随从的大臣英国公张辅、尚书蹇义、大学士杨士奇、杨荣、金幼孜、杨溥请求在行殿拜见皇太后。皇太后召见了他们，并对他们每天都辛辛苦苦地辅佐皇帝大加赞赏。她说："你们都是旧朝的老大臣，一定要好好辅佐皇帝。"有一天，朱瞻基对杨士奇说："皇太后谒皇陵回来后，说你们做事很认真、很熟练，对你们的功绩大加称赞。说张辅是一位武臣，知道大节大道理。蹇义小心谨慎，又很忠厚，只是有些优柔寡断。你能坚持正义，说话没有什么忌讳，父亲对你的劝言虽然不是很高兴，然而最终还是依了你的意见，才不致坏了大事。然而，先父临终前还有三件事，后悔没有依你。”杨士奇听了皇太后的夸赞，连连叩头谢皇太后夸奖。皇太后对朱瞻基的教导对他产生了很大的影响，朱瞻基在政治上比较清明，成为一名“盛世”君主，这与皇太后的细心教导是分不开的。

惩治贪官，警钟长鸣

明太祖朱元璋执政的明朝是历史上封建政权对贪污进行斗争最激烈的时期。朱元璋起义前即对元末贪官污吏的苛剥深为嫉恨，也深知官吏贪污横行对朝廷统治的危害。所以，他利用严刑峻法来整顿吏治。到明宣宗朱瞻基时代，对惩治贪官、整治风气问题，也是绝不心慈手软的。

刘观是明初洪武、永乐、洪熙、宣德四期的御史，在朝中掌握着一定的实权，曾经显赫一时。随着官位的升迁，他的贪心也越来越大，导致最后自取灭亡。

刘观，雄县人，洪武十八年（1385年）中了进士，被封为太谷县丞，又受到推荐被提升为监察御史。洪武三十年（1397年），又被提升为左佥都御史。永乐元年（1403年），他被提升为云南按察使，但没有上任，就又改任为户部右侍郎。永乐二年（1404年）调任他为左副都御史。他在担任这个官职的时候，还能够主持正义，办理案件很有力，得到皇帝的赏识和提拔。永乐七年（1409年），他处理政务时触犯了法律，受到皇太子的谴责，并要对他进行处罚。永乐帝朱棣在北京得知此事后，特别指示皇太子，说："作为一名大臣犯了小小的过错，不应该马上就对他进行惩治。"此后，他仍被委派到各地处理政务，如征讨凉州叛羌，参赞军务，督办疏浚黄河漕道，巡抚陕西，考察官吏等，政绩较为突出。

仁宗朱高炽登上皇位之后，提拔他做了太子少保，享受二品官的俸禄。这在当时是很高的荣誉。朱高炽在位的时候，大理少卿弋谦直言上奏，全力陈述现时的弊病，激怒了皇帝，弋谦受到了处分。刘观为了讨好皇帝，借机会又下令他手下的十四道御史上疏皇上弹劾弋谦，把他押进大牢，为此，刘观受到了朝中公正大臣们的鄙视。

朱高炽死后，其长子朱瞻基继位，为明宣宗。仁宣之际，随着明朝社会日趋稳定、繁荣、发展，朝廷上下都沉醉于歌舞升平享乐之中。宣德元年（1426年），朝廷中的大臣、官僚为了追求享乐，经常设宴、集会，以奢侈、淫乐相互攀比，歌伎满堂。贪污的风气愈加严重，是朝廷政治一个极大的弊病。

刘观在经历了洪武、永乐、洪熙、宣德四个朝代之后，已经蜕化成为贪污、行贿、受贿的十恶不赦的腐败分子。他私下里收受贿赂，品质十分低劣。他部下的各个御史也都效仿，争着贪污受贿，到各地鱼肉百姓，无所顾虑，为害一方。

宣德三年（1428年）六月，朱瞻基针对当时贪污、腐化问题，召见大学士杨士奇、杨荣等到文华门前，对众位朝中大臣说："祖宗在位时，朝中大臣都严格要求自己，制约自己的行为，没有贪污腐化的现象。可是，近年来贪污成风，行贿、受贿在朝廷上下屡见不鲜，有不可阻挡之势，这是为什么呢？”听完朱瞻基的问话，杨士奇回答：“在永乐年的末期，朝廷中的大臣都已经有了贪污的风气，只不过那时候刚刚开始，不像现在这样严重。”杨荣又说：“永乐末年，最大的贪污犯是方宾，没有谁能够超过他。”朱瞻基听了杨荣的回答后，立即追问道：“今日朝中谁最贪婪无比？”杨荣回答说：“现在朝中贪污最严重的就是刘观。”杨士奇又说道：“刘观身为都御史，如此肆无忌惮地贪污，他的部下也都纷纷效仿，在各自职权范围内大肆贪污掠夺，御史到各地名为巡视考察民情、官吏，实际是到各地搜刮民脂民膏。这种恶劣的风气又影响到地方官员，他们也都效仿。如此恶性循环下去，贪污腐化的风气便到处蔓延，不能控制。”朱瞻基听罢杨士奇、杨荣一番话，既气愤又叹息，立即下令道：“扫除邪恶一定要干净，将刘观免去职务，予以惩治。”

在决定了将大贪污犯刘观撤去职务查办后，由谁来接替刘观做左都御史的职务呢？这成为朱瞻基十分头疼和棘手的问题。他向杨士奇、杨荣征求意见。杨士奇回答说：“通政使顾佐廉洁奉公，并很有威信，可以替代刘观。”杨荣继续补充道：“顾佐在担任京尹期间，能够严格要求、考察他的部下，任职期间正本清源，革除积弊，政绩卓著，是一位十分难得的好官。”听了杨荣的一番话，朱瞻基很高兴，在杨士奇、杨荣的推荐之下，朱瞻基颁布了旨令：革除刘观左都御史的职务，令他出京巡阅河道。同时，任命顾佐为左都御史，代替刘观原来的职务。

在大学士杨士奇、杨荣的辅佐支持下，朱瞻基惩办了贪污犯刘观。这个重大的举措在全国引起了巨大的反响，大多数人拍手称快，百姓的怨恨也被平息了。同时，给那些有贪污、行贿、受贿行为的人敲响了警钟，让他们就此悬崖勒马，痛改前非。

刘观贪污案被揭发之后，一些了解他实情的部下都上疏朱瞻基，揭露他们父子贪污的罪行，弹劾刘观违法的事情，并且告发了他（刘观）的儿子刘辐许多贪赃枉法的行为。朱瞻基看罢奏疏甚是愤怒，立即下令将刘观父子逮捕，押上大堂，将揭发他罪行的材料拿给他看。刘观不服，上疏为自己的罪行辩解。朱瞻基见他拒不认罪，更加气愤，拿出廷臣先后上的密奏，其中有证明刘观枉法获得黄金超过千两的真凭实据。刘观在具体事实面前，不得不如实招来，低头认罪，于是他被关进了锦衣卫的监狱。

宣德四年（1429年），刘观被依照法律判了死刑，杨士奇、杨荣上报朱瞻基，请求免去刘观的死刑。在大学士“二杨”的劝阻下，刘观被免去死刑，他儿子刘辐被发配到辽东戍守边疆，命刘观随其子一同前往。最终刘观因犯风寒病而死。朱瞻基罢刘观，惩一儆百，澄清了吏治，改善了社会风气。宣德七年（1432年），杨士奇上报请求命风宪官考察各级主管官员是不是有贪赃枉法的人。朱瞻基恩准了他们。从此之后，明代的贪污风气得到了制止。

宣德三年（1428年）六月，朱瞻基颁布旨令，工部尚书吴中被捕，革去少保的职务，并罚他官银一年。

吴中，字思正，武城人。洪武末年担任过营州后屯卫经历。成祖朱棣攻占大宁时，他出城投降。之后，在负责押送粮食、军费，抵抗敌军中多次立下战功，被封为右都御史。永乐五年（1407年），改任工部尚书。永乐十九年（1421年），因为劝阻朱棣北征而被关入狱中。朱高炽即位后，将他从监狱中放出来，恢复了他的官职，并加封他太子少保职衔。朱瞻基

当上皇帝后，对他这位有功之臣、前朝的元老颇为敬重，但是，他犯了法，朱瞻基也秉公执法惩办了他。

宣德三年（1428年）三月，朱瞻基体恤山西受灾百姓，就下旨免去了山西各个受灾区的税。当时，主持工部事务的尚书吴中向朝廷上报说：“山西省到京城来服劳役的工匠们，现在该换掉了。”朱瞻基看罢奏折后，立即批示：“山西自去年以来，久旱无雨，庄稼颗粒不收，灾情严重。百姓到处乞讨，不能过活，连饭都吃不上，还怎么能服役呢？今后凡是受灾地区，停止一切徭役的派遣。如今还在京服役的工匠，立即都遣返回家，并做出安排，以解救他们的困顿。”这道谕旨下发后，工部立即释放工匠，免除差役，减轻了人民的负担，深受匠役的欢迎。

朱瞻基多次告诉工部尚书吴中等人：“对于那些年老体弱、病残的不能服劳役的工匠，马上免去差役放他们回去。”可是，吴中等人对朱瞻基的旨意并没有认真执行，仍旧强迫不能服役的人做工，对工匠进行压榨。于是，朱瞻基又下令，让他们马上免去老年、幼小、有病工匠的役税，送他们回家。并指责吴中等人不按照朝廷的命令办事，仁义的心都到哪里去了？为什么这样不近人情，残害百姓，这还能称得上是替百姓做事的好官员吗？让他们一定要仔仔细细地检讨一下自己，不然将会用不称职的罪名惩治。

见朱瞻基真的动怒，吴中等人不敢再违背圣旨了，立即对服役工匠们进行了一次详细、全面的大调查。对于其中是老、幼、疾、残，不能继续做工的工匠，全部登记下来，令其回乡休养，今后将不再令其服役，并发放给回家费用，以示皇上恩施。这些工匠长年在外服劳役，吃了不少苦，过着悲苦的生活，听说现在可以回到家乡去和妻子儿女父母团聚，于是他们高兴至极，欢呼万岁，表示感激。

宣德三年（1428年）的六月，担任工部尚书的吴中，凭借他手中掌握的权力，和太监杨庆相互勾结，私自将官府的木材、砖瓦等建筑材料成批送给杨庆，再由杨庆转到自己家里，用于兴建一幢宏伟壮观的私人住房，距离皇宫不远。有一天，朱瞻基登上了皇宫的城楼，远远看见一座非常漂亮的官房，装饰得十分豪华，远不是一般人所能盖得起的，便问身边侍卫这是哪一家的房子。左右有人回答说："这是工部尚书吴中的私人宅邸。"朱瞻基立即反问道："他从哪里弄到这么多钱？买到这么好的材料？"有人按实情回答了朱瞻基："这是他将公家的木材和砖瓦偷到自己手里，用来盖起了这么豪华的房子。"朱瞻基听了之后，十分生气，马上下旨把工部尚书吴中关押了起来，等候审问判刑。

吴中进入大牢之后几天，裴宗汉利用自己管理木厂的机会，盗窃官家木材出售，也被告发。他又贿赂太监杨庆，想求得免去罪行。事件被发觉之后，朱瞻基下令把他交给锦衣卫处理。

朱瞻基针对连续发生的两个盗窃国家木材的事件，大为恼火。他告诉都御史说："北京各个厂、库、局所贮存的木材、石料、砖、瓦等物品，都是各地军人百姓劳动、砍伐、搜集、制造加工之后运送到这里的，留下来作为国家的备用物资。而作为负责管理的工部官吏及主持看守的人，却不顾这是公家的财物，当做自己的东西，私自占为己有或给予他人之事不可胜数，情况非常严重。你要清楚地告诉各个厂、库、局，将他们储存的材料详细登录，不能有差错。如果有仍然不知道改正的，本人将被处死，（他的）全部家眷发配边区。"

吴中之案经法司审查，认为他身为监守官却盗官家物产，又勾结内官，当斩不赦。朱瞻基认为，吴中身为皇祖旧臣，前代屡建功勋，现在暂且饶他一命，只除去了他少保的职务，并处罚官俸一年。对于吴中私下侵占公共财物的处罚，给朝廷中的贪官污吏敲了个警钟。

重用忠臣，惩办小人

汉王朱高煦的叛乱能够很快被平定，赵王朱高燧的危机得以圆满解决，除了宣宗朱瞻基本身的因素外，还与他所重用的贤臣有很大的关系。在朱瞻基周围有一批著名的大臣，他们为“仁宣之治”的缔造做出了重要的贡献。宣德朝的著名大臣主要有五位：杨士奇、杨荣、杨 溥、夏原吉和蹇义，其中前三人合称“三杨”，尤为重要。

朱瞻基所信用的大臣各有长处，互相补充，“蹇义简重善谋，杨荣明达有为，杨士奇博古守正，而（夏）原吉含弘善断。事涉人才，则多从（蹇）义；事涉军旅，则多从（杨）荣；事涉礼仪制度，则多从（杨）士奇；事涉民社，则多出（夏）原吉”。杨溥是个特殊的人物，性格内向，但操守很好，为众大臣叹服。

几位重臣识大体、顾大局，能以国家大事为重，相互包容，不计较个人恩怨。据记载，杨荣办事果断，敢作敢为，对军务很熟悉，只是不能洁身自好，多次接受边将馈赠的良马。朱瞻基听说了，向杨士奇询问。杨士奇力赞杨荣通晓军务，是他和众位朝臣所比不上的，不应该因为有这样的小毛病就放弃不用。朱瞻基笑着告诉他，杨荣曾经在自己面前说他和夏原吉的坏话。杨士奇听后，没有丝毫的怒意，反而对朱瞻基请求能够像包容他一样包容杨荣。后来杨荣知道了这件事，感觉十分惭愧、对不住杨士奇，便尽释前嫌，相交甚欢。

朱瞻基对这几位重臣十分信任，对于他们提出的建议总是虚心接纳，君臣之间的关系很是融洽。“当是时，帝励精图治，（杨）士奇等同心辅佐，海内号为治平。帝乃仿古君臣豫游事，每岁首，赐百官旬休。车驾亦时幸西苑万岁山，诸学士皆从。赋诗赓和，从容问民间疾苦。”

朱瞻基治理国家的一个成功的经验就是：重用忠臣，惩办小人。他时常思考古代君王偏信小人、迫害忠义之士、害国害民的经验教训，他也常和大臣们谈论小人害国的例子，让他们引以为戒，不要轻信小人谗言，要辨明是与非，按公理做事情。宣德二年（1427年），有一次朱瞻基召见户部尚书夏原吉，与他谈论到了古代的偏听偏信、小人害国害民的教训，并从中得出了这样一个结论：表面上他们的建议好像是对国家很忠心，但是他们的用心却很险恶。因此，从古代到现在，贤明的人都十分痛恨小人。例如，上古时代的舜帝就憎恶谗言，春秋时孔子远离奸人，唐太宗也把进谗言的奸人当做国贼予以惩治。朱瞻基表示，他自己在对待小人谗言的问题上也十分重视，一旦发现有这种现象，便会坚决制止，绝对不能让坏人得到好处。他还常把历史上轻信小人坏话导致亡国的事情作为教训，坚持防止小人谗言害人的事件发生，并且希望大臣们也要时刻提高警惕，不要上奸人花言巧语的当。

宣德初年（1426年），朝廷政治中仍然有许多有缺陷的政策。南京的法司就残缺而不健全，随便就判决，轻易就将被告人逮捕、审问。比如，奸人想要陷害好人，就妄加编造的罪名，写成告状信赶赴南京上诉，造成许多冤案，残害了无辜的忠臣良民。朱瞻基听到这种情况后，立即下令都察院颁布命令，对这些情况加以禁止，从今之后，凡是有告状的人，都必须送往北京审理，只有京城军民的诉讼，才允许逮捕审问。这道法令的制定，就制止了坏人钻朝廷的空子来冤枉残害忠臣的事件的发生。

当时，朝廷发生了一件诬陷忠臣的事情，结果，奸臣被惩治，忠臣却受到了保护和重用。这个宦官叫裴可力，他受朝廷的派遣，到浙江负责监督处理当地政事。浙江有一个姓汤的千户，听说朝廷派下来钦差御史，来监督、检查工作，他非常害怕，因为他在当地为非作歹，干了许多违法的事情。为此，他想，只要对朝廷派来的这位大官进行贿赂，与他勾结在一起，就什么问题也没有了。于是，汤千户在裴可力到来之后，就大摆酒宴热情款待这位朝廷大员，之后又多次献殷勤，讨好朝廷大员，借各种名义送给裴可力许多的金银财物。裴可力在金钱的诱惑下和汤千户勾结起来，更加严酷地剥削百姓。当地人民对汤、裴的倒行逆施恨之入骨，纷纷上疏朝廷，揭露他们的罪行，请求朝廷对他们进行惩治。

于是，朝廷派遣按察使林硕到浙江进行整顿。林硕到任之后，立即采取措施，制定了一整套的法规制度，整顿政治，清查官吏，为百姓做了一些实际有用的事情。汤千户对林硕的到来，又害怕又不甘心。因为林硕所制定的政策、制度，都危及他的利益，并限制了他的胡作非为。于是他向裴可力说林硕的坏话，裴可力因而怨恨林硕，认为林硕是为了夺自己的权位，监督、调查他来的。于是就寻找时机报复。经过反复策划，裴可力向朝廷上了一道奏折，诬陷林硕，说他到浙江后，有讥讽、诽谤朝廷的言论，并对朱瞻基下的诏书谕旨进行限制，不让施行，违背皇帝的旨意。朝廷得到这个奏折后，立即将林硕拘捕，押送到北京审理。刑部提审林硕，林硕很明白这是小人的陷害，便在法庭上给自己辩解。他说："我以前曾经担任过御史，视察浙江让当地的小人不能继续为非作歹，给他们带来很多麻烦。此次，臣升为按察使再次到达浙江，采取了一些措施，又触及了这些小人的利益，因此他们更加恨我，便要弄阴谋，制造谣言，加害于我，想要把我赶走，保证他们可以继续为非作歹，剥削百姓，不受官府的限制。"

朱瞻基听了林硕的申诉，对他说道："我本就不会轻易相信他们卑鄙的话，一定要当场审问他们。如今你既然已经明白，是那些小人对你的陷害，朕也不相信他们，而仍旧相信你，你也就不要再担心了。马上赶到浙江，继续担任你的职务，履行你的职责，为百姓主持公道、办实事，不负朕对你的期望。只要遇到民众疾苦的事情，全部奏报上来。朕以诚心对待臣下，不轻信奸人谗言。你不要有其他的顾虑，好好地干吧！"林硕听了皇帝的一番话，流下眼泪，连连叩头拜谢皇恩，并保证回到浙江后，一定不辜负皇上对自己的信任，秉公办事，用尽全力报答朝廷和皇上。

随后，朱瞻基对侍从的大臣说："宵小之人裴可力制造虚假的事情，去陷害忠直的大臣，回到京城后一定要严加惩治，绝不宽恕。"果然，事隔不久，裴可力被召回京城，受到拘捕，以诬陷罪被依法判刑惩处。汤千户残害百姓也受到了惩治。朱瞻基对小人的惩治，对忠臣的信任、重用，在朝廷上引起了强烈的反响，弘扬了正气，压制了邪恶。

宣德六年（1431年）十二月初三，内官袁琦，内使阮巨队、阮诰、武莽、武路、阮可、陈友、王贵、杨四保、陈海等伏诛。他们在广东等地出差办理国家事务，以采购买卖物品为理由，擅自领取别人财物，事发下狱。经过审查，这些都是袁琦一手操纵的。在抄没家产时，发现所埋藏金银数以万计，宝货、丝锦衣物等应有尽有。连所用的金玉器皿，也是从宫中获得，属于非法。这些都是上面所说的众人所做，经过三堂会审，全部处死。

朱瞻基知道后，深恶痛绝，立即命令将袁琦千刀万剐，凌迟处死，以解民恨。其余十名，斩首示众。朱瞻基总结此类事件的教训，于第二年的正月十九，朱瞻基布告天下，以儆效尤。其中说道：

“朕自从登上皇位，早早起床，很晚才睡，不敢偷懒。认为天下江山是祖宗留下的，百姓战士也是祖宗留下的。百姓安宁，天下就能得到很好的治理，而朕也才能报答祖宗的恩情和寄予我的厚望。

“自从登基以来，朕始终把安定民心作为自己的职责，可是内宫太监袁琦，陪伴我很长时间了，却没有想到他为人阴险狡诈，欺骗朝廷，以办理公家事情为借口，做一些罪恶的勾当。有人上报说内官内使，在外面招摇撞骗，凌辱官员，毒打并且虐待战士百姓，无所顾虑地贪污，残酷到了极点，他所得到的金银财宝有千千万万。所在地区，民不聊生、怨声载道，而当地官员坐视民患，不敢过问。天地不容，神人共怒。发其罪恶，白于天下，已交法司，归拿严办。

“尔等各级官员听着：一定要体会朕爱民之心的迫切，使人民安定太平、过好日子，是国务的根本。代天理民是君王的事，为国安民是臣下的事。你们一定要勤奋向上，让下面的军民都安定无事，而听不到他们的叹息声、愁苦声、怨恨声。只有这样，才算尽职尽责，不负朕的委托。你们努力吧！”

杀掉太监袁琦既了结百姓的心头之恨，又给各地方的官员上了堂“拥政爱民”的课。

驱僧逐道，破除迷信

在古代，中国各朝代皇帝大多很迷信，相信“上天之命”“运气”之说，都把自己看成上天所生的“圣明之主”，就是上天的儿子，降到人间来统治芸芸众生的。更有相当一部分皇帝迷信到荒诞不经的地步，寻求神仙，企图得到神奇的药物，以求长生不老。后来，看到求神仙没有可能，转而炼丹，想要得到长生不老的药。为此丢掉性命的皇帝，在各朝史书中都有记载。

朱瞻基不相信神仙，也不相信人会长生不老，长命百岁，这在历代帝王中，也算是一个“破除迷信”的皇帝。

宣德九年（1434年），朱瞻基才37岁，正当他年富力强、精神状态极佳的时候，有一个和尚来见朱瞻基，称他想要一些钱用来修建寺庙，来祝福朱瞻基长寿。

朱瞻基听完这和尚的胡言乱语，根本不信，痛骂一顿后，把他推了出去。散朝之后，他回到了宫里，想一想和尚说的话，不禁觉得好笑，就对跟在身边的大臣们说：“人人都想长生不老，是人之常情。自古以来，没有不这样想的。就说君王，商朝的祖乙，周朝的文王，都是长寿的人，在位都很久。那时，哪里有和尚、道士？哪里有关于神仙的说法？秦始皇寻求神仙，南朝的梁武帝亲身从事佛学，北宋徽宗崇信道士，都应验了吗？

可惜，世人至今还不省悟，真是可叹啊！”

众位大臣中是不是有迷信于神仙、佛学的不清楚，但朱瞻基一番话，确实令人信服，令人觉得眼前的这个皇帝的确和别人不一样。

朱瞻基作为一个皇帝，能够认识到所说的神仙、佛没有根据，荒唐可笑，不信不崇，也不去仿效，是很不容易的事。他讥笑世人痴迷不悟，但没有办法改变在人们心中扎根已久的传统观念。对这些，他只能留给后人几声叹息罢了。

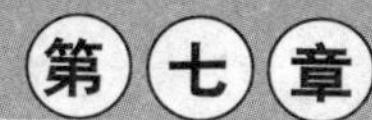

守成之君爱游乐　宣宗早逝盛世衰

伴随着明朝社会的繁荣发展，作为“守成之君”的朱瞻基也开始追求享乐、奢侈的生活：游猎玩耍、寻欢作乐，尤其是爱玩蟋蟀。朱瞻基喜欢斗蟋蟀，一度给百姓造成了很大的负担，因而朱瞻基也被百姓们称为“蟋蟀天子”。当然，瑕不掩瑜，朱瞻基可算是一位称职的皇帝，他对明王朝的贡献是不可磨灭的。只是朱瞻基寿命不长，在位10年就染上了不明之症，撒手人寰，终年38岁。他的死，标志着“永宣之治”的终结。

承平之主，喜爱游乐

明宣宗朱瞻基作为“承平之主”，在登上皇位的时候，离明朝打下天下的时间不远，太祖朱元璋、成祖朱棣勤政之风对他有很大的影响，因此，对于朝中大事还不敢大意，对政治事务兢兢业业，再加上重用“三杨”、蹇、夏等一大批得力大臣，皇上大臣上下同心协力，朝中政治很有起色。明朝社会政治、经济、文化都达到鼎盛时期。伴随着明朝社会繁荣发展，朱瞻基本人开始追求享乐、奢侈的生活，喜欢游猎玩耍，宫廷中的生活也开始奢侈。在朱瞻基游山戏水的影响下，朝廷内的大臣、官僚们也沉醉于享乐之中，形成了以奢侈为光荣的不良风气。

朱瞻基当皇上数年之后，认为自己稳坐江山了、社会已很安定，便学习古代的皇帝大臣共同出去游玩的事，每年于春秋两季都要带领大臣登万岁山、游太液池，寻欢作乐。他还规定在每年岁首允许百官休假半个月，选择游玩胜地，设宴畅饮，尽情欢呼跳跃，欢乐至极。朱瞻基也常常游览西苑，众位大学士们都陪着他一起前去，君臣在一起作诗评论，真是一幅皇帝大臣共同享受天下太平的美好景象。朝野上下将此传为佳话。

上有精干的皇上，下有同心同德辅佐朝政的大臣，天下一片太平，让人觉得太平盛世来临了。刚刚册封孙贵妃为皇后的朱瞻基，心情很好，很想到外面去玩玩，放松一下。群臣们便陪同他一起去游万岁山。万岁山是当时的皇家园林，丛林茂密，景色美丽迷人，山上有殿亭六七所，金碧辉煌，非常壮观。朱瞻基和皇太后、皇后经常在休闲的时候，到这里游玩、打猎。这一次游玩万岁山，朱瞻基没有坐车前去，而是骑着马登山。以朱瞻基为首，率领一支浩浩荡荡的马队，由宦官骑马在前面开路，充任向导。皇上与众大臣骑着马登上山顶，好不威风壮观，长长的马队在山间小道上盘旋前进。行人一边登山，一边观赏春天山上的秀丽景色。到了山顶，朱瞻基与众大臣、侍从周览群山，可谓“一览众山小”，四周的景色，让人仿佛置身于仙境之中。游罢万岁山之后，朱瞻基又与众臣下一起乘御舟，畅游太液池。太液池周围十余里，池中架着大梁，用作来回走动。沿着池子四周，种满了优质的树木，还有名花名草，多得数不胜数。池上玉龙盈丈，喷泉出水，下注池中，仿佛是瀑布，景色美极了。上了御舟之后，朱瞻基一边看着众大臣齐力划桨，一边指着这船说：“治理国家就好像划这条大船一样，涉大川大河，要依靠你们鼎力相助才能成功。”蹇义等人连连谢恩，大声喊着“万岁”。朱瞻基玩得十分高兴，又特别将杨士奇、杨荣招呼到身边，告谕他们说：“如今天下无事，百姓平安快乐。虽然不能整日只知安逸、享乐，但是古代人的游玩乐趣也不能废掉呀！”朱瞻基一心想要享乐，又怕群臣议论他贪图安逸享乐，故引用古人为证，来为自己开脱。

朱瞻基和众位大臣游了万岁山、太液池，觉得没有尽兴，又下令众位大臣游小山。到了小山上，朱瞻基和众位大臣、侍从也都累了，朱瞻基便下令休息。这时候，侍从太监备好酒饭，呈给皇上和大臣们。众位大臣陪同朱瞻基喝酒，争相给他敬酒，朱瞻基喝了很多酒，等到吃饱喝足回到朝廷时，已经有了几分醉意。

明代商喜绘《明宣宗行乐图》

同年七月，秋高气爽的一天。朱瞻基招呼蹇义、夏原吉、杨士奇、杨荣，陪他一起去游东苑，并在东庑赐宴犒赏大家。君臣都喝得非常高兴，中间，朱瞻基与蹇义等人谈论了很久的时间，上到天文地理下到国计民生，海阔天空，谈及的范围很广。谈了许许多多，朱瞻基说："这里既是草屋，也是朕休息的地方，虽然不能和'不剪茅茨'相比，却说明朕没有忘记节俭。"之后，朱瞻基又到河边下网打鱼，命令太监把打来的鱼煮熟，供大家享用，朱瞻基就是这样一个既忙于政务，又时时不忘游玩享乐的皇帝。

蟋蟀皇帝，盛世隐忧

明宣宗朱瞻基不但是一位明断勤政的君主，还是一个能文能武、多才多艺的皇帝。由于幼年时在名师指导下，精心学习“六艺”，他不但喜赋诗词、能书善画，闲来无事，还经常吟诗作画，以为消遣。

他所绘人物花卉极为精工，常赐给朝臣和妃嫔。后人曾见过朱瞻基画的一幅花草竹石的扇面，并题有御制诗：“湘浦烟霞交翠，剡溪花雨生香，扫却人间烦暑，招回天上清凉。”画面清新洒脱、生动逼真，是一件上乘的艺术佳品。

朱瞻基青年时代曾习武学剑，练就了娴熟的骑射本领。宣德三年（1428年），蒙古贵族兀良哈部曾率军骚扰边境。朱瞻基亲领3000精兵，出喜峰口进击，在宽河遇敌兵。两军交战，朱瞻基引弓搭箭，接连射倒对方的三个前锋，明军乘机奋勇追击，打得敌人溃不成军。

然而，盛世也有隐忧。随着社会稳定，经济繁荣，君臣陶醉在表象的治平景象中，没有意识到盛世下存在的隐患。盛世下纪纲也开始不振：“臣僚宴乐，以奢相尚，歌妓满前”，造成这种情况朱瞻基自然负有责任。

俗话说“玩物丧志”，朱瞻基还保留着少年儿童的癖好就是斗蟋蟀（促织），因此被称为“促织天子”。例如，闲着没事就翻翻皇宫大院的石块，看看有没有蟋蟀。如果有，他就捉来一两只放在一个小盒子里，让这两只蟋蟀打架。看着两只斗得你死我活的蟋蟀，朱瞻基的脸上洋溢着孩童的笑容。他的这种对蟋蟀的爱越来越强烈，久而久之越陷越深，可以说是没有蟋蟀，他就活得不自在。

不仅如此，朱瞻基对斗蟋蟀达到了极为痴迷的程度，经常派宦官选取上好的蟋蟀。因为这种缘故，斗蟋蟀在全国风行起来，蟋蟀的价格扶摇直上。后来朱瞻基觉得北京的蟋蟀不好，派太监四出采办。相传苏州的蟋蟀特别好，朱瞻基为此还特意敕令苏州知府况钟协助太监采办1000只蟋蟀。

上命下达，摊派给了当地的百姓，弄得鸡犬不宁。据说当地一个粮长用一匹马换取了一只好蟋蟀，准备献给朱瞻基，不料在妻妾观看时跑掉了。妻妾自知闯祸自杀了，粮长见家破人亡也上吊了。蒲松龄根据这个故事情节，稍加改变，写成了《聊斋志异》中著名的《促织》一文。

作为一个正常的人，平常有点儿娱乐活动，没什么大不了。问题的关键是，朝中好多拍马奉承的人见朱瞻基喜爱蟋蟀，就投其所好，从民间收集无数特异的蟋蟀，进贡给朱瞻基。这个任务，上层摊派给下层，最终遭殃的还是老百姓。朱瞻基爱民如子，不允许朝廷官员随便给百姓摊派任务。可是，他死都没想到，因为他的一个小小的娱乐活动，竟然增加了天下无数百姓的负担。

进贡的蟋蟀越来越多，朱瞻基一个人是玩不过来的。这个时候，那些逗皇帝玩的太监再次担任了陪皇帝玩的任务。在皇宫大院，随时都可以看到太监们三三两两聚在一起斗蟋蟀。决出团体第一勇猛的蟋蟀后，等到皇帝有空了，太监们就和皇帝斗蟋蟀。都说玩物丧志，如此一来，即使朱瞻基没有丧志，他花费在斗蟋蟀上的时间也会很多。

士大夫们深受儒家文化影响，他们所理想的明君应该是勤政爱民的，像朱高炽一样爱民如子的好皇帝。朱瞻基玩蟋蟀玩得太过火了，有时甚至上朝迟到，有时忘了及时批阅朝臣的奏章，士大夫们非常不喜欢。经过明朝前几任君王的培养，到朱瞻基的时代，士大夫以师生关系为纽带已经发展成一个非常团结的集团，人称文官集团，这个集团敢直接批评皇帝。

想当初，朱高炽因为修了几间宫殿，多纳了几个侍妾和接连几天没上朝，士大夫的代表人物李时勉马上写了一道话语讽刺、词锋逼人的奏章，骂得朱高炽既不能反驳，也抬不起头来。事后，每当遇到他人，李时勉就以此事自夸。李时勉敢如此张狂，因为他代表覆盖面很广、力量很大的、掌握“票拟”权力的文官集团。

明朝有一个特点，一道奏章的顺利执行需要通过两道关键程序，一道是“票拟”，另一道是“批红”。“票拟”的主要任务是起草奏章，这由文官集团负责。“批红”就是审阅奏章，决定是否通过，权力在皇帝手里。天下所有的奏章，都要经过皇帝的“批红”。可是，天下的奏章太多了，光是“批红”都很累人。皇帝爱上斗蟋蟀后，“批红”工作越来越马虎，有时看都不看，直接就批了。

皇帝玩蟋蟀丧志，荒废工作，士大夫们不仅上疏劝说，还戏称他为蛐蛐皇帝。为遮掩自己的过失，朱瞻基想到了一个很好的办法，请人代批奏章。皇帝能够接触的人不过四类，第一类是士大夫，第二类是武将，第三类是后宫嫔妃，第四类是太监。士大夫坚守理想，绝对不会越权替皇帝批阅奏章。第二类人和第三类人大多不懂政府法令，不会批阅奏章。第四类人经常陪在皇帝身边，耳濡目染，多少还是知道一点儿的。

选定太监为代理批阅奏章的人选后，朱瞻基就开始了埋葬大明王朝的工作——教太监读书。宣德元年（1426年），朱瞻基下诏，设置“内书堂”供太监读书。这是一件小事，但不少史学家认为，正因为朱瞻基的这个举动，为大明王朝埋下了覆灭的祸根。“由于提供了正规教育和使用他们处理公文，他无意地为他们滥用权力开辟了道路。”（费正清《剑桥中国史·明史》）这里的他指朱瞻基，他们则指太监们。

经过朱棣的大力培养，太监掌握了以朝廷暴力为后盾的，集监视、抓捕和司法于一身的东厂，权势已经很大了。朱瞻基再教太监读书，甚至让他们批阅奏章，分明是将天下的另一半权力也交给太监。如此一来，太监

既有“武”的权力，也有“文”的权力，真是权势熏天。

那时的明朝，为了争当太监，人们抢疯了。有的人没被朝廷看上，竟然回到家里私下将自己给阉了。有的人更不幸，尽管有了太监的身体，朝廷还是不需要他，因为有好多好多比他好的、想当太监的人。那些私下自我阉割最终却没被朝廷收留的人，跑到社会上，将一腔恨意胡乱发泄，整个社会很不安定。

发展到后来，为了维护社会稳定，朝廷不得不颁发一项特殊法令，禁止自我阉割。由此可见，想当太监的人，真的非常多。明朝的宦官制度是一个非常庞杂的机构，一共有24个衙门，每个衙门里有12个监、4个司和8个局。都说明朝有10万个太监，这话不是虚话。

太监机构的正规职能是处理宫中大小事务，但东厂和“内书堂”正一步步地扩大太监的权力。受过“内书堂”教育的人，出来后就可以替朱瞻基处理部分政务。自从朱瞻基爱上斗蛐蛐后，甚至将“批红”的权力全部转交给从“内书堂”出来的太监。如此一来，凡是太监所不喜欢的奏章，都给批驳回去。

奏章批下来，士大夫们越看越奇怪，最后才发现批阅奏章的不是皇帝本人。也有士大夫上疏奏请皇帝禁止太监干政，可是“批红”权掌握在太监手里，皇帝连奏章都没看到，也就没想到限制太监干政。发展到后来，太监阻碍了士大夫与皇帝的沟通。皇帝看不到士大夫的奏章，不知道天下究竟发生了什么事。放弃“批红”权力的皇帝，全被太监蒙在鼓里。

在朱瞻基时代，太监“批红”的弊端还没有暴露，因为朱瞻基的能力很强。他利用宦官的行动很适当，能够保证宦官的忠诚和保密。

“宣德年间宦官的崛起是以前行政发展的结果。‘三杨’因未能警告皇帝不要以他那种方式使用宦官而受到现代历史学家的批评，但是宦官篡夺皇帝权力的能力归根结底取决于皇帝本人的脾性。就宣德帝而言，这位君主似乎能够控制他们。他不但屡次下令减少宦官的采购和诸如伐木和造船等宦官的指导活动，而且他处决和严惩了那些犯有重罪的宦官。”（费正清《剑桥中国史·明史》）对明朝这样一个中央集权的朝廷而言，费正清的论述很到位。

宣宗早逝，盛世完结

宣德九年（1434年），宣宗朱瞻基37岁，对一个人来说，这个年龄正是人生黄金岁月。宣宗即位时，已年满27岁，学业已完成，又具有一定的生活经验，即位掌政正是一个最好的年龄。他不辜负祖辈们的托付，管理国家、处理政治事务很有条理，这期间天下没有什么重大的事情，可以说得上是国家太平百姓安乐。在他的治理下，社会正在走向繁荣，他的事业也处在向辉煌发展的阶段，因此也赢得了大臣百姓的衷心拥护和爱戴。

宣德十年（1435年），这是朱瞻基当皇帝的第十年，如加上他即位的那年，该是第11年。春节是一年之始，故被人们视为一年中最为重要的节日。这一天，皇宫要举行盛大的祝贺活动，皇帝要上大殿接受百官的祝贺。但朱瞻基把这个重要的庆贺活动也取消了，而命百官在文华殿向太子举行庆贺礼。确实，朱瞻基的病情已经很严重，但他还可以处理政治事务。

正月初三，朱瞻基自感自己的日子没多少了，便向文武大臣发出一

明宣宗《武侯高卧图》

道旨意："朕的病治好的希望不大了，这大概就是上天注定的吧！让皇太子继承皇位，众位王公大臣都必须严守祖宗的家训，各王谨守藩国。嗣君（指皇太子）年幼，唯望皇太后朝夕教诲训导，你们文武大臣尽心辅佐，凡家国重务，必须上禀皇太后、皇后，然后去执行。"

宣德十年（1435年），宣宗朱瞻基死于乾清宫。他死时，年仅38岁。

去世以前，朱瞻基还留下了一份"遗书"，向全国颁布，为的是全国上下都能知道，照他的最后一次旨意去办。遗诏的内容同他临终前的遗言基本一样，朱瞻基对自己走得这么早充满了遗憾。他说："生死是人之常情，寿命的长短有一定的限度。人的生死，是符合自然规律的，寿命的长短也有极限，（这些）都是不能违背的。唯一感到遗憾的是，不能继续光大祖辈的宏图伟业，也不能奉养母亲到终年，心里想到这些，即使死了，于九泉之下也不得安宁。"

其实，朱瞻基在位期间，国家的土地兼并问题也在当时逐步凸显出来，大量土地流向皇室勋贵官僚地主手中。农民没有必需的土地，流民问题也已逐渐形成。早在宣德三年（1428年），“山西饥民流往至南阳诸郡不下十万余口，有司军卫及巡检司各遣人捕逐，民愈穷困，死亡者多”。宣德五年（1430年），北直隶易州有逃民1229户，山东潍县有逃民3407户。

另外，自成祖朱棣以来，朱元璋制定的祖制受到破坏，宦官逐渐受到重用。朱元璋在位时，由于历朝宦官专权，下令禁止太监识字。而宣宗朱瞻基竟在宫内建立了内书堂，专门教授小太监读书识字，他认为太监应该有文化，可以提高素质。他把不称职的大学士陈山调离内阁，命他去当老师。此举自宣德年间创始，一直延续下去。宣宗时期，宦官尚未形成专权的局面，但他没有想到的是，到了他儿子英宗朱祁镇时，宦官王振专权，以致朱祁镇被蒙古俘虏，差点断送了大明江山。

朱瞻基早逝，同时也意味着“仁宣之治”宣告结束。

后 记

所谓“盛世”，在历史上是指中国社会发展中一些特定的阶段，是国家从大乱走向大治，在较长时间内保持繁荣昌盛的时期。在中国两千多年的封建历史长河中，出现过很多这样的“盛世”阶段，从“文景之治”到“武帝之治”的汉朝盛世、从“贞观之治”到“开元全盛”的大唐盛世以及清代的“ 康乾盛世”等。这些时期，一方面确立了中国传统“盛世”概念的基本内涵，另一方面也都没能避免“盛极而衰”的结局，因而给后人留下了无尽的话题与思索。

纵览历史，各个盛世都具有一个共同的特征，那就是国家统一、经济繁荣、政局稳定、社会安定、国力强大、文化昌盛等。为了更好地反映历史中的这些盛世风华岁月，我们策划编写了本套“盛世风华系列”丛书，丛书选取了中国历史上的“十大盛世”进行编写，主要讲述了那些为中国历史的发展进程起到不可或缺作用的历史事件和人物故事，内容精彩，可读性强。

“盛世风华系列”丛书在编写的过程中参阅了大量文献资料和研究成果。同时，为了全面准确地传递知识，还特选部分精美图片辅助说明，但由于文字图片权源分散或作者不详，无法与诸权利人一一联系。鉴于以上原因，该系列丛书编者为尊重作者权益，我们真诚地期望本书所用资料的权利人与我们取得联系，提供有效的版权证明并领取相关使用费。特此声明并为不周处先此致歉！

邮箱：AAA@sina.com　联系人：若木